Pendo

René Stauffer

DAS TENNIS-GENIE

Eine Roger Federer-Biografie

Pendo München und Zürich

INHALT

An der Spitze (ab 2004)

TEIL 2: ALLES ROGER

TEIL 3: STATISTIK, REKORDE

PROLOG

Begegnung mit einem 15-Jährigen

Es war der 11. September 1996. Ich war unterwegs für den »Tages-Anzeiger«, sollte für den nächsten Tag eine Geschichte über den World Youth Cup schreiben, eine Art Davis-Cup der Junioren, der gerade in Zürich ausgetragen wurde, dem Standort unserer Redaktion. Ich war skeptisch. Eine Story über ein Mannschaftsturnier mit 15- oder 16-Jährigen, die keiner kennt? Wen würde das schon interessieren? Ich empfand den Bericht als lästige Pflicht, die ich dem Schweizer Tennisverband zu verdanken hatte, der das Turnier zu seinem 100-jährigen Jubiläum wohlwollend übernommen hatte. Nein, spannend würde das wohl nicht werden.

An diesem sonnigen Spätsommer-Nachmittag, in der Tennis- und Freizeitanlage Guggach, begegnete ich Roger Federer zum ersten Mal. Er musste weit hinten spielen, auf einem verlassenen, mit Drahtgitter eingezäunten Nebenplatz. Er spiele ziemlich gut, hatten mir Informanten vom Verband gesagt, da gebe es wenig auszusetzen, außer dass er manchmal etwas stürmisch sei. Er war gerade 15 Jahre alt geworden und eigentlich zu jung für dieses Turnier. Doch seine Referenzen waren beeindruckend: Er hatte schon fünf nationale Meistertitel gewonnen, war der beste Schweizer der Altersklasse bis 16 Jahre und schon die Nummer 88 des Landes.

Er spielte gegen einen Italiener namens Nohuel Fracassi, von dem ich später nie wieder etwas hörte. Fracassi war über ein Jahr älter, größer, stärker und hatte den ersten Satz schon gewonnen, als ich kam. Die Stimmung erinnerte an ein unbedeutendes

Klubturnier, es gab zwar drei, vier Zuschauer und einen Schiedsrichter, aber nicht einmal Balljungen, die Spieler mussten die Bälle selber zusammensuchen. Ich war sogleich fasziniert von seinem eleganten Stil. In meinen 15 Jahren als Tennisjournalist hatte ich schon einige Spieler kommen und gehen sehen – aber hier schien ein außergewöhnliches Talent heranzuwachsen. Ohne ersichtliche Anstrengung oder besonderen Krafteinsatz beschleunigte er die Bälle auf eine Weise, dass ihnen der Italiener selbst auf diesem langsamen Sandplatz oft nur hinterherschauen konnte. Fast lautlos entlockte er seinem schwarzen Racket Gewinnschläge, bewegte sich geschmeidig und flink, und seine Schläge waren harmonisch und technisch brillant.

Ungewöhnlich war auch seine Taktik: Da war nichts zu sehen von dem damals weit verbreiteten Sicherheitstennis der alten schwedischen Schule, das auf solchen Sandplätzen am meisten Erfolg versprach. Nein, Ballgeschiebe von der Grundlinie war nichts für Federer: Er suchte den schnellen Punktgewinn, und das auf jede erdenkliche Art. Er schien alle Schläge zu beherrschen, was bei Junioren in diesem Alter außergewöhnlich ist. Mit dem Aufschlag und der Vorhand machte er, was er gerade wollte, aber auch seine überrissenen Rückhandschläge und die gelegentlichen Flugbälle sahen aus wie aus einem Tennis-Lehrbuch.

Roger Federer war ein ungeschliffenes Juwel, keine Frage. Ich war erstaunt und überlegte, weshalb dies noch niemand gesagt oder geschrieben hatte. Vielleicht, weil wir in der kleinen Schweiz zuletzt oft vorschnell von Jahrzehnttalenten gesprochen hatten, um wenig später festzustellen, dass die Hochgelobten internationalen Vergleichen doch nicht standhielten? Es konnte ja nicht jeder ein neuer Günthardt, Hlasek oder Rosset sein. Vielleicht aber auch, weil in der Schweiz damals kaum jemand Ausschau hielt nach neuen Talenten, da das kleine Land mit Olympiasieger Marc Rosset und der aufstrebenden, bald 16 Jahre alten Martina Hingis im Profitennis ohnehin überdurchschnittlich gut vertreten war.

Vielleicht war der Grund aber auch, dass Federers spielerische Reife im krassen Gegensatz stand zur Art, wie er sich zwischen den Ballwechseln aufführte. Er war, unübersehbar, ein Hitzkopf. Auch an diesem Nachmittag ging das Temperament mit ihm durch, schon bei kleinsten Fehlern. Sein Schläger saß ihm locker in der Hand, immer wieder flog er über den Platz. Dazu sprach er fast ununterbrochen mit sich selbst, oder besser: Er beschimpfte sich. »Duubel!«, Idiot, rief er in breitem Basler Dialekt, als einer seiner Bälle die Linie knapp verfehlte. Er kritisierte sich manchmal sogar dann, wenn er den Punkt gewonnen hatte, aber mit seiner Schlagausführung nicht zufrieden war.

Was um ihn herum geschah, schien er nicht wahrzunehmen. Da gab es nur ihn, den Ball, den Schläger und sein echauffiertes Temperament, sonst nichts. Derart überdreht, hatte er vor allem mit sich selber zu kämpfen und weniger mit dem Gegner hinter dem Netz, diesem braven Italiener. Sein doppelter Kampf trieb ihn an die Grenzen, und ich ging davon aus, dass er trotz seiner technischen Überlegenheit verlieren würde.

Ich täuschte mich. Federer siegte 3:6, 6:3, 6:1.

Später fand ich heraus, dass er schon am Tag zuvor eine umstrittene Partie nach über zwei Stunden in drei Sätzen gewonnen hatte. Da kam der Gegner aus Australien und hieß Lleyton Hewitt, und Federer hatte beim 4:6, 7:6, 6:4 sogar einen Matchball abgewehrt. Lediglich 30 Zuschauer hatten an jenem Tag ein Ticket gekauft, neben den vier Personen, die eine Dauerkarte erstanden hatten. Keiner dürfte geahnt haben, dass sich da zwei zukünftige Weltstars duellierten, die bald die größten Titel ihres Sports gewinnen und jahrelang die Nummer 1 der Weltrangliste besetzen würden. Die sich in den Endspielen der größten Turniere und Stadien der Welt und vor Millionen von Fernsehzuschauern wieder gegenüberstehen würden.

Ich wollte mehr wissen über Federer und bat um ein Interview. Als er sich mir in der Garderobe einer Turnhalle an einem Holztisch gegenübersetzte, überraschte er mich gleich noch einmal. Ich hatte befürchtet, dass der Junior dem unbekannten Reporter einer nationalen Zeitung gehemmt und wortkarg Auskunft geben und kaum einen brauchbaren Satz über die Lippen bringen würde. Aber nein, Federer redete unbeschwert und selbstbewusst drauflos, mit einem verschmitzten Lachen. Er erzählte, dass sein Vorbild Pete Sampras war. Dass er seit einem Jahr im nationalen Leistungszentrum am Genfer See trainierte. Dass er vermutlich weltweit zu den 30, 40 Besten seiner Altersklasse gehörte. Dass er ein Spitzenprofi werden wolle, sich aber noch in allem verbessern müsse, vor allem in seiner Einstellung.

»Ich weiß, dass ich nicht immer motzen und ausrufen darf, denn das schadet mir nur, weil ich dadurch schlechter spiele«, kritisierte er sich selber. »Ich verzeihe mir halt fast keine Fehler, obwohl die eigentlich normal sind.« Er schaute in die Ferne und sagte, wie zu sich selber: »Man sollte eben perfekt spielen können!«

Perfekt spielen: Das war es, was ihn antrieb. Er wollte nicht in erster Linie Gegner besiegen und Pokale gewinnen – auch wenn ihm die Vorstellung, einmal reich oder berühmt oder gar beides zu werden, durchaus gefiel, wie er zugab. Instinktiv war für ihn der Weg das Ziel, und der Weg bestand darin, die Bälle mit seinem Schläger möglichst perfekt zu treffen und zu platzieren. Davon schien er besessen zu sein, und das erklärte auch, weshalb er sich selbst nach gewonnenen Ballwechseln ärgern konnte. Er wollte in diesem Rechteck mit dem Netz, das ihn so faszinierte, nicht den Gegner beherrschen, sondern den Ball, den er gleichzeitig liebte und hasste.

Federers Ansprüche waren hoch – zu hoch, als dass er sie damals hätte erfüllen können. In diesem Spannungsfeld zwischen Erwartungen und Wirklichkeit gingen die Emotionen mit ihm durch. Er schien zu spüren, welche großen Möglichkeiten in ihm steckten und dass er zu mehr fähig war, aber konnte es noch nicht umsetzen.

Seine ungewöhnliche Einstellung hatte die positive Nebenwirkung, dass er seine Gegner nicht als Rivalen betrachtete, die ihm die Butter vom Brot stehlen wollten, wie der Amerikaner Jimmy Connors zu sagen pflegte. Für ihn waren sie vielmehr Gefährten auf einem gemeinsamen Weg. Das machte ihn zu einem beliebten Kollegen, mit dem man gerne zusammen war und mit dem man es lustig haben konnte. Für Federer war Tennis kein Einzelsport mit Gegnern, die es einzuschüchtern galt, sondern ein gemeinsamer Zeitvertreib mit Gleichgesinnten, die, wie in einer großen Mannschaft, das gleiche Ziel verfolgten.

Er ärgerte sich furchtbar über eigene Fehler, hatte aber damals schon die Gabe, sich zu hinterfragen, die Dinge aus der Distanz zu betrachten und in die richtige Relation zu setzen, wenn sich die Emotionen einmal gelegt hatten. Dann war er auch bereit, Schwächen einzugestehen. »Ich trainiere nicht gerne. Und ich spiele auch immer schlecht in Trainings«, bemerkte er in diesem Gespräch beiläufig. »In den Matches bin ich jeweils doppelt so gut.«

Auch dieser Satz überraschte mich: Während sich viele verkrampften, wenn es ernst wurde, brachte er offenbar eine Winnermentalität mit. Tatsächlich würde diese Stärke, in den wichtigsten Partien und Spielsituationen über sich hinauszuwachsen, noch viele Gegner zur Verzweiflung treiben, ihm immer wieder erlauben, aus scheinbar ausweglosen Situationen zu entkommen und einen der unglaublichsten Rekorde der Sportgeschichte aufzustellen: die 24 hintereinander gewonnenen Endspiele zwischen Juli 2003 und November 2005, womit der von Björn Borg und John McEnroe gehaltene Rekord verdoppelt wurde.

An diesem World Youth Cup waren Federers Erfolge letztlich wertlos. Das Schweizer Team, dem ein starker zweiter Einzelspieler und ein eingespieltes Doppel fehlte, beendete das Turnier abgeschlagen auf dem 15. Rang. Roger Federer gewann, aber die Schweiz verlor – ein Szenario, das sich Jahre später im richtigen

Davis-Cup mehrfach wiederholen sollte. Immerhin erhielt der Hitzkopf an diesem Nachmittag ein schönes Kompliment vom australischen Teamchef Darren Cahill. »Er hat alles, um später auf der Tour zu reüssieren«, sagte der ehemalige Spitzenspieler, der sich damals um Lleyton Hewitt kümmerte.

Was mich betraf, kehrte ich mit genügend Stoff für eine nette Geschichte in die Redaktion zurück. Es sollte meine erste über Roger Federer werden und nicht die letzte bleiben. Der Titel lautete: »Man sollte perfekt spielen können«.

TEIL 1

DIE KARRIERE

JUGENDJAHRE (1981–1998)

Kapitel 1
Auf ihn hat keiner gewartet

Das Sprichwort, dass große Dinge ihre Schatten vorauswerfen, trifft im Tennis wie in keiner anderen Sportart zu. Aus der riesigen Masse ehrgzeiziger, mehr oder weniger talentierter, geförderter oder gedrängter Juniorinnen oder Junioren, die weltweit ihren Weg nach oben suchen, überstrahlen die wirklichen Champions im Regelfall den Rest schon sehr früh.

Nie werde ich beispielsweise den Tag im Juni 1984 vergessen, als im überfüllten Pressezentrum von Wimbledon mein deutscher Kollege Klaus-Peter, den alle nur KP nannten, auf mich zu stürmte, mich packte und mit sich zog. »Wir haben ihn, wir haben ihn«, rief er. »Der rote Bomber ist da!«

KP führte mich durch das Menschengewirr des All England Club in die südöstliche Ecke zu Court 13, wo eine ziemliche Hektik herrschte. Die Leute standen sich auf den Füßen und reckten die Köpfe, um einen Blick auf den Platz zu erhaschen. Ein Junior mit roten Haaren und blauen Augen war daran, einen gewissen Blaine Willenborg zu deklassieren. Der Rotschopf führte 6:0, 6:0, und britische Journalisten recherchierten hektisch, wann das letzte Mal in Wimbledon ein Spieler eine Partie ohne Gameverlust beendet hatte. Der Teenager erlöste sie von dieser Aufgabe, indem er im dritten Satz doch noch vier Games verlor.

Der Kerl war eine Naturgewalt, wie man sie noch nicht gesehen hatte. Einer, der mit brachialen Aufschlägen und Grundlinienpeitschen die Bälle traktierte. Sein Name war Boris Becker, und der deutsche Coach Klaus Hofsäss sagte über ihn: »Er würde eine Ratte fressen, um seine Vorhand zu verbessern.« KP war begeistert. Becker, der schon das Qualifikationsturnier bestritten hatte, überstand auch seine zweite Partie im Hauptturnier und stand in der dritten Runde auf Court 2, der den Beinamen »Friedhof der Champions« trägt, dem amerikanischen Spitzenspieler Bill Scanlon gegenüber, als er sich im vierten Satz den Fuß übertrat. Becker blieb mit einer schweren Bänderverletzung liegen und musste auf der Bahre vom Platz getragen werden.

Am Abend erkundigten KP und ich uns an der Bar des Spielerhotels Gloucester bei seinem Trainer Günther Bosch, wie es dem Jungen denn gehe. Bosch streckte uns spontan einen Zimmerschlüssel entgegen und sagte: »Fragt ihn doch selber.«

Wir hatten erwartet, einen untröstlichen, geknickten Junioren vorzufinden. Doch Becker lag auf dem Bett, schaute Fernsehen und ignorierte seinen großen Verband am Bein. Keine Spur von Jammern, im Gegenteil. »Schaut mal, das bin ich, das bin ich«, rief er aufgeregt und deutete auf den Fernsehbildschirm, wo gerade die Zusammenfassung des Wimbledontages lief. KP und ich schauten uns an und waren uns stillschweigend einig: Wenn es dieser Deutsche nicht schaffen würde, wer dann? Ein Jahr später gewann Becker als jüngster Spieler aller Zeiten Wimbledon.

Wie der dreifache Wimbledonsieger erschienen die meisten Weltstars mit einem Gongschlag in der Tennisszene. Der Schwede Stefan Edberg, der zum großen Rivalen des Deutschen wurde, schaffte 1983 mit 17 Jahren den »Grand Slam« bei den Junioren, indem er die vier größten Titel gewann, Australian Open, French Open, Wimbledon und US Open. Der Aufschlag/Volley-Künstler rückte in jenem Jahr zudem durch einen tragischen Unfall in die Schlagzeilen. Ein 60-jähriger Linienrichter namens Richard Wertheim wurde im Endspiel von Flushing Meadows von einem seiner Aufschläge in der Leiste getroffen. Er verlor das

Gleichgewicht, stürzte und zog sich dabei so schwere Schädelverletzungen zu, dass er einige Tage später starb.

Der Amerikaner John McEnroe war 1977 mit 18 Jahren als Qualifikant in die Halbfinals von Wimbledon gestürmt und hatte durch sein flegelhaftes Auftreten und sein feuriges irisches Temperament zusätzlich Schlagzeilen gemacht. Björn Borg erreichte bei seinem ersten Start in Wimbledon 1973 als 17-Jähriger die Viertelfinals, ein Jahr später gewann er den ersten seiner sechs French-Open-Titel, und wieder ein Jahr später führte er Schweden mit zwölf Siegen in zwölf Einsätzen zum ersten Davis-Cup-Titel.

Die Liste lässt sich erweitern. Pete Sampras war gerade 19 geworden und nur als Nummer 12 gesetzt, als er 1990 die US Open in Flushing Meadows gewann. Er schlug damals hintereinander die arrivierten Größen Ivan Lendl, John McEnroe und Andre Agassi und totalisierte dank seinem blitzschnellen Aufschlag 100 Asse, was eine unerhörte Zahl war, der Vorstoß in eine neue Dimension. Andre Agassi gehörte wegen seiner krachenden Vorhand schon mit 17 zu den besten zwei Dutzend Spielern der Welt. Der Schwede Mats Wilander gewann 1982 mit 17 gleich bei seinem ersten Start die French Open im Stadion Roland Garros, genau wie 2005 der Spanier Rafael Nadal, der zwei Tage vorher 19 geworden war.

Noch früher pflegen sich die Größen bei den Frauen anzukündigen. Immer wieder stoßen Schülerinnen an die Spitze, behaupten sich scheinbar mühelos unter den Besten. Steffi Graf, mit 22 Einzeltiteln an den Grand-Slam-Turnieren die erfolgreichste Berufsspielerin der Geschichte, erreichte schon mit 13 Jahren die ersten 100 der Weltrangliste. Tracy Austin, Andrea Jaeger, Monica Seles, Jennifer Capriati, Anna Kurnikowa, Martina Hingis, Maria Scharapowa – wer kennt sie nicht, die Wunderkinder der Courts, die die Altersrekorde in ungeahnte Tiefen zu drücken vermochten.

Von Martina Hingis hörte ich zum ersten Mal, als sie neun war und in den Resultatspalten kleiner Lokalzeitungen noch als

»Hingisova« erschien. Und was ich hörte! Ein Phänomen, ein Jahrhunderttalent sollte sie sein und schon reihenweise erwachsene Spitzenspielerinnen bezwungen haben. Sie gehörte zur exklusiven Kaste der Ausnahmeerscheinungen, die weltweites Interesse auslösen, bevor sie auch nur eine Partie auf der Profitour, der Turnierserie der Berufsspieler, ausgefochten haben. Wie vor ihr Jennifer Capriati oder nach ihr die Williams-Schwestern, die beiden Aschenputtel aus einem Armenviertel von Los Angeles.

Als Hingis mit zwölf Jahren das Juniorenturnier der bis 18-Jährigen in Roland Garros gewann, herrschte auf den Tribünen bei ihren Spielen ein reges Kommen und Gehen. Spielerinnen, Manager, Coaches, Medienvertreter – alle wollten einen Blick auf dieses Phänomen erhaschen. Mark McCormack, der Gründer und langjährige Chef der weltgrößten Sportagentur International Management Group (IMG), saß bei jeder Partie auf der Tribüne, gebannt und fasziniert von dem kleinen Mädchen.

Als Martina Hingis am Ende des Turniers auf Court 2 mit Pokal und Blumen geehrt wurde, befand sich auch Bud Collins am Spielfeldrand, der nicht nur wegen seiner farbigen Hosen bekannteste amerikanische Tenniskommentator und Kolumnist. Er rief mir, über viele Köpfe hinweg, zu: »Hey, Stauffer: Hier hast du dein Lunch-Ticket für die nächsten zwanzig Jahre!«

Was der Mann vom »Boston Globe« damit gemeint und wie Recht er damit gehabt hatte, wurde mir erst mit der Zeit bewusst. Ein einziger Spitzenspieler kann die Tennisszene eines Landes grundsätzlich verändern und auch die Ausgangslage für die Berichterstatter verbessern. KP sollte diese Veränderung in extremster Form erleben. Jahrelang hatte er davon geträumt, einmal über einen deutschen Top-Ten-Spieler zu schreiben, einen der es wert war, dass man ihm an die großen Turniere nachreiste. Hatte er früher um jeden Artikel kämpfen müssen, so wurde er plötzlich von seiner Redaktion ausgepresst wie eine Zitrone. »1000 Zeilen habe ich schon abgeliefert«, stöhnte er 1985, nach

Beckers Erdrutschsieg in Wimbledon, »und sie haben noch immer nicht genug.« Wie sollte ich ahnen, dass es uns in der Schweiz Jahre später gleich ergehen würde?

Bei Roger Federer war alles etwas anders. Zwar galt auch er schon früh als Talent – aber niemals als einer, der einst die Sportart dominieren könnte! Viele, die ihn aus seinen Jugendjahren kennen, sind noch heute verblüfft über seine Entwicklung. »Ich hätte nie gedacht, dass er die Nummer 1 werden würde. Er war kein Übermensch, einfach ein Konkurrent wie andere auch«, sagt Dany Schnyder, einer seiner größten Rivalen in den Anfangszeiten. Der Zürcher Berufsspieler Michael Lammer, seit der Kindheit ein Weggefährte Federers, bestätigt dies: »Als er 15, 16 war, merkte man, dass er ein sehr großes Talent war. Aber erst, als er mit 17 Jahren bei den Junioren an die Spitze vorstieß, wurde klar, dass er auch das Zeug zu einem Topmann hatte.«

Bei Federers Juniorenpartien saß nie ein Bud Collins auf der Tribüne, der ihm eine Weltkarriere voraussagte. Als er mit 17 der weltbeste Junior wurde und schon stärker spielte als alle 18-Jährigen, war dies zwar bemerkenswert, aber alles andere als eine Garantie für eine erfolgreiche Profikarriere, ebenso wenig wie sein Juniorentitel, den er 1998 in Wimbledon errungen hatte. Bis im Ausland eine breitere Öffentlichkeit auf Federer aufmerksam wurde, sollten noch ein paar Jahre vergehen. Und die Art, in der über ihn in seinen frühen Profijahren gesprochen und geschrieben wurde, war nicht immer nur erfreulich. Federer galt zwar als Supertalent – aber als eines, das viel zu wenig aus seinen Möglichkeiten machte, als »Underachiever«, wie es die Amerikaner nennen. Jahrelang haftete ihm das Etikett »bester Spieler ohne Grand-Slam-Titel« an.

Selbst in der Schweiz hatte keiner auf Roger Federer gewartet. Als er in der Szene erschien, wurde diese überstrahlt von Martina Hingis, deren Stern gerade aufgegangen war. Als er sich auf den Weg machte, der weltbeste Junior zu werden, stand die nur 312 Tage ältere Ostschweizerin schon im Zenith. Sie hatte 1997 drei der vier Grand-Slam-Turniere gewonnen und absorbierte die Aufmerksamkeit fast vollständig, was das Profitennis in der Schweiz betraf. Weshalb sollte man sich also mit einem talentierten Junioren mit ungewisser Zukunft beschäftigen, wo man die aktuelle Nummer 1 der Frauen hatte?

So sprach denn selbst in der Schweiz selten einer über Roger Federer wie von einer kommenden Nummer 1. Im Land der Skifahrer hütete man sich davor, die Erwartungen in dieser globalen Sportart zu hoch zu schrauben. Auf die verwegene Idee, dass zwischen Genfer und Bodensee ein neuer Boris Becker oder Pete Sampras am Heranwachsen war, kam kaum einer. Dies war für den jungen Spieler nicht von Nachteil, im Gegenteil. Er konnte sich in Ruhe entwickeln, wurde unter keinen großen Erwartungsdruck gesetzt, weder von Seiten der Eltern noch von der Öffentlichkeit. Trotzdem wuchs er in einem Klima auf, in dem das Profitennis allgegenwärtig war. Nur einen Spaziergang von seinem Elternhaus entfernt fanden jeden Herbst die Swiss Indoors statt, eines der bedeutendsten Hallenturniere der ATP-Tour, an dem sich die Weltstars die Klinke in die Hand gaben. Seine Mutter Lynette war ein Jahrzehnt lang in der Organisation dieses Turniers tätig, Roger selber war dort 1994 Balljunge und durfte sich schon als 13-Jähriger an der Seite von Jimmy Connors fotografieren lassen.

Das Profitennis war in der Schweiz auch bei den Männern kein Neuland mehr. Pionierarbeit geleistet hatte in den 70er Jahren der Zürcher Heinz Günthardt, der nach seinen Erfolgen als Junior im Jahr 1976 etwas voreilig als neuer Björn Borg gefeiert wurde. Zu einer Zeit, als in der Schweiz noch kaum einer wusste, wie man ATP (Association of Tennisprofessionals) buchstabiert, gewann er mit 17 die Juniorenturniere in Paris und Wimbledon. Obwohl er als Profi – vor allem wegen eines chronischen Hüftleidens – unter den Erwartungen blieb, gelang ihm 1978 in Springfield eine Premiere, indem er als erster Spieler ein

Turnier gewann, bei dem er in der Qualifikation schon ausgeschieden war, danach aber wegen Ausfällen als sogenannter »glücklicher Verlierer« (lucky loser) ins Hauptturnier nachrutschte. Er stand später in Wimbledon und an den US Open in den Viertelfinals und war jahrelang einer der weltbesten Doppelspieler. Nach seiner Spielerkarriere führte er Steffi Graf als Coach zu zwölf Grand-Slam-Titeln.

Auch nach Günthardts Zeiten war die Schweiz fast permanent unter den ersten 30 Rängen der Weltrangliste vertreten. Auf Günthardt folgte Jakob Hlasek, der bis auf Rang 7 vorstieß, danach Marc Rosset. Der Olympiasieger von 1992 war einer, zu dem Federer nicht nur wegen seiner Größe hinaufschauen konnte. Der Genfer war Mitte der 90er Jahre ein konstanter Top-20-Spieler und hatte die Schweiz 1992 in ihr einziges Davis-Cup-Endspiel geführt.

Rosset erkannte als einer der ersten, welche Kapazitäten Federer besaß. »Er hat alles, was es braucht, um ein Spitzenspieler zu werden: Talent, Ehrgeiz, einen frechen Mund und den nötigen Durchhaltewillen«, sagte er. Und war bereit, dem elf Jahre jüngeren Newcomer zu helfen, seinen Weg zu finden. Er wurde zu Federers Mentor, und auch Federer fühlte sich sehr zu Rosset hingezogen: »Vielleicht weil wir beide Spaßvögel sind, ehrlich, direkt, frech, lebenslustig und ein wenig chaotisch.«

Rossets Sympathie ging aber nicht so weit, dass er Federer gleich noch gewinnen ließ, als sie sich später auf der Tour gegenüberstanden. Dabei kam es schon im ersten Vergleich im Jahr 2000 in Marseille zu einer denkwürdigen Premiere, als die beiden gegeneinander das erste große Profiendspiel zwischen Schweizern bestritten, wobei Rosset im Tiebreak des dritten Satzes gewann.

Auch wenn Federer also nicht in einer großen Tennisnation aufwuchs, so doch auch nicht im Niemandsland der Sportart. Er sah daher schon früh keinen Grund, weshalb es nicht auch bei den Männern ein Schweizer an die Spitze schaffen sollte.

Kapitel 2
Von Kempton Park nach Basel

Das Dorf Berneck liegt in der nordöstlichsten Ecke der Schweiz, im St. Galler Rheintal. Eine Voralpenregion, wo oft Fönstürme durchziehen und die Einheimischen einen ziemlich rauen Dialekt sprechen. Das österreichische Vorarlberg ist nur einen Steinwurf entfernt, gleich hinter dem Rhein, und liegt den Leuten näher als als Zürich, Bern oder Genf. Ein paar Kilometer weiter nördlich fließt der Rhein in den Bodensee, dort treffen sich die Grenzen der Schweiz, Österreichs und Deutschlands.

In Berneck wächst auch Robert Federer, Rogers Vater, als Sohn eines Textilarbeiters und einer Hausfrau auf. Schon früh verlässt er diese Landesecke und folgt dem Lauf des Rheins. Als 20-Jähriger kommt er nach Basel, eine Grenzstadt im Dreiländereck Schweiz, Deutschland, Frankreich. Hier bildet der Rhein ein Knie und verlässt das Land Richtung Norden, und hier haben auch einige der bedeutendsten Chemiefirmen der Welt ihren Hauptsitz. Der junge Chemie-Laborant findet eine Stelle bei Ciba.

1970 packt den 24-Jährigen die Abenteuerlust, es zieht ihn hinaus in die weite Welt. Er beschließt, auszuwandern, und bricht seine Zelte in der Schweiz ab. Dass seine Wahl ausgerechnet auf Südafrika fällt, ist Zufall und hat unter anderem mit den Formalitäten zu tun: Für dieses Land, in dem die Apartheid herrscht, kann er vergleichsweise einfach ein Einwanderungsvisum erhalten. Zufall ist auch, dass er bei der Suche nach einem neuen Job beim gleichen Arbeitgeber fündig wird, für den er schon in der Schweiz tätig war, bei Ciba. Das Chemieunternehmen hat sich neben einigen anderen ausländischen Firmen in Kempton Park niedergelassen, einem ausgedehnten Vorort von Johannesburg beim internationalen Flughafen.

In Kempton Park trifft er auch Lynette Durand, die als Sekretärin zu Ciba kommt. Auf der Farm ihrer Familie – der Vater ist Vorarbeiter, die Mutter Krankenschwester, sie hat drei Geschwister – spricht man Afrikaans, aber Lynette hat eine englischsprachige Schule besucht und ihre Absicht ist es, möglichst schnell Geld zu sparen, um nach Europa zu reisen. Am liebsten nach England, wo ihr Vater während des Zweiten Weltkriegs stationiert war.

Robert Federer ist kein Mann der großen Worte, keiner, der sich in den Vordergrund zu stellen pflegt. Er zieht es vor, still zu beobachten, zuzuhören und dann den Dingen die gewünschte Richtung zu geben. Er ist von kleiner Statur, mit einer prägnanten Nase und einem markanten Schnauz, sportlich und kräftig, schlagfertig, witzig und weltoffen. Einer, der die Dinge leicht zu nehmen pflegt. Nichts kennzeichnet ihn besser als sein schalkhaftes Lachen, bei dem sich seine Augen zu schmalen Schlitzen verengen und sich die buschigen Augenbrauen in die Höhe ziehen. Trotz seiner Gutmütigkeit ist er einer, der sich zu wehren weiß, wenn ihm etwas nicht passt; sachlich, aber entschieden – weshalb ihn später eine Portraitistin einmal als »bärbeißig« beschreibt.

Als er eines Tages im Jahr 1970 in der Firmenkantine die 18-jährige, charmante Sekretärin mit dem durchdringenden Blick sieht, fällt sie ihm sofort angenehm auf. Sie lernen sich kennen und werden schließlich ein Paar. Robert nimmt Lynette mit in den Schweizer Klub von Johannesburg, um ihr sein neues Hobby vorzustellen: Tennis. Die junge Frau, die früher Landhockey gespielt hat, ist sogleich begeistert von diesem Sport und beginnt ebenfalls, regelmäßig zu spielen. Die beiden verbringen eine schöne Zeit in Südafrika, von der Apartheid spüren sie kaum etwas.

Weshalb sie dennoch 1973 in die Schweiz ziehen, kann Robert Federer später nicht richtig erklären. »Es steckt etwas in einem drin, wie in den Zugvögeln«, sagt er. Zurück in Basel, fragt er sich oft, weshalb sie nicht in Afrika geblieben sind, zumal seine Partnerin Mühe mit der Enge der Schweiz und der Mentalität der Leute bekundet. »Aber man lernt schnell, sich anzupassen«, sagt sie. Es wird geheiratet, 1979 kommt die Tochter zur Welt, Diana. 20 Monate später, am Morgen des 8. August 1981, bekommt Lynette Federer im Kantonsspital von Basel auch einen Sohn. Er erhält den Namen Roger, weil er sich problemlos auch englisch aussprechen lässt: Rotscher Federer.

Der Name Federer war in Berneck schon vor dem Jahr 1800 heimisch, ist aber in der Schweiz ein eher seltenes Geschlecht. Der bisher berühmteste Federer hieß Heinrich und war ein Priester, der später Dichter wurde und 1928 starb. Zu Ehren seines 100. Geburtstages wurde er 1966 auf einer 5-Rappen-Briefmarke verewigt.

Schon in den 70er Jahren führt die Ciba, bei der Robert und Lynette Federer in der Schweiz weiterhin arbeiten, einen Tennisklub im Basler Vorort Allschwil. Die beiden gehören dort bald zu den Stammspielern. Lynette beweist großes Talent im Umgang mit dem Tennisschläger. Ihren größten Erfolg wird sie 1995 mit dem Gewinn des Schweizer Interclub-Meistertitels der Jungseniorinnen mit dem TC Old Boys feiern.

Aus Spaß am Tennis wird sie Juniorentrainerin beim TC Ciba, später nimmt sie auch eine Stelle in der Organisation der Basler Swiss Indoors an. Beim bedeutendsten Hallenturnier der Schweiz, das seit Mitte der 70er Jahre zur offiziellen Profitour gehört, wird sie ein Jahrzehnt lang hinter den Kulissen arbeiten und unter anderem für die Ausgabe der Turnierausweise zuständig sein.

Auch Robert Federer ist ein engagierter und regional starker Tennisspieler. Später werden er und seine Frau die Tennisplätze dann immer häufiger gegen Golfplätze eintauschen und Mitglied im elsässischen Club Chalampé werden, noch steht aber Tennis im Vordergrund. Lynette Federer nimmt ihren Sohn häufig mit auf den Tennisplatz. Bälle faszinieren ihn von klein an. »Bereits mit anderthalb Jahren wollte er stundenlang Bälle zurückspielen«, erinnert sich die Mutter. Seine Geschicklichkeit ist augenfällig: Kaum kann er laufen, gelingt es ihm schon, größere Bälle aufzufangen. Mit dreieinhalb Jahren schlägt der kleine Roger den ersten Tennisball übers Netz. Mit vier kann er bereits zwanzig, dreißig Bälle hintereinander korrekt spielen. »Er hatte eine unglaubliche Koordination«, schwärmt der Vater.

Die Familie Federer ist weder reich noch arm, solider Schweizer Mittelstand eben. Roger wächst in einem Reihenhaus mit Garten im ruhigen Wohnviertel Wasserhaus in Münchenstein auf, einem Vorort von Basel. Er ist kein einfaches Kind, impulsiv und ehrgeizig. »Niederlagen waren für ihn die reinste Katastrophe, sogar bei Brettspielen«, erinnert sich der Vater. Insgesamt sei er zwar »ein netter Kerl« gewesen, »doch wenn ihm etwas nicht passte, konnte er ziemlich aggressiv sein.« Manchmal fliegen Würfel und Spielfiguren durch die Stube.

Er habe schon als Knirps immer gemacht, was er wollte, und versucht, die Grenzen auszuloten, sagt die Mutter – ob in der Schule bei den Lehrern, zu Hause bei den Eltern oder im Sport. »Er war sehr lebhaft, ein Energiebündel, und deshalb manchmal schwierig.« Wenn er zu etwas gezwungen wird, das ihm nicht gefällt, reagiert Roger oft heftig. Wenn ihn etwas langweilt, stellt er es in Frage oder wendet sich davon ab. Wenn der Vater meint, ihm auf dem Tennisplatz Anweisungen geben zu müssen, würdigt er ihn keines Blickes.

Aber Roger ist ein beliebter Junge, immer freundlich, nicht überheblich, gut erzogen – und extrem sportlich. Er versucht sich im Skifahren, Ringen, Schwimmen, Skateboarden, doch vor allem die Ballsportarten faszinieren ihn. Er spielt Fußball, Handball, Basketball, Tischtennis, Tennis, und, wenn er zu Hause ist, Federball über den Gartenzaun des Nachbarn hinweg. Immer hat er einen Ball bei sich, auch auf dem Weg zur Schule, und eines seiner Idole ist Michael Jordan, der amerikanische Basketballstar. In jeder freien Minute zieht es ihn ins Freie. Stillsitzen und konzentriertes Arbeiten im Klassenzimmer sind nicht seine Sache. Sein Ehrgeiz in der Schule ist gering, die Leistungen sind durchschnittlich.

Robert und Lynette Federer sind die idealen Eltern für einen sportverrückten Jungen wie ihn. Sie lassen ihn sich austoben, wenn er will, drängen ihn aber nicht. »Er musste sich einfach bewegen, sonst wurde er unausstehlich«, sagt Lynette. Sie und ihr Mann legen Wert darauf, dass er verschiedene Sportarten ausübt. Sie bringen ihn schon früh zum Fußballklub Concordia, damit er lernt, mit Mitspielern umzugehen, sich in eine Mannschaft einzufügen.

Die Mutter verzichtet darauf, den Sohn selber im Tennis zu unterrichten: »Ich betrachtete mich nicht als kompetent genug, und er hätte mich sowieso nur aufgeregt«, erzählte sie einmal. »Er war sehr verspielt, probierte alle seltsamen Schläge aus, aber spielte den Ball sicher nie normal zurück. Für eine Mutter ist das einfach nicht lustig.«

Stundenlang kann Roger Bälle gegen eine Wand schlagen, gegen das Garagentor, eine Zimmerwand oder sogar den Schrank im Haus. Bilder und Geschirr sind nicht sicher vor ihm, und auch das Zimmer seiner Schwester bleibt nicht verschont. »Es ging schon manchmal etwas kaputt«, gibt Roger heute zu. Diana hat es mit ihrem kleinen Bruder nicht leicht: »Wenn ich mit meinen Freunden zusammen war, kam er immer, schrie herum oder nahm das Telefon ab, wenn ich am telefonieren war. Er war wirklich ein kleiner Teufel«, sagte sie, zu ihrem Bruder befragt.

Wie für viele Geschwister von Hochbegabten ist es für Diana nicht einfach, im Schatten ihres Bruders zu stehen. Wenn die Familie gemeinsam ausgeht, dreht sich immer häufiger alles nur um ihn. Sie habe ihre Tochter einmal zur Seite genommen und ihr erklärt: »Diana, dir geht es nicht anders als deiner Mami: Viele Leute sprechen mich an, und das Thema ist nur dein Bruder«, erzählt Lynette.

Diana, die Krankenschwester lernt, wird bei wichtigen Spielen des Bruders nur gelegentlich am Spielfeldrand sitzen. Zum Beispiel beim Masters 2005 in Shanghai, wo sie und ihre Mutter noch während des Endspiels die Halle verlassen, um nach Südafrika in die Ferien zu fliegen. Diana Federer ist stolz auf ihren Bruder, sie selber scheint sich aber abseits des Rampenlichts wohler zu fühlen. Sie wird seine Karriere auch nicht in allen Details verfolgen. Als sie 2005 beim Turnier in Basel eine Partie mit dem Tschechen Tomas Berdych miterlebt, ist sie sich nicht bewusst, dass es sich um jenen Spieler handelt, der im Jahr zuvor in Athen den großen Traum ihres Bruders von einer olympischen Goldmedaille platzen ließ.

Kapitel 3
Ein Junge entdeckt Tennis

Zum ersten Idol von Roger Federer wird Boris Becker. Stundenlang kann der Junge im Fernsehen Tennispartien verfolgen. Die Mutter ist verblüfft, welche Details er immer wieder bemerkt. Als Becker 1985 seinen ersten Wimbledontitel erringt und Deutschland ins kollektive Tennisfieber stürzt, ist er knapp vier Jahre alt. In den Jahren 1988 und 1990, als Becker zwei Wimbledon-Endspiele gegen den Schweden Stefan Edberg verliert, vergießt er bittere Tränen.

»Tennis gefiel mir von allen Sportarten bald am besten«, blickt Roger zurück. »Da herrschte immer Spannung. Und ich hatte es selber in der Hand, ob ich gewinne oder verliere.« Er gehört schnell zu den besten seines Jahrgangs und darf, kaum in der Schule, dreimal pro Woche am Spezialtraining der Vereinigung der Tennisklubs von Basel und Umgebung mitmachen. Hier lernt er Marco Chiudinelli kennen, der einen Monat jünger ist und ebenfalls aus Münchenstein kommt. Die beiden werden Freunde und verbringen auch neben dem Tennisplatz viel Zeit miteinander.

Nach dem Training spielen sie mit ihren Tennisschlägern manchmal Squash, und sie treten auch im Tischtennis und Fußball gegeneinander an, denn Roger spielt für Concordia und Marco für den FC Basel. Als im Tennis eine überregionale Spitzengruppe gebildet wird, gehören beide dazu, obwohl sie aus verschiedenen Tennisklubs stammen. Federer stößt mit acht Jahren zum TC Old Boys, wo die Trainingsbedingungen für ihn besser sind als beim TC Ciba in Allschwil, Chiudinelli spielt beim Basler LTC.

Die beiden talentierten Junioren machen ihren Eltern, die miteinander Fahrrad fahren oder joggen, nicht nur Freude. »Wenn wir trainierten, war es immer ziemlich laut, da wurde mehr geredet als trainiert«, erinnert sich Chiudinelli. »Das Training schien uns nicht so wichtig. Wir wollten einfach eine gute Zeit haben und trieben viel Unsinn. Deshalb wurde immer wieder einer von uns vom Platz geschickt.« Sie sind die schwarzen Schafe der Gruppe – und die Eltern sind verärgert, wenn sie herausfinden, dass wieder einmal einer der beiden die Hälfte des Trainings zuschauen musste.

Chiudinelli erinnert sich noch an etwas anderes genau: »Roger hat praktisch gegen alle verloren im Training. Er war der Einzige, gegen den auch ich gewann. Aber der Unterschied war enorm: Sobald es ernst galt, konnte er den Schalter drehen und war nicht wiederzuerkennen. Dafür bewunderte ich ihn. Im Training konnte ich ihm eine Packung geben, doch wenn wir uns einen Tag später in einem Turnier begegneten, gab er mir eine Packung. Er war damals schon ein echter Wettkampftyp.«

Zum ersten Mal spielen sie beim sogenannten Bambino Cup in Arlesheim gegeneinander, als sie etwa acht Jahre alt sind. »Wir spielten damals nur einen langen Satz bis auf neun Games«, erzählt Chiudinelli. »Am Anfang lief es für mich nicht gut. Ich fiel 2:5 zurück und begann zu weinen – wir weinten damals oft, auch während Partien. Da kam Roger beim Seitenwechsel zu mir und versuchte, mich zu trösten. Das kommt schon wieder, sagte er. Tatsächlich lief es danach besser. Ich ging 7:6 in Führung, und er merkte, dass sich die Partie gewendet hatte. Da begann er zu heulen – und ich lief zu ihm und versuchte nun, ihm Mut zuzusprechen. Darauf lief es bei ihm wieder besser. Trotzdem war es das einzige Mal, dass ich gegen ihn gewinnen konnte.«

Beim TC Old Boys trainiert Roger mit Adolf Kacovksy, einem Tennislehrer, den alle nur »Seppli« nennen. Kacovsky ist 1968 als 28-Jähriger wie viele seiner Landsleute im Prager Frühling aus der

Tschechoslowakei vor den russischen Panzern geflohen und über Tunesien in die Schweiz gekommen. In Basel wird Kacovsky ab 1969 sesshaft. 37 Jahre lang wird er Klubtrainer beim TC Old Boys bleiben, bevor er, zum Ehrenmitglied erhoben, zurücktreten wird.

»Ich habe sofort gemerkt: Dieser Typ ist ein Naturtalent. Er wurde mit dem Racket in der Hand geboren«, sagt Kacovsky über Federer. Zuerst habe er nur Gruppenunterricht bekommen. »Aber der Klub und ich merkten schnell, dass er enormes Talent hatte. Wir begannen, ihm Privatstunden zu geben, die teilweise vom Klub bezahlt wurden. Roger lernte verblüffend schnell. Wenn man ihm etwas beibringen wollte, konnte er es nach zwei, drei Versuchen umsetzen. Dinge, für die andere Wochen benötigten.«

Der Primarschüler ist nicht nur talentiert und ballverliebt, sondern auch ehrgeizig. Roger habe oft davon gesprochen, er wolle der Beste der Welt werden, die Nummer 1, erinnert sich Kacovsky. »Aber die Leute haben ihn nur ausgelacht, auch ich. Ich dachte, vielleicht wird er einmal der beste Spieler in der Schweiz oder Europas – doch nicht der Beste der Welt! Aber er hatte dies im Kopf und arbeitete darauf hin.«

Rogers Karriere im Interclub beginnt für den Achtjährigen aber mit einem Fiasko. Seinen ersten Ernstkampf verliert er 0:6, 0:6, obwohl er nach eigener Einschätzung gar nicht so schlecht gespielt hat. Natürlich weint er. »Sein Gegner war aber auch viel größer«, verteidigt ihn Seppli Kacovsky. »Zudem war er nervös, in seinem ersten Spiel, in dem er richtig zählen musste.«

Mit elf Jahren gehört Roger stärkemäßig zur nationalen Kategorie R6, einer Stufe, die viele Hobbyspieler in ihrem ganzen Leben nicht erreichen. Das offizielle Training reicht ihm nicht mehr. Stets ist er auf der Suche nach Leuten, die noch mit ihm spielen wollen. Wenn er niemanden findet, schlägt er Bälle gegen die Wand. Immer und immer wieder, stundenlang.

Zu dieser Zeit wird das Schweizer Tennismagazin »Smash« auf ihn aufmerksam. Nachdem er im Basler Jugend Cup, einer Einsteigerserie ins Wettkampftennis, in die Halbfinals vorgestoßen ist, erscheint im Oktober 1992 ein kleiner Artikel über ihn. Obwohl sich Roger rasant verbessert, muss er viele bittere Niederlagen hinnehmen. In Dany Schnyder, dem jüngeren Bruder der späteren Top-Ten-Spielerin Patty, findet er seinen Dauerbezwinger. »Ich konnte machen, was ich wollte, es nützte einfach nichts«, erinnert er sich. »Ich verlor immer, und dazu noch klar.«

Dany ist ein halbes Jahr älter und wächst in Bottmingen auf, einem Nachbardorf. Er erinnert sich noch gut an diese Duelle. »Wir spielten zwischen acht und zwölf Jahren 17 Mal gegeneinander. Von den ersten neun Partien gewann ich acht, die letzten acht verlor ich alle. Roger spielte immer sehr aggressiv. Ich dagegen hielt vor allem den Ball im Feld. Am Anfang lief bei ihm noch vieles schief, sein Risiko wurde nicht belohnt. Deshalb habe ich wahrscheinlich gewonnen. Doch plötzlich gingen seine Bälle rein.«

Einige Jahre später wird Dany Schnyder, der für den Basler LTC spielt, das Wettkampftennis zugunsten einer akademischen Karriere aufgeben, und seine Wege trennen sich von jenen Federers. »Ich war überrascht, als ich sah, dass Roger plötzlich an die Weltspitze stürmte«, sagt er. »Als er elf oder zwölf war, merkte man zwar, dass er gute Schläge hatte. Aber ich hätte nie gedacht, dass er die Nummer 1 der Welt werden würde. Ich finde super, was er leistet – aber für mich ist er kein Idol, Weltstar oder Übermensch. Wenn wir uns sehen, ist er noch immer der Gleiche wie früher, als wir uns kennen lernten.«

Dany Schnyder bestätigt auch, dass Federer Trainingsspiele nicht sehr ernst nahm. »Aber wenn es darauf ankam, konnte er immer einen Zahn zulegen.« Roger weiß selber, dass seine Trainingsleistungen nicht über alle Zweifel erhaben sind. »Ich war zwar sehr selbstbewusst, aber keiner, der gerne trainierte«, gibt er heute zu. »Meine Eltern sagten immer: Trainier doch endlich besser. Aber ich hatte häufig Probleme, mich zu motivieren. Ich war ein Matchspieler.«

Nicht selten wird er auf dem Tennisplatz zudem von negativen Gefühlen beherrscht. »Wenn es nicht nach Wunsch lief, konnte er fluchen und den Schläger werfen«, erzählt Kacovsky. »Ich musste ihn manchmal bremsen.« Einmal habe er ihn nach Hause geschickt. Roger bekennt: »Ich schimpfte andauernd und warf meine Schläger herum, es war schlimm. Meinen Eltern war das peinlich, und sie sagten, ich solle aufhören, sonst würden sie nicht mehr mit mir an Turniere kommen. Ich musste mich beruhigen, doch das war ein sehr langer Prozess.« Er sei eben ein sehr emotionaler Bub gewesen: »Ich glaube, ich habe schon zu früh die Perfektion gesucht.«

Kurz vor seinem elften Geburtstag steht er im Endspiel der nationalen Juniorenmeisterschaften der bis Zwölfjährigen. 1993, mit elf Jahren, gewinnt er seine ersten nationalen Meistertitel, beide in der untersten Kategorie: Im Januar wird er in Luzern dank einem Finalerfolg über Chiudinelli Hallenmeister, sechs Monate später bringt ihm ein Endspielsieg gegen Schnyder den Freilufttitel in Bellinzona (womit er Schweizer Meister der bis Zwölfjährigen wird). Diese beiden Erfolge sind für ihn richtungsweisend: »Ich dachte: Aha, ich kann also mithalten, ich bin dabei.«

»Man sah früh, dass er ein Talent ist«, erinnert sich der um ein Jahr jüngere Zürcher Michael Lammer an diese Zeit. »Aber in diesem Alter ist es schwer zu sagen, dass einer ein neuer Star wird. Am Anfang hatte er auf der Rückhand noch Probleme, weil er sie einhändig spielte und nicht so viel Kraft hatte. Deshalb spielte er oft Slice-Bälle. Aber die Vorhand hat er schon damals voll abgezogen.« In ihren Duellen sei es explosiv zugegangen: »Manchmal war es chaotisch. Wir spielten etwa fünf, sechs Mal gegeneinander, bevor wir 14 Jahre alt waren. Er war sehr emotional, das muss man sagen. Unsere Spiele waren sehr ausgeglichen, doch im entscheidenden Moment konnte er zulegen, weil er instinktiv das Richtige machte. Ich konnte ihn deshalb nie bezwingen.«

Noch immer spielt Roger Fußball für Concordia Basel, gelegentlich auch für den FC Riehen. Die vielen Trainings in zwei Sportarten lassen sich aber nur noch schlecht aneinander vorbei organisieren. Mit zwölf entscheidet er sich, Fußball aufzugeben und auf Tennis zu setzen. Die Wahl fällt ihm nicht schwer, obwohl ihm auch seine Fußballtrainer großes Talent bescheinigen. »Im Fußball schoss ich zwar einige Tore, aber ich machte nichts speziell gut. Wir gewannen zwar manchmal regionale Turniere, aber im Tennis hatte ich immerhin schon nationale Titel geholt«, sagt er. Sein großes Talent steckt nicht in den Füßen, sondern in der rechten Hand.

Auch sein Streben nach Perfektion führt wohl dazu, dass er sich entschließt, dem Tennis gegenüber dem Fußball den Vorzug zu geben. Nicht, dass er ein Eigenbrötler ist. Aber im Kollektiv einer Mannschaft ist Federer einfach zu stark von den Mitspielern abhängig. Als Fußballer muss er sich nicht nur mit den eigenen Unzulänglichkeiten herumschlagen, sondern auch mit jenen der Mitspieler. Das ist auf Dauer nichts für ihn, der genug damit zu tun hat, sich über seine eigenen Fehler zu ärgern.

Ab seinem neunten Lebensjahr trainiert Federer beim TC Old Boys manchmal auch mit Peter Carter, einem jungen Aushilfslehrer. Der Australier, der von allen, egal ob Hausfrau oder Bankdirektor, nur Peter genannt werden will, ist ein sympathischer, seriöser Mann mit geraden, blonden Haaren, die ihm ungekämmt in die Stirn fallen, mit großen, blauen Augen und einer sanften Stimme. Er kam 1964 in Nuriootpa zur Welt, einem Städtchen mit 40 Weinproduzenten im Barossa Valley. Als Mitglied des australischen Sportinstituts wurde er Tennisprofi, schaffte den Durchbruch aber nicht, seine Bestmarke in der Weltrangliste war der 173. Rang.

Carter hatte 1984 auch den Swiss Satellite Circuit bestritten, eine Turnierreihe der untersten Profistufe. Obwohl er erfolglos blieb, war der Abstecher in die Schweiz für ihn schicksalhaft: Der TC Old Boys fragte ihn damals an, ob er die Nationalliga-B-Mannschaft im Interclub verstärken wolle. Carter sagte zu, und so begann seine Bindung zum Klub, in dem er Federer kennen lernte. Er war bald nicht nur als Verstärkung für die erste Mannschaft, sondern auch als Klubtrainer tätig, und zu Beginn der 90er Jahre wurde sein Pensum laufend erhöht.

Im Jahr 1993 offerieren ihm die Old Boys eine Vollzeitstelle, um ein Förderungsprogramm für den Nachwuchs aufzubauen. Carter akzeptiert und trainiert nun eine Gruppe, zu der auch Federer gehört, der inzwischen zwölf Jahre alt ist. »Peter war für Roger nicht nur ein idealer Trainer, sondern auch ein guter Freund«, erinnert sich Seppli Kacovsky. »Und er war auch ein hervorragender Pädagoge und Psychologe.« »Als ich ihn erstmals sah, reichte Roger kaum übers Netz«, erzählt Carter später einmal. »Das Talent hat man sofort gesehen. Roger konnte mit dem Ball und dem Schläger sehr schnell sehr viel. Er war sehr verspielt und wollte vor allem seinen Spaß haben. Irgendwann habe ich mich gefragt, ob er je konzentrierter arbeiten würde. Seit er ungefähr 13 ist, ist das der Fall.« Federer sei in jeder Beziehung sehr natürlich und koordiniert gewesen. »Er hatte sehr viel Ballgefühl und immer einen sehr guten Vorhandschlag. Und er lernte außerordentlich schnell und leicht, auch Dinge, die er bei einem Becker oder Sampras am TV gesehen hatte. Er machte immer Fortschritte.«

Als Roger 13 Jahre alt ist, wird der Traum zur fixen Idee: Er will in der Schweiz an die Spitze gelangen und dann die ersten 100 der Weltrangliste erreichen. Er gehört inzwischen zum nationalen B-Kader der Junioren, seine Spielstärke ist bei R3 angelangt, und er kann dadurch vermehrt internationale Juniorenwettkämpfe bestreiten. Mittlerweile ist er nicht mehr Fan von Boris Becker, sondern schwärmt für den Schweden Stefan Edberg, der dem Deutschen einige bittere Niederlagen zugefügt hat.

Im Winter 1994/95 kommt der Gedanke auf, Roger ins nationale Leistungszentrum von Swiss Tennis nach Ecublens zu schicken. Die Eltern sind zwar mit den Trainingsbedingungen und Peter Carter zufrieden, doch das 1993 entstandene Förderungsprogramm Tennis/Etudes, für das Swiss Tennis in diesem

Winter wirbt, klingt verlockend und ist finanziell attraktiv. Acht Buben und vier Mädchen trainieren im Leistungszentrum am Genfer See, wo ihnen qualifizierte Coaches zur Verfügung stehen. Sie haben die Möglichkeit, bei Gastfamilien zu wohnen und öffentliche Schulen zu besuchen, werden aber von gewissen Fächern dispensiert. Tennis/Etudes hat für die Schweiz Pioniercharakter. Einer der geistigen Väter des Programms ist Pierre Paganini, der wie Peter Carter in Federers Karriere noch eine zentrale Rolle spielen wird. Der ehemalige Zehnkämpfer und diplomierte Sportlehrer ist in Ecublens Konditionstrainer und administrativer Leiter.

Als Roger von den Eltern gefragt wird, ob ihn Ecublens interessiere, verneint er. Umso erstaunter sind sie, als sie einige Wochen später in einem Tennismagazin die Aussage ihres Sohnes lesen, er beabsichtige, Tennis/Etudes zu absolvieren. Im März 1995 begibt er sich als einer von 16 Kandidaten an den Genfer See, um sich den Aufnahmetests zu stellen. Dazu gehören ein Zwölfminutenlauf, ein Konditionsparcours, Demonstrationen seines Könnens auf dem Platz und ein Testmatch. Pierre Paganini und Christophe Freyss, der Nationalcoach, sind von Federer schnell überzeugt. Sie teilen ihm noch in Ecublens mit, dass er, zusammen mit drei anderen, die Aufnahmeprüfung bestanden hat.

Kapitel 4
Heimweh in der Fremde

Vielleicht wäre alles ganz anders gekommen, wenn es in Ecublens nicht die Familie Christinet gegeben hätte. Als für Tennis/Etudes Gastfamilien gesucht werden, die bereit sind, Talente aufzunehmen, wird auch sie angefragt. Zwei von drei Kindern sind schon ausgezogen, Platz gibt es genug, und damit Vincent, der Jüngste, nicht immer alleine ist, stellt man sich zur Verfügung. Roger ist damit bereits der zweite Absolvent des Förderprogramms, den die Familie aufnimmt.

Nach den Sommerferien 1995 zieht der gerade 14 Jahre alt gewordene Roger Federer als Logisgast bei den Christinets ein. Obwohl Ecublens nur eine dreistündige Zugfahrt von Münchenstein entfernt liegt, findet er sich in einer fremden Welt wieder. Die ersten fünf Monate wird er als einige der schlimmsten seines Lebens bezeichnen und sogar das Wort »Hölle« in den Mund nehmen. »Ich war einfach nicht glücklich dort unten. Wochenlang war ich weg von meinen Eltern, konnte kein Französisch und hatte keine Kollegen. Es fiel mir schwer, mich zu motivieren, und ich war oft sehr traurig.«

Die Sprache ist eine große Barriere. Roger kann zwar dank seiner Mutter etwas Englisch, aber das hilft ihm hier nichts. Am Genfer See wird Französisch gesprochen, auf dem Tennisplatz wie in der Schule. »Als er kam, konnte er überhaupt kein Französisch«, erzählt Cornelia Christinet, die Frau des Hauses, »und mein Sohn, der fast gleich alt ist wie Roger, konnte kein Deutsch.« Wenigstens kann sie als gebürtige Deutschschweizerin mit dem jungen Gast in seiner Muttersprache reden, was sie gelegentlich tut. »Wir hatten eine tolle Zeit mit ihm«, sagt sie, »er war so einfach im Umgang.«

Roger hat im Juli seinen ersten Meistertitel bei den 14-Jährigen gewonnen, aber in der Kaderschmiede von Ecublens ist er der Jüngste, »der Deutschschweizer«, und die Trainingspartner sind viel stärker als bisher. Er muss sich erst Respekt verschaffen, leidet, hat Heimweh, telefoniert oft nach Hause und fiebert den Freitagen entgegen. Dann kann er in den Zug steigen und für das Wochenende nach Hause fahren, zu seiner Familie und seinen Freunden, wie beispielsweise Marco Chiudinelli, der den Schritt nach Ecublens nicht mitgemacht hat. »Vorher war ich immer der Älteste und Beste, nun war ich plötzlich der Jüngste und Schlechteste«, erinnert er sich. »Ich wollte wieder nach Hause. Meine Eltern haben mir in dieser Zeit geholfen und mir zugeredet, zu bleiben.«

Ein entscheidender Grund dafür, dass er nicht aufgibt, ist die Tatsache, dass die Eltern ihn nie zum Schritt ins Leistungszentrum gedrängt haben, davon ist Lynette Federer überzeugt. »Er hatte den Entscheid selber gefällt und wurde sich erst später bewusst, was er alles mit sich brachte. Doch weil er es selber so gewollt hatte, kämpfte er sich durch.«

Von seinem Heimweh merkt Cornelia Christinet nicht viel. »Falls er geweint hat, dann nur in seinem Zimmer. Ich bemerkte einzig, dass er viel mit seiner Mutter telefonierte, jeden Abend eine Stunde. Aber das hat mich nicht gestört, das ist normal in diesem Alter. Er kam sehr gut aus mit seinen Eltern, und es dauerte eine Weile, bis er sich daran gewöhnt hatte, in einer fremden Familie zu leben.«

Wenigstens gibt es da Vincent, der für ihn während zwei Jahren fast zu einem Bruder wird. »Sie waren jeden Abend oben, im Kinderrevier, spielten, balgten und trieben Unfug«, erinnert sich Cornelia Christinet. »Bald hatte Roger nicht mehr das Gefühl, in einer fremden Familie zu sein.« Roger und Vincent bleiben auch später in Kontakt. Noch Jahre später lädt er ihn zu Geburtstagsfesten ein oder verschafft ihm Tickets für wichtige Spiele, so zum Beispiel 2002 für Wimbledon oder 2005 für Shanghai.

Die Ersatzmutter bringt Roger am Morgen kaum aus dem Bett. »Manchmal musste ich ihn 20 Mal wecken«, übertreibt sie. Und wenn er endlich aufsteht, ist es meist so spät, dass er sich in die Kleider stürzen und ohne Frühstück auf sein Fahrrad schwingen muss. Damit pendelt er, ob Sommer oder Winter, zwischen Gastfamilie, Schulhaus und Tenniszentrum hin und her. Auch seine Essgewohnheiten sind speziell: Fleisch isst er keines, lieber Spaghetti oder Pizza – und Unmengen von Cornflakes. »Jede Stunde kam er wieder herunter und holte einen Kübel voll, mit Milch. Ich dachte zwar, das sei nicht sehr gesund, aber ich ließ ihn, und seine Eltern wussten davon.«

Auch von seinen Eltern ist Frau Christinet angetan. Der Unterschied zur Familie des ersten Jungen, den sie aufgenommen hatten, ist augenfällig. »Beim ersten Jungen war die Mutter die ganze Zeit hinter ihm her, ließ ihm keine Minute Zeit zum Atmen, stresste ihn fortdauernd. Sie rief jeden Tag an, wegen diesem und jenem, und er soll ja die Socken nicht vergessen ...« Er sei nicht sehr weit gekommen im Tennis.

Bei den Federers ist das anders. Die sind diskret, tolerant, verständnisvoll. »Ich habe viel von ihnen lernen können«, sagt Cornelia Christinet, »sie gingen pädagogisch perfekt mit der Situation um. Die Mutter des ersten Talents hatte hohe Ambitionen – die Mutter! Bei Roger hatte ich dieses Gefühl nie. Da war er es, der nach oben wollte. Die Eltern waren da, um ihm den Rahmen zu geben und zu helfen, wenn es sein musste. Aber sie haben ihn nie zu etwas gedrängt. Sie ließen ihn machen, waren nicht so perfektionistisch, aber hatten Vertrauen in ihn. Und sie schimpften auch nicht, wenn etwas nicht klappte, mit den Trainern oder in der Schule. Sie sprachen mit ihm und erklärten, dass auch Trainer und Lehrer ihre Aufgaben hatten.« Die Eltern sind zwar einverstanden, dass die Trainer von ihrem Sohn Leistung erwarten – aber sie wehren sich dagegen, wenn versucht wird, seine Persönlichkeit zu beeinflussen.

Roger geht in die Sekundarschule La Planta. Die Lektionen, die wegen des Tennistrainings ausfallen, kompensiert er teilweise im Nachhilfeunterricht. Seine Schulbegleiterin ist Annemarie Rüegg, die später auch administrative Leiterin von Tennis/Etudes wird. »Vieles in der Schule hat ihn nicht interessiert«, erzählt sie. »Drei oder vier Mal schlief er während des Unterrichts sogar ein. Dann kam ein Anruf von der Schule, dieser Roger Federer müsse besser mitmachen. Aber er hatte keine Ambitionen und nur das Ziel, Tennisprofi zu werden. Beim Lernen fehlte ihm häufig die Disziplin. Man musste ihm immer sagen: Das gehört einfach dazu, das musst du jetzt machen. Aber er hat nie geklagt oder gejammert. Dass er Heimweh hatte, erfuhr ich von seiner Mutter, mit der ich guten Kontakt hatte.«

Ein Tennis/Etudes-Absolvent der ersten Stunde ist Yves Allegro. Dem drei Jahre älteren Walliser entgeht nicht, wie sehr der junge Neuankömmling leidet. »Er hatte es enorm schwer. Es gab Probleme mit der Sprache und den Coaches, und er hat viel geweint. Im Tennis war er zwar gut, man sah, dass er viel Talent hatte. Aber keiner hätte gedacht, dass er einst die Nummer 1 werden würde. Selbst in seiner Altersklasse war er nicht der Beste.«

Die schwierige Situation drückt auf Rogers Leistungen auf dem Platz, seine Ergebnisse sind eher durchschnittlich. Doch im Dezember zeigt sich, dass seine Wettkampfstärke noch immer da ist. An der Orange Bowl in Miami, dem letzten großen Juniorenturnier des Jahres, muss er bei den 14-Jährigen im Qualifikationsturnier beginnen – und gewinnt die ersten drei Spiele 6:0, 6:0. Im Hauptturnier besiegt er drei weitere Spieler, darunter mit David Martin den besten Amerikaner dieser Altersklasse. Obwohl er schließlich in den Achtelfinals ausscheidet, freut er sich: »Das war international mein bisher wichtigster Erfolg.«

1996 holt Federer in der Kategorie der 16-Jährigen seine nationalen Meistertitel vier und fünf. Das Talent ist wieder auf Kurs, Roger hat sich gefangen und in Ecublens eingelebt. Kurz vor dem 15. Geburtstag darf er im Interclub bereits in der obersten Liga mitspielen, wenn auch nur in der Vorrunde. Im Team der Old Boys stehen auch Peter Carter und Reto Staubli, die ihn Jahre später auf der Profitour begleiten werden. Die Mannschaft gewinnt in diesem Jahr den zweiten und letzten Schweizer Meistertitel für den Basler Klub.

Im Spätsommer schlägt Roger am World Youth Cup in Zürich den starken Australier Lleyton Hewitt, danach sammelt er am Swiss Satellite Circuit erste Erfahrungen mit Weltranglistenturnieren. Als im November die neuen Listen von Swiss Tennis erscheinen, ist der 15-Jährige bereits die Nummer 86 des Landes und gehört erstmals zum A-Kader, was ihm eine bessere finanzielle Unterstützung garantiert.

Sein Sturmlauf Richtung Spitze geht 1997 ungebremst weiter, und er gewinnt beide Schweizer Meistertitel der 18-Jährigen. Es werden seine letzten nationalen Titel bleiben, weil er sich bald größeren, internationalen Herausforderungen zuwendet. Bei einem lokalen Turnier in der Nähe von Basel bezwingt er Yves Allegro, seinen Kollegen aus Ecublens. Der Walliser hat inzwischen gemerkt, welche enormen Möglichkeiten in Federer schlummern. »Als er eines Tages von einem großen Juniorenturnier des internationalen Verbandes im italienischen Prato nach Ecublens kam, fragte ich ihn: Wie ist es gelaufen? Wie hast du gespielt?«, erzählt Allegro. »Roger sagte: Danke, gut, ich habe gewonnen. Ich sagte, ja, ja, klar. Aber er hatte wirklich gewonnen, und erst noch ohne Satzverlust. Da dachte ich: Wenn er mit 16 schon solche Turniere gewinnt, dann wird er wirklich stark.«

Allegro erinnert sich noch an eine andere Geschichte, die ihn beeindruckte: »Wir mussten einen Zettel ausfüllen mit unseren Zielen. Alle schrieben: Einmal unter die ersten 100 der Welt kommen. Nur Roger schrieb: In die Top-Ten kommen und dann die Nummer 1 werden. Von da an schauten wir ihn mit anderen Augen an.«

Im August 1997 kommt es bei Swiss Tennis zum großen Umzug. Ecublens hat ausgedient, dafür wird in Biel an der deutsch-französischen Sprachgrenze das »Haus des Tennis« eröffnet. Hier sind das nationale Leistungszentrum mit dem Tennis/Etudes-Programm sowie die Verbandsadministration unter einem Dach vereint, es gibt Plätze mit verschiedenen Belägen, ein modernes Restaurant und einen Aufenthaltsraum für die Spieler, eine richtige Players Lounge. Eine deutliche Verbesserung gegenüber Ecublens, wo es kaum Ablenkungsmöglichkeiten zwischen den Trainings gab.

Zum gleichen Zeitpunkt erweitert Swiss Tennis den Trainerstab. Zu den Neuen gehört auch Peter Carter, Federers Jugendtrainer. »Er wurde mit dem Hintergedanken geholt, dass man ihn auf Roger ansetzen könnte«, gibt Annemarie Rüegg zu. »Wir sahen, welches Potenzial er hatte, und wollten ihm eine Einzelbetreuung geben.« Zwischendurch arbeitet er auch mit einem anderen neuen Trainer, dem Schweden Peter Lundgren.

Im Sommer 1997, mit 16 Jahren, hat Roger Federer die offizielle Schulzeit von neun Jahren hinter sich und beschließt, Profi zu werden. Er konzentriert sich von nun an voll auf den Sport, abgesehen von gelegentlichen Englisch- oder Französischstunden. Seine Eltern sind sich darüber bewusst, dass dieser Schritt unberechenbar und risikoreich ist. »Wir hatten einen Heidenrespekt vor dem Ganzen«, schaut Robert Federer zurück. »Die Leute erzählten uns immer, wie talentiert Roger war. Doch wir wollten Tatsachen sehen.« »Wir machten Roger klar, dass wir ihn nicht zehn Jahre lang finanziell unterstützen konnten, damit er um Rang 400 in der Weltrangliste herumtingelt«, ergänzt die Mutter. Obwohl sich das finanzielle Engagement der Eltern wegen der Verbandsunterstützung im Rahmen hält, erhöht Lynette Federer ihr Arbeitspensum von 50 auf 80 Prozent, um die Familie finanziell abzusichern. Diese Sorge wird sich aber schon bald als unbegründet herausstellen.

Roger wohnt in Biel nicht mehr in einer Gastfamilie. »Seine Eltern kamen auf mich zu und sagten, er würde gerne mit einem älteren Spieler eine Wohnung teilen, ob ich dazu bereit wäre«, erzählt Yves Allegro. »Für mich war das finanziell interessant, und so suchten Rogers und meine Eltern gemeinsam eine Wohnung.«

Die Teenager im Alter von 16 und 19 Jahren beziehen eine Zweizimmer-Wohnung mit einer Küche, einem Badezimmer und einer kleinen Terrasse, unter der ein Fußballplatz liegt. »Wir verfolgten oft Partien, kommentierten sie laut und hatten es lustig«, erinnert sich Allegro. »Ich kochte meistens, weil ich mehr Erfahrung hatte. Roger besaß zwar nicht viel Initiative, aber er half immer, wenn ich ihn bat. Sein Zimmer war meist etwas unordentlich, und wenn er aufräumte, war das Chaos zwei Tage später wieder gleich groß.«

Die Jungprofis sind voll auf den Sport ausgerichtet. Daneben vertreiben sie sich die Zeit vor dem Fernseher oder mit elektronischen Spielen. »Roger war nie ein Partymensch«, sagt Allegro.

»Ich las einmal, er habe Alkohol getrunken, aber das kam nur höchst selten vor. Er spielte zwar manchmal bis zwei Uhr morgens Computergames – aber er ging nie in den Ausgang oder an eine Party.« Inzwischen hat auch Marco Chiudinelli den Schritt ins Leistungszentrum von Biel und zu Tennis/Etudes vollzogen. »Wir waren Cyber-World-Typen«, bestätigt er. »Uns zog es nie an Parties, auch Alkohol oder Rauchen sagte uns nichts. Wir trieben uns lieber auf den Sportplätzen oder an der Playstation herum.«

Roger Federer ist noch immer der verspielte, ausgelassene Heißsporn, mit dem manchmal das Temperament durchgeht. »Oft hörte man aus der Garderobe oder der Players Lounge einen Jodler, einen befreienden Urschrei«, erinnert sich Annemarie Rüegg. »Da wusste man, das war wieder Roger. Er brauchte dies, um sich zu entladen. Es war zwar ziemlich laut, aber nicht unsympathisch.«

Unsympathisch wird Roger aber, wenn es auf dem Tennisplatz nicht läuft. Seine verbalen Ausbrüche sind berüchtigt, der Schläger sitzt ihm oft locker in der Hand. Die wohl peinlichste Geschichte aus der Zeit in Biel erzählt er selber so: »Es hatte einen neuen Vorhang im Tenniszentrum. Sie sagten, wer den zerstört, der muss eine Woche lang die Toilette putzen. Ich schaute ihn an und dachte: Der ist so dick, den kann man unmöglich zerstören. Zehn Minuten später drehte ich mich um und wirbelte meinen Schläger wie einen Helikopter ins Netz. Er zerschnitt den Vorhang wie ein Messer die Butter.« Sofort hören alle auf zu spielen und schauen nur noch ihn an. »Ich dachte, nein, das ist unmöglich, der schlimmste Alptraum. Ich nahm meine Sachen und ging. Sie hätten mich ja ohnehin rausgeworfen.« Roger Federer, der nichts mehr hasst als früh aufstehen, muss zur Strafe eine Woche lang jeden Morgen in aller Frühe dem Hauswart helfen, die Toiletten und den Tennisplatz zu putzen.

Ins Jahr 1997 fällt auch eine wegweisende Entscheidung für die Familie Federer: Robert erhält von der Ciba SC das Angebot, eine führende Stelle in Australien zu übernehmen. Zuerst stößt der Plan, ans andere Ende der Welt auszuwandern, auf Begeisterung. Doch je klarer man sich über die Konsequenzen wird, desto mehr wächst die Skepsis. Die Familie entscheidet sich schließlich, in Münchenstein zu bleiben. Einerseits wollen die Federers ihren Freundeskreis nicht aufgeben, andererseits sind sie sich nicht sicher, ob Roger in Australien die gleichen Chancen hätte, seine Tenniskarriere zu entwickeln, wie in der Schweiz.

Kapitel 5
Der beste aller Junioren

Das Jahr 1998 beginnt für Roger Federer hervorragend. Schon nach dem ersten Einsatz darf er sich Juniorenmeister des australischen Bundesstaates Victoria nennen. Bei den Australian Open der Junioren verpasst er das Endspiel nach einem vergebenen Matchball nur knapp.

Im Frühling und Sommer bestätigt sich, dass er ein Allrounder ist, der auf allen Belägen siegen kann und international den meisten seiner Altersklasse voraus ist. Er behauptet sich mühelos auf dem höchsten Juniorencircuit, wo in diesem Jahr auch die Spieler des Jahrgangs 1980 noch zugelassen sind. Deswegen sind die meisten Konkurrenten älter als Roger, teilweise mehr als anderthalb Jahre. Trotzdem gewinnt er in Florenz einen großen Titel auf Sand, ehe er am Grand-Slam-Turnier in Roland Garros, Paris, in der ersten Runde ausscheidet.

Am 5. Juli 1998 feiert Federer seinen bisher größten Erfolg. Dank einem 6:4, 6:4 gegen Irakli Labadze aus Georgien kann er sich einen Monat vor seinem 17. Geburtstag als Wimbledon-Juniorensieger der 18-Jährigen feiern lassen – der erste aus der Schweiz seit Heinz Günthardt 1976. Er gibt auf den Rasenplätzen im tradititionsreichen All England Lawn Tennis and Croquet Club im Südwesten von London keinen Satz ab und gewinnt im

Gespann mit dem Belgier Olivier Rochus auch die Doppelkonkurrenz. »Die Befriedigung ist da, aber keine überschäumende Freude«, sagt Federer, erstaunlich unbeeindruckt. Dafür ist Peter Carter, der ihn nun fast immer begleitet, begeistert: »Roger hat so konzentriert gespielt wie ein Profi. Nur die Flugbälle müssen noch besser werden.«

Nach dem großen Sieg kommt Hektik auf. Als Belohnung für den Junioren-Wimbledonsieg erhält Federer von Turnierdirektor Köbi Hermenjat eine Wildcard für die Swiss Open in Gstaad. Das bedeutet, er darf das größte Schweizer Freiluftturnier bestreiten, obwohl er aufgrund der Weltrangliste, wo er erst die Nummer 702 ist, nicht qualifiziert wäre. Das traditionell in der Woche nach Wimbledon stattfindende Sandplatzturnier im pittoresken Jet-Set-Ferienort in den Berner Alpen ist eines der ältesten auf der Profitour und hat eine Geschichte, die bis ins Jahr 1915 zurückgeht. Dank seiner idyllischen Lage im kleinen Dörfchen mit den vielen Chalets, dem majestätischen Palace-Hotel, auf dessen Plätzen das Turnier früher ausgetragen wurde, und seiner Postkartenambiance ist es bei Spielern und Zuschauern gleichermaßen beliebt. Hermenjat ist einer der dienstältesten Turnierdirektoren und in der Tenniswelt mit allen bekannt. Er verkörpert ein Stück Tennisgeschichte, war bei den Swiss Open mit elf Jahren Balljunge und ist seit 1965 dessen Organisationschef. In der Siegerliste der Swiss Open finden sich die Namen von Tennislegenden wie John Newcombe, Tony Roche, Ilie Nastase, Ken Rosewall oder Roy Emerson, nach dem später der Centre Court benannt wird.

Federer verzichtet schweren Herzens auf eine Teilnahme am traditionellen und prestigereichen Champions Dinner für die Wimbledonsieger und verlässt London noch am Sonntag. Er fliegt nach Basel, von wo es im Auto weiter geht in die Berner Alpen. Es ist weit nach Mitternacht, als er im Nobelkurort eintrifft.

Das Debüt auf der Profitour wird ihm nicht leicht gemacht. In Wimbledon spielte er noch auf Rasen und fast auf Meereshöhe, in Gstaad findet er sich auf über 1000 Meter und rutschigen Sandplätzen wieder. In Wimbledon sprangen die Bälle flach ab, in der Höhenluft von Gstaad springen sich hoch und schnell, dazu erfordert der Sandbelag eine ganz andere Lauftechnik als der Rasen. In Wimbledon spielte er gegen unerfahrene Junioren, in Gstaad ist ein Weltklassefeld am Start. Das Turnier ist, kein Zweifel, noch einige Nummern zu groß für ihn. Es geht für ihn nur darum, Erfahrungen zu sammeln und sich einem größeren Publikum in der Schweiz zu präsentieren.

Als Gegner wurde ihm für den Dienstagmorgen der Deutsche Tommy Haas zugelost, die Nummer 41 der Weltrangliste. Am Montag muss Federer wegen der großen Nachfrage eine Pressekonferenz geben. Selbstbewusst hält er fest: »Ich hätte schon lieber auf dem Centre Court gespielt als auf dem Nebenplatz.« Das Interesse am Wimbledon-Juniorensieger ist so groß, dass die tausend Plätze der Tribünen von Court 1 am regnerischen Dienstag tatsächlich nicht reichen, um den Ansturm der Zuschauer aufzunehmen. Dabei steht Federer nun nicht Tommy Haas gegenüber, der sich wenige Minuten vor der Partie wegen Magenbeschwerden zurückgezogen hat, sondern Lucas Arnold, einem Lucky Loser aus dem Qualifikationsturnier. Der argentinische Sandspezialist ist die Nummer 88 der Welt und gewinnt die Partie 6:4, 6:4. Dennoch zeigt er sich beeindruckt vom 16-Jährigen. »Er spielt wie Pete Sampras und hat einen guten Aufschlag«, sagt er beim Verlassen des Turniergeländes.

Federer ist zwar enttäuscht, aber er hat keinen Grund, erschüttert zu sein. »Trotz einer schlechten Leistung habe ich mitgehalten. Wenn ich gut gespielt hätte, hätte ich gewinnen können«, streicht er das Positive heraus. Und er stellt fest: »Bei den Profis muss man mehr rennen als bei den Junioren. Und sie machen weniger schnell Fehler.«

In Gstaad weilt auch Stéphane Oberer, Davis-Cup-Teamchef, technischer Direktor des Verbandes und seit Jahren Coach von Marc Rosset. Oberer hat Federers Talent erkannt und zieht im Hintergrund Fäden, um ihn zu fördern. »Roger spielt zwar noch immer wie ein Junior«, sagt Oberer in Gstaad. »Einzelne Punkte haben für ihn zu wenig Wert. Aber er bringt alles mit, um einst ein Großer zu werden. Wir müssen nur aufpassen, dass wir ihn nicht verheizen. Wichtig ist nicht, dass er jetzt schon stark ist. Wichtig ist, dass er in vier bis sechs Jahren sein Potenzial ausschöpfen kann.«

Oberer hatte Federer zuvor bereits die Möglichkeit verschafft, als Trainingspartner die Davis-Cup-Mannschaft zu begleiten. Schon in der ersten Runde konnte er im April in Zürich mit dem Team trainieren und erleben, wie Marc Rosset gegen Tschechien groß aufspielte und drei Punkte gewann. Nach dem Turnier in Gstaad darf er nun auch zur Viertelfinalbegegnung mit Spanien nach La Coruña reisen. Dieser Ausflug ist lehrreich für ihn, obwohl die Schweizer gegen die spanische Armada mit Carlos Moya und Alex Corretja chancenlos sind.

Federer will nun das Jahr als Nummer 1 der Junioren-Weltrangliste abschließen und damit Junioren-Weltmeister werden. Er ist dank dem Wimbledonsieg die Nummer 3, nur noch der Franzose Julien Jeanpierre und der Chilene Fernando Gonzalez liegen vor ihm. Alle wissen, dass es ein kapitaler Unterschied ist, ob er das Jahr als Erster – oder nur als Zweiter oder Dritter beendet. Wie bei den Berufsspielern werden im Tennis auch bei den Junioren die Besten überproportional belohnt. Als Nummer 1 erhalten die Spieler bessere Verträge und mehr Wildcards für die großen Turniere. Diese Einladungen ersparen den Auserwählten die mühsamen und unberechenbaren Qualifikationsturniere und sorgen dafür, dass sie größere Turniere bestreiten dürfen, für die sie aufgrund ihrer Weltranglistenposition eigentlich nicht qualifiziert wären.

Federer stärkt seine Spitzenposition bei den Junioren mit einem Halbfinalvorstoß bei der Europameisterschaft in Klosters sowie dem Einzug in das Endspiel der US Open in New York, das er in der riesigen Anlage von Flushing Meadows gegen den Argentinier David Nalbandian verliert.

Bevor die Jagd auf den Weltmeistertitel der Junioren 1998 in die entscheidende Phase tritt, geschieht etwas Unvorhergesehenes: Federer kommt unverhofft zu seinem ersten großen Erfolg auf der Profitour. Als Nummer 878 der Weltrangliste reist er Ende September nach Toulouse – und übersteht zur eigenen Überraschung die Qualifikation. Damit erreicht er sein zweites Hauptturnier auf der ATP-Tour – und sorgt für eine kleine Sensation: Der 17-Jährige überlässt Guillaume Raoux, der Nummer 45 der Welt, nur vier Games. Dass dies kein Zufall war, bestätigt er schon im nächsten Spiel mit einem 6:1, 7:6 gegen den noch zwei Ränge besser klassierten Australier Richard Fromberg. Erst in seinem sechsten Spiel und mit inzwischen schmerzendem Oberschenkel scheidet er durch ein 6:7, 2:6 in den Viertelfinals gegen Jan Siemerink aus. Der Holländer ist die Weltnummer 20 und gewinnt zwei Tage später das Turnier, doch auch Federer wird reichlich belohnt: Er darf einen Preisgeldscheck über 10 800 Dollar entgegennehmen und überholt in der Weltrangliste auf einen Schlag 482 Gegner, ist also nun die Nummer 396.

Als Anerkennung für diese Leistung erhält er von Turnierorganisator Roger Brennwald eine Wildcard für die Swiss Indoors, das größte Turnier der Schweiz, was ihm noch einmal 9800 Dollar Preisgeld garantiert. Das Turnier findet in der Sporthalle St. Jakob im Süden Basels statt, die von Federers Zuhause in Münchenstein sogar zu Fuß erreichbar wäre. Der 1970 in einer Ballonhalle gegründete Anlass gehört zu den bedeutendsten Hallenturnieren der Welt. Praktisch alle der weltbesten Spieler traten hier schon an, und als 1980 der unbekannte Ivan Lendl im Endspiel den großen Björn Borg schlug, ging das Resultat als Sensation um die Welt. Hier kam es 1991 zum 34. und letzten Duell zwischen John McEnroe und Jimmy Connors, hier gewann der spätere Weltranglistenerste Jim Courier 1989 sein erstes bedeutendes Turnier, gewann Stefan Edberg drei Titel und

Ivan Lendl zwei, und auch Boris Becker, Björn Borg, Vitas Gerulaitis, Goran Ivanisevic, John McEnroe, Yannick Noah, Michael Stich, Pete Sampras und Guillermo Vilas sind im Buch der Sieger verzeichnet.

Für Roger Federer sind die Swiss Indoors das fünfte Grand-Slam-Turnier und die Sporthalle St. Jakob ein Ort seiner Träume, wie der Centre Court von Wimbledon. Er war hier 1994 Balljunge, unter anderem für Marc Rosset, Stefan Edberg und Wayne Ferreira, der damals den Titel gewann. Nun, vier Jahre später, darf er selber mitspielen – und trifft gleich auf Andre Agassi. Doch Federer sagt im jugendlichen Übermut vor der Partie keck: »Ich weiß, was auf mich zukommt – im Gegensatz zu Agassi, der keine Ahnung hat, wer ich bin. Ich spiele, um zu gewinnen.«

Doch Agassi ist die Nummer 8 der Welt und ein etwas größeres Kaliber als die Gegner von Toulouse. Er lässt dem jungen Einheimischen mit 6:3, 6:2 nur fünf Games und ist wenig beeindruckt vom neuen Publikumsliebling. »Er hat ein paarmal sein Talent und sein gutes Gespür für das Spiel bewiesen«, sagt der Amerikaner nett. »Aber insgesamt war es für mich ein ideales Erstrundenspiel, in dem ich nicht allzu viel tun musste und mich an die neuen Bedingungen gewöhnen konnte.«

Nach den großen Auftritten in Toulouse und Basel bestreitet Federer den Swiss Satellite Ciruit – und fühlt sich wie im falschen Film. Eben noch hat er vor fast 9000 Zuschauern in der riesigen Basler St.-Jakobs-Halle gegen Agassi gespielt, war im Fernsehen zu sehen, alle Zeitungen haben über ihn berichtet. Er steht inzwischen bei der weltgrößten Sportagentur, der International Management Group (IMG), unter Vertrag und wird, wie Pete Sampras, von den Weltmarken Nike und Wilson ausgerüstet. Doch nun findet er sich in Küblis in einer düsteren Tennishalle im Talgrund zwischen den Bündner Bergen wieder. Es gibt weder Zuschauer noch Linienrichter oder Balljungen, und gegenüber steht ihm nicht Agassi, sondern Armando Brunold, die Nummer 11 der Schweiz, womit er schlechter klassiert ist als Federer, inzwischen die Nummer 6 des Landes.

Die Partie der ersten Runde der ersten Station des Circuits ist für Roger Federer ein Kulturschock, und er reagiert apathisch. Claudio Grether, dem Referee, entgeht seine Unlust nicht. »Er stand nur unmotiviert und nonchalant auf dem Platz und produzierte pro Game zwei Doppelfehler«, erzählt Grether. Er verhängt gegen Federer, der 6:7, 2:6 verloren hat, eine Buße von 100 Dollar, da er gegen die Regel »best effort« verstoßen hat, die verlangt, dass Profis in jedem Wettkampf ihr Bestes geben. »Ich hätte ihn auch disqualifizieren können, aber dann hätte er den ganzen Circuit nicht mehr spielen können«, sagt Grether. Federer nimmt das Verdikt wortlos entgegen. Bei einem Preisgeld von 87 Dollar verlässt er Küblis mit einem Defizit von 13 Dollar. Es wird das einzige Profiturnier bleiben, bei dem er drauflegen muss.

Doch Federer hat die Lektion verstanden. »Die Buße war gerechtfertigt«, gibt er zu – und zeigt eine Reaktion, die seine Klasse verrät: Eine Woche später gewinnt er das zweite Turnier und mit einem Sieg über Yves Allegro auch das Masters. Der Effort lohnt sich: Trotz der Startpleite gewinnt Federer die Gesamtwertung, womit er in der Weltrangliste wieder fast hundert Gegner überholt und auf Rang 303 erscheint. Nicht schlecht für einen, der gerade 17 Jahre alt geworden ist.

Als es im Dezember nach Florida zur Orange Bowl geht, steht fest, dass Federer das letzte große Juniorenturnier des Jahres gewinnen muss, wenn er den 17 Monate älteren Franzosen Julien Jeanpierre überholen und noch Juniorenweltmeister werden will. Das Turnier findet an einem der schönsten Orte der Tennistour statt, im Crandon Park auf der Luxusinsel Key Biscayne vor Miami. Hier steigt im März jeweils das zweitgrößte Profiturnier der USA, das wichtigste hinter den vier Grand-Slam-Anlässen, wobei dann die Tribünen des Centre Courts vergrößert werden.

Das Turnier beginnt für Federer jedoch nicht wunschgemäß. In der ersten Runde steht er schon zwei Punkte vor dem Aus, kann sich dann aber noch in die zweite Runde retten – im Gegensatz zu Julien Jeanpierre, der bereits im Startspiel scheitert. Doch am nächsten Tag – Roger ist spielfrei – geschieht etwas

Unerwartetes. »Wir waren beim Konditionstraining, als Roger wieder einmal den ›Löli‹ machte«, erinnert sich Annemarie Rüegg, die das Schweizer Team begleitete. »Beim Seilspringen benahm er sich wie ein Affe, sprang herum wie Tarzan. Plötzlich landete er schräg auf seinem Fuß und verstauchte ihn. Es sah schlimm aus, er hatte einen riesigen Klumpen am Fuß. Er wurde jäh aus seinem Wahn gerissen.«

Ein anderer hätte in dieser Lage aufgegeben, das große Ziel abgeschrieben und sich einem neuen zugewendet. Nicht er. »Ein Roger Federer gibt nicht auf«, wird er Jahre später sagen, und das Gleiche gilt auch schon jetzt. Er begibt sich beim mitgereisten Physiotherapeuten in Behandlung und tut alles, um seine Chancen zu wahren. »Ich war verblüfft von seiner Wandlung«, sagt Annemarie Rüegg. »Vorher hatte er nur herumgealbert, doch nun wurde er schlagartig ruhig und ernst. Da merkte ich: Aha, der kann also auch seriös sein, wenn er will. Er hatte verstanden, dass es Ernst galt, dass viel auf dem Spiel stand und er alle Energien auf dieses eine Ziel hin bündeln musste, wenn er es noch schaffen wollte. Mir wurde zum ersten Mal richtig bewusst: Das ist ein Champion, der könnte es bringen.«

Trotz der Behinderung und mit eingebundenem Fuß gewinnt Roger seine nächsten drei Partien ohne Satzverlust. In der Runde der letzten Vier kommt es zur Revanche des US-Open-Endspiels gegen David Nalbandian. Die Schwellung ist inzwischen abgeklungen und behindert ihn nicht mehr. Federer gewinnt 6:4, 6:2 und bezwingt im nächsten Spiel Guillermo Coria, einen weiteren starken Argentinier, mit 7:5, 6:3. Federer ist Orange-Bowl-Sieger, verlässt Miami mit einer Schale Orangen – und blonden Haaren. Die verschönern ihn zwar optisch nicht wirklich, der Farbwechsel erleichtert ihn aber um die erkleckliche Summe von 250 Dollar.

Am 21. Dezember 1998 erscheint der Name Federer erstmals auf Rang 1 der Junioren-Weltrangliste. »Ein tolles Weihnachtsgeschenk«, freut er sich. Aber er muss sich noch eine Woche gedulden, bis feststeht, dass tatsächlich er Juniorenwelt-

Erste Versuche: Als Dreijähriger im TC Ciba in Allschwil

Vernarrt in alle Bälle: 1984 beim Tischtennis

Erste Erfolge:
Schweizer Meister
der 12-Jährigen (1993)

Fast zehn Jahre an seiner Seite: mit dem verstorbenen Peter Carter (1998)

Immer für ihn da:
Mit den Eltern Robert und Lynette 1998 in Klosters

Blonder Juniorenweltmeister:
1998 an der Orange Bowl in Miami

meister wird und nicht Jeanpierre. Unterstützung erhält er von einem Amerikaner namens Andy Roddick, der den Franzosen am letzten Turnier des Jahres im mexikanischen Yucatan in den Halbfinals schlägt.

Ende 1998 treffe ich Roger Federer, den weltbesten Junioren, zu einem größeren Interview. Wir führen es im Aufenthaltsraum einer Tennishalle in Diepoldsau, am Rand eines Turniers des Swiss Satellite Circuits. Immer wieder kommen andere Spieler neugierig in unsere Nähe, versuchen zu hören, worüber gesprochen wird, und sparen nicht mit neckischen Zwischenbemerkungen. Reporter sind bei diesen kleinen Turnieren selten anzutreffen, und wer interviewt wird, muss etwas Besonderes sein.

Für Roger Federer ist klar, dass seine Juniorenzeit bald zu Ende geht. Wieder einmal hat er alle Erwartungen übertroffen, und es gibt keinen Grund, weshalb er sich länger auf Nachwuchsturnieren herumtreiben soll. Zudem steht er an der Schwelle zu den Top 300 der Weltrangliste, und Stéphane Oberer hat ihm klar gesagt, dass er mit ihm im kommenden Jahr im Schweizer Davis-Cup-Team rechnet, das zu den besten 16 Mannschaften der Welt gehört.

Federer steht der rasanten Entwicklung gelassen gegenüber. Er ist zwar selbst etwas überrascht, hat aber die Bodenhaftung nicht verloren und wirkt wohltuend normal. »Es ist lustig: Wenn ich nun in ein Hotel komme, heißt es: ›Grüezi Herr Federer‹. Einige Leute scheinen stolz darauf, dass sie mit mir sprechen dürfen«, erzählt er. »Je bekannter man ist, desto weniger muss man bezahlen, habe ich gemerkt. Alle wollen mich einladen, und jeder will nett sein mit mir – nur weil ich gut Tennis spiele.« Aber er wisse, dass es sich dabei nicht um wirkliche Freunde handle. »Bei mir hat sich nicht viel geändert. Ich bin nun einfach in der Schweiz ziemlich bekannt. Aber ich habe nicht das Gefühl, ein Star zu sein.« Als ich ihn bitte, sich selber zu beschreiben, sagt er: »Ich bin sehr ehrlich. Ein cooler Typ. Sportlich, sympathisch. Und angenehm, glaube ich.« Dem ist nicht zu widersprechen.

Federer ist inzwischen 1,86 m groß und 80 kg schwer. Zu schwer, wie er findet. »Ich habe einen Ranzen, sollte mehr für die Bauchmuskeln machen.« Er nasche halt gerne Süßigkeiten. »Inzwischen habe ich begonnen, Fleisch zu essen. Früher aß ich nur Cervelats und so, Hamburger. Nun muss ich nicht mehr immer Angst haben, dass es Fleisch gibt, wenn ich eingeladen werde.«

Stolz ist er auch darauf, dass er sich inzwischen besser beherrschen kann auf dem Platz. Seine Frustrationsgrenze ist gestiegen, er ist toleranter geworden mit sich selber. Noch bei den US Open Anfang September des Jahres war es zu einem Zwischenfall gekommen, als er von Zuschauern provoziert wurde, seinen Mund nicht halten konnte, einen Schläger zerbrach und vom Schiedsrichter verwarnt wurde. Seitdem ist es aber zu keinen größeren Wutausbrüchen mehr gekommen. »Ich habe mich weder in Toulouse noch in Basel aufgeregt. Das war sehr solid, ich hätte nicht gedacht, dass so etwas möglich ist«, sagt Federer. »Ich weiß nicht, ob das mit den großen Stadien zusammenhängt. Vielleicht schäme ich mich da mehr, wenn ich mich gehen lasse.«

Er führt nun auch weniger Selbstgespräche während der Partien. »Ich frage mich oft: Weshalb bist du so blöd und regst dich auf? Denn wenn man gut spielt und sich nicht aufregt, ist es das schönste Gefühl, das es geben kann.« Aber er sei halt ein Perfektionist. »Ich akzeptiere es nicht, dass ich leichte Bälle verschlage. Auch wenn das normal ist und es sogar die Profis machen.«

Peter Carter bestätigt diese mentalen Fortschritte. »Aber er muss noch geduldiger werden, wenn er bei den Professionals Erfolg haben will«, sagt der Australier, der Federer fast permanent begleitet. Nicht immer zu dessen Freude: »Wenn ich einen Monat lang nur mit Peter zusammen auf Tour bin, geht man sich gegenseitig manchmal auf den Wecker, dann vermisse ich meine Freunde oder meine Freundin«, sagt Roger. »Deshalb ist es wichtig, dass ich auch mit anderen Junioren gut auskomme. Ich mag es, wenn andere Schweizer dabei sind, auch verschiedene Betreuer. Das ist eine Abwechslung, die ich genieße.«

Federer weiß, dass er immer häufiger mit Pete Sampras verglichen wird, dem besten Spieler der Welt. Doch auch das kann ihn nicht beeindrucken: »Ich habe nie versucht, seine Schläge zu imitieren. Mir ist es nicht wichtig, dass ich gleich spiele wie Sampras.« Seinem ersten vollen Jahr auf der Profitour sieht er gelassen entgegen. Eine große Schwäche finde er in seinem Spiel nicht mehr, sagt er an diesem Nachmittag in Diepoldsau: »Jetzt beherrsche ich langsam alle Schläge. Ich könnte vielleicht noch besser volleyieren oder meine Fußarbeit verbessern, kleine Sachen.«

Was soll er sich auch groß sorgen? Immerhin hat er schon zwei Top-50-Spieler geschlagen. »Das zeigt mir, dass ich dort oben mithalten kann, wenn ich gut spiele. Nun muss ich nur noch daran arbeiten, dass es regelmäßig so läuft. Dann sollte es von alleine nach oben gehen.«

LEHR- UND WANDERJAHRE (1999–2003)

Kapitel 6
Ein Neuling klettert nach oben

Als die ATP-Tour ihren »Player Guide« für das Jahr 1999 produziert, passt Roger Federer in keine Kategorie, die es rechtfertigt, ihm eines der 300 Porträts zu widmen. Ein Fehler des Konzepts, wie sich bald zeigen wird. Sein erstes volles Jahr auf der Profitour wird ihm zwar auch Enttäuschungen, Rückschläge und einen schwierigen Sommer bringen, ihn aber trotzdem als jüngsten Spieler weit unter die Top 100 der Weltrangliste führen.

Sein Status als offizieller Junioren-Weltmeister des internationalen Verbandes ITF und Wimbledonsieger erweist sich wie erhofft als ideale Startrampe, um in die Profiwelt abzuheben. Er wird über das Jahr verteilt insgesamt acht Wildcards für große Turniere erhalten, bei denen er sonst nicht mitspielen dürfte oder die Qualifikationsturniere bestreiten müsste.

Im Normalfall spielen Jungprofis zuerst Satellite Circuits oder Future-Turniere, bis sie ihre Weltranglistenposition genügend verbessert haben, um die nächste Stufe in Angriff zu nehmen, die Challenger-Turniere oder wenigstens die Qualifikationen dazu. Um auf der obersten Stufe der Profis mitspielen zu können, in der ATP-Tour und bei den vier Grand-Slam-Turnieren in Melbourne, Paris, London und New York, ist in der Regel ein Rang unter den Top 120 der Weltrangliste nötig, und oft reicht selbst das nicht. Bei den neun Masters-Serie-Turnieren, den wichtigsten Anlässen der ATP-Tour, müssen oft sogar Top-100-Spieler das Qualifikationsturnier bestreiten, um einen der letzten freien Plätze im Hauptfeld zu erkämpfen.

Die Wildcards, die Federer nun von allen Seiten zufliegen, versetzen ihn sogleich auf die Überholspur und ersparen ihm viele mühevolle Reisen zu Challenger- oder Qualifikationsturnieren. Er darf bereits viele der größten Turniere bestreiten, wo jeder Sieg eine beachtliche Summe an ATP-Punkten und Preisgeld bedeutet. Und sogar Niederlagen bringen noch viel Geld, wie bei den French Open oder in Wimbledon. Auch von den beiden europäischen Grand-Slam-Turnieren erhält Federer Wildcards, obwohl beide Anlässe bekannt dafür sind, bei der Vergabe dieser Einladungen vor allem Spieler aus den eigenen Ländern zu berücksichtigen. Dank der hohen Preisgelder kommen für Federer allein in Paris und Wimbledon über 20 000 Dollar zusammen, obwohl er bei beiden Turnieren sofort ausscheidet.

In seinem ersten Profijahr 1999 wird offensichtlich, dass er sich nur bei Hallenturnieren richtig wohl fühlt. Bei den sieben großen Freiluftturnieren, in denen er im Hauptfeld spielen darf, scheitert er immer in der ersten Runde, und auch der Davis-Cup bringt ihm unter freiem Himmel in Belgien zwei bittere Niederlagen. Bei den Australian Open und bei den US Open, wo ihm keine Wildcards zugesprochen werden, muss er die Qualifikationsturniere bestreiten, in denen er sich nicht durchsetzen kann.

Umso stärker spielt der Newcomer in der Halle. Beim Challenger-Turnier in Heilbronn siegt er sich schon im Januar mit sechs Erfolgen durch die Qualifikation bis in die Halbfinals, wodurch er unter die Top 250 der Weltrangliste vorstößt. Gleich darauf erringt er Anfang Februar in Marseille seinen bisher spektakulärsten Erfolg: Er eliminiert in der ersten Runde als Nummer 243 den topgesetzten French-Open-Sieger Carlos Moya aus Spanien, die Nummer 5 der Welt. Federer erreicht darauf die Viertelfinals, genau wie wenig später als Qualifikant in Rotterdam. In der holländischen Hafenstadt führt er gegen Jewgeni Kafelnikow, den Weltranglistenzweiten aus Russland, schon 3:1 im dritten Satz, ehe er dann doch noch verliert. Trotzdem findet sich sein Name Ende Februar 1999 bereits unter den besten 130 der Weltrangliste.

Für seinen Wohnpartner Yves Allegro ist inzwischen klar, dass es Federer weit bringen wird. »Ich sagte damals, er schafft es in die Top Ten, und vielleicht wird er einmal die Nummer 1. Aber viele haben mich ausgelacht«, erinnert sich der Walliser. »Die Art, wie Roger innerhalb von wenigen Monaten den Sprung von den Junioren zu den Profis schaffte, war beeindruckend. Und mich überraschte immer wieder, was er alles bemerkte, wenn er Partien verfolgte.«

Bevor die Freiluftsaison und damit die Serie seiner Erstrundenniederlagen richtig beginnt, steht im April ein nächster Höhepunkt auf Federers Programm: sein Davis-Cup-Debüt. Die Schweiz besitzt gegen Italien Heimvorteil und empfängt die Gäste in einer Halle in Neuenburg. Die Schweizer Mannschaft hat unruhige Monate hinter sich. Teamleader Marc Rosset hat sich nach elf Jahren von seinem Coach Stéphane Oberer im Streit getrennt und mit einem Verzicht auf den Davis-Cup gedroht, falls Oberer Captain bleiben würde. Dieser ist daraufhin Anfang Februar zurückgetreten und wenig später durch Claudio Mezzadri abgelöst worden, einen ehemaligen Top-30-Spieler aus dem Tessin.

Federers Feuertaufe im wichtigsten Mannschafts-Wettbewerb verläuft spektakulär. Überzeugend schlägt er Davide Sanguinetti, die Nummer 48 der Weltrangliste und Nummer 1 der Italiener. »Es war zwar schade, dass Federer für den Gegner spielte, aber es machte dennoch Spaß, ihm zuzuschauen«, sagt Italiens Captain Paolo Bertolucci danach. »Es gibt nicht viele auf der Welt, die so gut Tennis spielen können.«

Im Juli, als die Schweiz in Brüssel gegen Belgien um einen Platz in den Halbfinals kämpft, findet sich der noch nicht 18-jährige Federer bereits in der Rolle des Teamleaders wieder, und das bei seinem zweiten Einsatz. Der besser klassierte Marc Rosset ist zwar in der Anlage Primerose dabei, fühlt sich aber krank und verzichtet nach langem Hin und Her auf einen Einsatz im Einzel. Federer steckt mitten in seinem Sommerloch und findet auch in Brüssel keinen Ausweg. Er verliert zwei Marathon-Partien, obwohl er zwei Mal der stärkere Spieler ist und beherzt bis zum bitteren Ende kämpft.

Der labile Techniker mit dem faszinierenden Schlagrepertoire bekundet noch Mühe mit der Konzentration und findet den Weg zum Sieg oft nicht, obwohl er spielerisch überlegen ist. Vor allem mit Partien über drei Gewinnsätze, in denen nicht Brillanz gefragt ist, sondern Ausdauer, Geduld und taktische Reife, kommt er nicht zurecht. Es irritiert ihn, wenn Wind und Wetter die Bedingungen verändern, wenn Leute auf den Tribünen kommen und gehen.

Immer wieder zeigt sich jedoch, dass er alles mitbringt, um sich auch bei den Professionals zu behaupten, ob in der Halle oder unter freiem Himmel und egal auf welchem Belag. So auch auf dem Sand von Roland Garros, wo Federer bei den French Open der jüngste Teilnehmer ist und bei seinem Debüt im Hauptfeld eines Grand-Slam-Turniers auf den starken Australier Patrick Rafter trifft. Federer gewinnt den ersten Satz gegen den zweifachen US-Open-Sieger und Weltranglistendritten, der zu der Zeit auf dem Höhepunkt seiner Karriere steht. Doch dann kommt die Sonne hinter den Wolken hervor, es wird wärmer, der Sand trockener, die Bälle fliegen schneller. Und plötzlich läuft das unvergleichliche Angriffsspiel des Australiers wie von allein und er gewinnt das Spiel.

»Der junge Schweizer könnte eine der Personen sein, die die nächsten zehn Jahre prägen«, schreibt die französische Sportzeitung »L'Equipe« während des Turniers. Rafter teilt diese Einschätzung: »Der Junge hat mich tief beeindruckt. Wenn er hart arbeitet und eine gute Einstellung zeigt, kann er ein exzellenter Spieler werden.« Als Federer auf der Pressekonferenz gefragt wird, was ihm noch fehlt, um auch solche Spieler zu schlagen, bemerkt er leichthin: »Ich muss einfach älter werden.«

Bei seinem Debüt im Hauptfeld von Wimbledon, seinem zweiten Grand-Slam-Turnier und dem traditionsreichsten Anlass der Sportart, steht ihm vier Wochen später auf Rasen der erfahrene Tscheche Jiri Novak gegenüber. Wieder gelingt es

Federer, die Partie über weite Strecken zu dominieren. Er scheint auf dem Weg zum Sieg, als im vierten Satz seine Konzentration nachlässt und er in den ersten Fünfsatz-Kampf seiner Karriere verstrickt wird. Im Entscheidungssatz vergibt er in seiner Unerfahrenheit acht Breakbälle – und verliert.

Nach der Serie von sieben Erstrundenniederlagen in Miami, Monte Carlo, Paris, Queens, Wimbledon, Gstaad und Washington und der Enttäuschung vom Davis-Cup in Brüssel scheidet Federer auf den Hartplätzen von Long Island und bei den US Open in New York sogar schon in der Qualifikation aus. Doch als im Herbst 1999 die Hallensaison beginnt, ist seine Krise schlagartig vorbei. Dank einem Sieg gegen den französischen Top-20-Spieler Cédric Pioline in Taschkent erreicht er am 20. September als jüngster Spieler die Top 100 der Weltrangliste. Er schlägt auf der ATP-Tour bis zum Jahresende noch sieben weitere Gegner, erreicht in Wien zum ersten Mal die Runde der letzten Vier und gewinnt zudem das Challenger-Turnier in Brest. Es wird sein letzter Einsatz auf dieser Turnierstufe bleiben, von nun an wird Federer nur noch große Anlässe bestreiten. Er hat nur gut ein Jahr benötigt, um vom unerfahrenen Einsteiger zum arrivierten Profi zu werden.

Seine Jahresbilanz auf der obersten Turnierstufe – ATP-Tour, Grand Slams und Davis-Cup – fällt mit 13 Siegen und 17 Niederlagen zwar negativ aus, aber mit dem Vorstoß von Rang 302 auf 64 der Weltrangliste und 223 859 Dollar Preisgeld beeindruckend für einen 18-jährigen Neuling. »Ich hätte nie erwartet, so schnell schon so weit vorne klassiert zu sein. Mein Ziel waren die ersten 200«, sagt Federer. Eine Weile hatte er sogar Aussichten, das Jahr vor Rosset als bestklassierter Schweizer in der Weltrangliste zu beenden. Dass ihm dies nicht gelingt, stört ihn nicht. Roger Federer will schließlich nicht die Nummer 1 der Schweiz werden – sondern der Welt.

»Für ihn war in diesem Jahr jede Partie wie früher ein Endspiel«, bilanziert Peter Carter am Ende der Saison. »Bei den Junioren hatte er fast nur gewonnen, nun fehlte ihm plötzlich das Vertrauen. Doch aus seinen Niederlagen hat er viel gelernt.« Federer könne auf allen Belägen gut spielen, auch unter freiem Himmel, auch auf Sand, ist Carter überzeugt, ihm fehle nur noch die Erfahrung. Die Ziele für das Jahr 2000 werden dennoch eher bescheiden angesetzt. »Es wäre schön, wenn ich mich unter den besten 50 etablieren könnte«, sagt Roger.

Bevor das Jahr 1999 um ist, muss Federer, der in Biel inzwischen mit Sven Swinnen zusammenwohnt, da Yves Allegro Swiss Tennis verlassen hat, noch einmal die ungeliebte Schulbank drücken: Im Dezember weilt er drei Tage an der »ATP-Tour-Universität« in Monte Carlo. Dort soll er lernen, welche Herausforderungen auf Spitzenspieler warten und wie damit umzugehen ist. Bei diesem Anlass habe er seine Angst vor der Presse verloren, sagt er später. »Am Anfang hatte ich Schiss vor den Medien und erwartete, dass sie schlecht über mich schreiben würden. Ich dachte: Warum sollte ich also zu ihnen sprechen? Doch dort realisierte ich, dass die Medien uns Spielern auch helfen können, unser Image zu verbessern – und wir ihnen, gute Geschichten zu schreiben.«

Kapitel 7
Neuer Coach, neue Wege

Das Jahr 2000 beginnt für Roger Federer noch besser als das vorangegangene. In Adelaide gelingt ihm endlich sein erster Sieg unter freiem Himmel auf der ATP-Tour, danach kann er bei den Australian Open in Melbourne auch zwei Runden in einem Grand-Slam-Turnier überstehen, wobei er dem früheren Paris-Sieger Michael Chang keinen Satz lässt. Doch noch immer liegt ihm das Tennis in der Halle viel besser. Im Davis-Cup gegen Australien schlägt er in Zürich Mark Philippoussis, die Nummer 17 der Welt, ehe er gegen den noch zwei Ränge besser klassierten Lleyton Hewitt knapp verliert.

Nur acht Tage später kann Federer in Marseille eine weitere Premiere feiern: Er erreicht sein erstes großes Endspiel, in dem er ausgerechnet auf Marc Rosset trifft, seinen Kumpel aus dem Davis-Cup-Team. Er ist inzwischen als Nummer 67 zehn Ränge vor dem Zweimetermann aus Genf klassiert, kann aber trotz dem gewonnenen Startsatz die Niederlage nicht abwenden. Fast das gleiche Szenario wiederholt sich zwölf Tage später in London: Wieder treffen die zwei besten Schweizer aufeinander, diesmal schon in den Viertelfinals, wieder gewinnt Federer den ersten Satz, wieder verliert er das Spiel. Und wie am Mittelmeer muss er auch an der Themse zuschauen, wie Rosset das Turnier gewinnt. Es wird der letzte große Titel des Olympiasiegers von Barcelona 1992 bleiben.

Immerhin steht Federer am 6. März 2000 erstmals unter den Top 50 im ATP-Ranking. Weil er damit sein Saisonziel bereits erreicht hätte, wird dieses hastig auf das Erreichen der Top 25 korrigiert. Einige Wochen später, am Ostersonntag im April, flattert per Fax ein Blatt Papier in die großen Sportredaktionen der Schweiz, ohne Absender und mit dem dürren Hinweis »Pressecommuniqué Tennis«. Die 22-zeilige Meldung ist etwas holprig formuliert und beginnt so: »Roger Federer hat sich für den privaten Weg entschieden und wird ab 1. Oktober 2000 mit seinem bisherigen Swiss-Tennis-Verbandstrainer Peter Lundgren zusammenarbeiten. Die Trennung von Swiss Tennis erfolgt nach langjähriger Zusammenarbeit in bestem Einvernehmen.« Es folgen nette Dankesworte an den Verband und insbesondere an Peter Carter, der ihn 1998 an die Spitze der Juniorenrangliste und danach unter die Top 50 der Weltrangliste geführt habe. »Mit dieser Klassierung ist es mir möglich, auf eigenen Füßen zu stehen, und ich habe mich deshalb für einen selbstständigen Weg enschieden«, wird Federer zitiert.

Die Trennung vom Verband ergibt Sinn, weil sie ihm ein flexibleres und auf die eigenen Bedürfnisse angepasstes Umfeld ermöglicht. Die Tatsache, dass Federer Peter Lundgren als Privattrainer wählt und nicht Peter Carter, den er besser kennt und mit dem er schon viel länger arbeitet, kommt aber für die meisten überraschend. Er kann die Wahl nicht richtig begründen. »Es war eine 50/50-Situation«, sagt er, »beides sind lustige und angenehme Typen.« Den Ausschlag habe sein Gefühl gegeben, »und das sprach mehr für Lundgren«. Carter verbirgt seine Enttäuschung nicht, aber reagiert mit Größe. Er überlässt dem Schweden ab sofort die Betreuung des 18-Jährigen und wendet sich als Verbandstrainer anderen Spielern zu.

In Lundgren verfügt Federer, wie sich zeigen wird, über einen ideal auf ihn zugeschnittenen Coach. Der 1965 zur Welt gekommene Schwede mit dem wuchtigen Körper und den langen, blonden Haaren, die ihn wie einen Wikinger erscheinen lassen, kann streng und fordernd sein, aber er ist vom Naturell her eher der lockere Typ, immer positiv, immer zu Scherzen bereit. Und er kennt den Proficircuit aus seiner Karriere in- und auswendig. Gegen die meisten von Federers neuen Gegner hat er selber noch gespielt, er ist bei allen großen Turnieren und auf fast allen Centre Courts schon selber angetreten und in der Szene bekannt, beliebt und respektiert.

Auch Lundgrens Resultate verdienen Respekt. In seiner 1994 beendeten Profikarriere spielte er über eine Million Dollar Preisgeld ein und kam zu vielen spektakulären Erfolgen, unter anderem gegen Pete Sampras, Andre Agassi, Mats Wilander, Ivan Lendl, Michael Chang und Pat Cash. »Aber ich verlor auch gegen viele Unbekannte«, bemerkt er in seiner bescheidenen Art, wenn man ihn darauf anspricht. In Köln, Rye Brook und San Francisco gewann Lundgren Grand-Prix-Turniere, wie die ATP-Turniere damals hießen, in der Weltrangliste stieß er Mitte der 80er Jahre bis auf Rang 25 vor. Meistens pendelte sein Name aber zwischen den Rängen 50 und 80. Lundgren wurde wegen seiner Haare manchmal mit Björn Borg verwechselt, spielte aber ganz anders als die schwedische Legende: ungestüm und offensiv, einmal Top, einmal Flop.

Lundgren, dessen Lebenspartnerin mit zwei Kindern in der Nähe von Göteborg lebt, betrachtet seinen Beruf als Berufung:

»Ich bin Coach, weil ich vom Tennis am meisten verstehe und mein Wissen weitergeben will«, erzählt er. Er habe selber vieles falsch gemacht und wolle verhindern, dass dies auch Federer widerfahre, nach dem Motto: Ein schlauer Mann lernt nicht nur von den eigenen, sondern auch von den Fehlern anderer. Federer gibt zu, dass Lundgren ein ähnlicher Typ ist wie er: »Er ging immer den harten Weg. Wenn man ihm sagte, wirf den Schläger nicht weg, zerhackte er gleich zwei hintereinander, genau wie ich früher.«

Bevor Lundgren im August 1997 zu Swiss Tennis stieß, arbeitete er unter anderem in Deutschland, in Schweden und 1996 während acht Monaten mit dem chilenischen Spitzenspieler Marcelo Rios. Der meist unrasierte und mürrische Chilene mit den langen dunklen Haaren ist einer der unbeliebtesten Spieler auf der Tour, gilt als jähzornig und eigenwillig. »Es waren die längsten acht Monate meines Lebens«, gibt Lundgren zu. Dagegen ist für ihn die Arbeit mit Federer, der ihn für 40 Wochen im Jahr verpflichtet hat, fast paradiesisch.

Der Schwede attestiert dem Teenager grenzenlose Möglichkeiten. Er glaubt, dass Federer schon mit 16 Jahren zu den 300 bis 400 besten Spielern der Welt gehört hat und sagt über den inzwischen 18-Jährigen: »Er kann die Nummer 1 werden. Aber der Weg ist weit. Ich war die Nummer 25 der Welt, aber weit entfernt von seinem Niveau. Der Kerl ist etwas Spezielles. Er ist von einem anderen Planeten.« Sven Gröneveld, der holländische Cheftrainer bei Swiss Tennis, äußert sich ähnlich euphorisch: »Roger kann alles erreichen, was er will. Er kann Grand-Slam-Turniere gewinnen und die Nummer 1 der Welt werden. Er kann sein Niveau steigern, wann immer es sein muss. Und wenn er in der Zone ist, in seiner Zone, dann ist er einer der am schwierigsten zu schlagenden Spieler auf der Tour.«

Lundgren erkennt schnell, woran sie vor allem arbeiten müssen. »Roger muss in der Lage sein, auf hässliche Art zu gewinnen. Er ist ein Künstler, und wenn seine Schläge nicht funktionieren, wird er irritiert und verliert seine Konzentration. Er kann alles mit dem Ball, aber manchmal muss er lernen, einfacher zu spielen.« Eine Schwäche sei auch sein Spiel am Netz. »Zu Beginn unserer Zusammenarbeit hasste er die Volleys. Er spielte, als ob Haifische vorne am Netz in der Servicebox auf ihn lauern würden. Indem wir viel trainierten, konnten wir die Haie vertreiben.«

Der Start der neuen Partnerschaft fällt mitten in die Sandsaison. Sie nimmt für Federer einen desolaten Verlauf. Ob in Monte Carlo, Barcelona, Rom, Hamburg oder St. Pölten, immer scheidet er in der ersten Runde aus. Als die French Open in Paris anstehen, ist seine Matchbilanz als Sandplatzspieler auf der Profitour und im Davis-Cup bei 0:11 angelangt. Lundgren führt die schlechte Serie auch auf eine falsche Saisonplanung zurück: Vor der Sandsaison ist Federer für ein einziges Schauturnier nach Houston gereist, weshalb für die Vorbereitung zu wenig Zeit blieb.

In Paris geht die schwarze Serie auf dem roten Belag endlich zu Ende. Nach einem packenden Fünfsatz-Sieg gegen den Berner Michel Kratochvil steht Federer zum ersten Mal in den Achtelfinals eines Grand-Slam-Turniers, die zwei Wochen dauern und an denen die Hauptfelder mit 128 Spielern größer sind als andernorts. Obwohl er gegen den spanischen Top-Ten-Spieler und Sandplatzspezialisten Alex Corretja verliert, ist Lundgren zufrieden: »Corretja spielte hervorragend, und trotzdem hielt Roger zwei Stunden lang mit. Diese Erfahrung wird ihm Kraft und Selbstvertrauen geben.«

Davon ist allerdings vorerst nichts zu spüren. Die Rasensaison bringt ihm in Wimbledon seine zweite Startrundenniederlage gegen den zweifachen Grand-Slam-Turniersieger Jewgeni Kafelnikow aus Russland. Doch Federer sieht nicht alles negativ: »Ich spielte nicht sehr gut, aber es hat wenig gefehlt«, erzählt er und schwärmt über die Atmosphäre bei seinem Lieblingsturnier. Obwohl er hier im Hauptfeld noch ohne Sieg ist, sagt er, dass er sich zutraue, nach dem Juniorenturnier auch den richtigen Wimbledontitel zu gewinnen. Einige Journalisten schauen sich an und schütteln den Kopf.

Federers Sommer verläuft enttäuschend: Wimbledon fällt in eine Serie von sechs Startrundenniederlagen, und auch seine ersten beiden Siege bei den US Open können die Bilanz nur wenig verbessern. Seine Zwischenbilanz als Profi ist kein Ruhmesblatt mehr: Bei 21 der 38 großen Turniere, die er seit dem Debüt im Juli 1998 hinter sich hat, ist er in der ersten Runde ausgeschieden, und ein Turnier hat er noch immer nicht gewonnen. Doch auf die nächste Destination freut er sich besonders: Es geht nach Sydney, zu den Olympischen Sommerspielen 2000. Sie werden für ihn nicht nur auf dem Platz wichtige Änderungen bringen.

Kapitel 8
Olympische Erlebnisse

In der australischen Hafenstadt Sydney ist die Stimmung im Schweizer Tennisteam zu Beginn der Olympischen Spiele schlecht. Nach Martina Hingis und Patty Schnyder hat sich in letzter Minute auch noch Marc Rosset abgemeldet – und zwar so spät, dass Federer dadurch um die Chance gebracht wird, das Olympische Doppel zu spielen, für das er neben Rosset gemeldet worden ist. Auch die Delegationsleitung von Swiss Olympic ist verärgert: Die Tennisspieler werden als verhätschelte Spielverderber hingestellt, die den wahren Stellenwert Olympias nicht zu schätzen wissen.

Der Ärger legt sich rasch. Die Tennisspieler und -spielerinnen wohnen zusammen mit den Schweizer Schützen, Judokas und Ringern im Olympischen Dorf, wo Federer über das Privileg eines Einzelzimmers verfügt. Man trifft sich, geht gemeinsam in den Ausgang. »Das ist der beste Anlass, an dem ich je war«, sagt Federer, der schon lange fasziniert ist von den Olympischen

Spielen. Der Unterschied zum monotonen Leben in den Hotels könnte kaum größer sein. Die Eröffnungsfeier, der Kontakt mit Athletinnen und Athleten aus anderen Sportarten, die Atmosphäre im Dorf und das Gefühl der Zusammengehörigkeit beeindrucken auch Mirka Vavrinec, Ostschweizerin mit slowakischen Wurzeln und Teamkollegin Federers. »Olympia ist fantastisch, unglaublich schön, unvergleichlich«, schwärmt sie am Rand der Courts. Und sie äußert sich in netten Worten über den jugendlichen Star des Teams, den drei Jahre jüngeren Federer. »Ich habe gar nicht gewusst, dass er so lustig ist.«

Mirka hat eine ungewöhnliche Laufbahn hinter sich. Sie kommt 1978 im slowakischen Bojnice als Einzelkind zur Welt. Ihre Eltern flüchten mit ihr, als sie zwei Jahre alt ist, und bauen sich in der Schweizer Grenzstadt Kreuzlingen am Bodensee eine neue Existenz auf. Vater Miroslav führt mit seiner Frau Drahomira ein Juweliergeschäft. Er ist ein ehemaliger Speerwerfer und Sportfan. Im Herbst 1987, als Mirka neun ist, reist er mit seiner Familie ins nahe Filderstadt, wo Martina Navratilova gerade ein Turnier bestreitet.

Die gebürtige Tschechin, die das Frauentennis beherrscht und inzwischen in den USA lebt, begegnet der Familie Vavrinec warmherzig. »Wir durften mit ihr ein paar Tage verbringen«, erinnert sich Mirka an die Reise in den Stuttgarter Vorort. Navratilova fragt sie, ob sie auch Tennis spiele. Mirka verneint: »Ich mache Ballett.« Die achtfache Wimbledonsiegerin – ihren neunten Titel wird sie 1990 gewinnen – rät ihr, es doch einmal mit Tennis zu versuchen, sie habe einen guten Körperbau und sei bestimmt talentiert. Navratilova lässt ihre Beziehungen spielen und fragt den in der Schweiz lebenden früheren tschechischen Spitzenspieler Jiri Granat, ob er das Mädchen einmal testen könne. Er kann.

Der Instinkt hat Martina Navratilova nicht getäuscht. Mirka beweist im Umgang mit Racket und Tennisball sofort großes Geschick. Und nicht nur das: Sie hat auch Biss und Durchstehvermögen. Sie habe sich »voll ins Zeug« gelegt, erinnert sich der

Tennislehrer Murat Gürler, der sich in ihren frühen Jahren um sie kümmerte. Dem Schweizer Tennismagazin »Smash« erzählt Mirka 1994, nachdem sie mit 15 Jahren den nationalen Juniorentitel der 18-Jährigen gewonnen hat: »Tennis ist mein Leben. Aber es ist sicherlich nicht einfach, mit mir zu arbeiten. Ich kann nämlich ganz schön stur sein.«

Ihr Ehrgeiz und ihre Kompromisslosigkeit sind groß. Im Sommer 1993 drängt sie nach einem Wettkampf im slowenischen Maribor ihren Trainer, sie doch zu einem Turnier im kroatischen Brac zu begleiten. Die Reise führt durch einen Teil Kroatiens, in welchem Krieg herrscht, vorbei an zerstörten Dörfern, Panzern und ausgebrannten Autos. Immer wieder werden sie bei Straßensperren kontrolliert. Sie hat zwar Angst, doch der Ehrgeiz ist stärker.

Mit 17 Jahren gehört Mirka zu den besten 300 der Weltrangliste. Eine langwierige Fersenverletzung hält sie aber 1996 monatelang vom Circuit fern, und sie fällt über 300 Ränge zurück. Ende 1997 hat sie sich auf Rang 262 zurückgekämpft und blickt euphorisch in die Zukunft. »Ich möchte wirklich einmal unter die ersten 30 der Weltrangliste kommen«, sagt sie.

Die hübsche junge Frau hat inzwischen den Schweizer Pass erhalten. Die einzige Beziehung zu ihrem Geburtsland sind einige Verwandte, die noch in der Slowakei leben, sowie das Durcheinander von Deutsch und Slowakisch, das zu Hause gesprochen wird. Sie pflegt weiterhin losen Kontakt mit Martina Navratilova und hat das Glück, im Industriellen Walter Ruf einen Mäzen gefunden zu haben, der ihr finanziell über die Runden hilft.

Im Jahr 2000 stößt Mirka erstmals in die Top 100 der Weltrangliste vor, dank ihrem Ehrgeiz, ihrem Durchhaltewillen – und ihrer Rückhand, die einige zu den besten der Welt zählen. Und sie hat Glück: Sie erhält eine Wildcard für die Olympischen Spiele in Sydney, für die sie eigentlich nicht qualifiziert wäre.

Während Mirka jedoch in der ersten Runde der Olympischen Spiele gegen die russische Spitzenspielerin Jelena Dementjewa nur zwei Games gewinnt und ausscheidet, beginnt ihr Teamkollege Roger Federer, Sieg an Sieg zu reihen und steht schließlich als ungesetzter Außenseiter in den Halbfinals eines Weltklassefelds, in dem von der Spitze nur Pete Sampras und Andre Agassi fehlen. Nie zuvor ist er unter freiem Himmel so weit gekommen.

Federer hat sich damit gleich zwei Chancen verschafft, jüngster olympischer Medaillengewinner im Tennis der Neuzeit zu werden. In den Halbfinals spielt er gegen den als Nummer 48 zwölf Ränge schlechter klassierten Deutschen Tommy Haas jedoch verhalten und verliert klar. Noch immer kann er Bronze gewinnen – aber die Partie um den dritten Rang gegen den nur auf Rang 61 eingestuften Franzosen Arnaud di Pasquale wird zu einer seiner größten Enttäuschungen. Federer vergibt im ersten Satz im Tiebreak ein 3:0, kann im zweiten Satz zwar einen Matchball abwehren und gegen den von Krämpfen geplagten Franzosen im Entscheidungssatz mit einem Break 2:1 in Führung gehen – doch er verliert nach zweieinhalb Stunden 6:7, 7:6, 3:6. »Nach diesem Spielverlauf hätte ich nie verlieren dürfen«, sagt er und kann die Tränen nicht zurückhalten. »Ich hatte mir so gewünscht, auf dem Podium zu stehen. Nun kann ich nichts nach Hause nehmen außer meinen Stolz.«

Damit allerdings täuscht sich Federer, der noch vor kurzem gesagt hat: »Für das Tennis verzichte ich auch auf eine Freundin.« Sie habe zuerst gar nicht gemerkt, dass er es auf sie abgesehen habe, erzählt Mirka später. »Erst am letzten Tag der Olympischen Spiele hat er mich geküsst.«

Die Wege der beiden trennen sich vorerst, sie muss nach Japan, er nach Europa. Doch im Laufe der Monate wird die Beziehung intensiver. Die Öffentlichkeit wird allerdings noch lange warten müssen, bis es Geschichten und offizielle Bilder vom neuen »Traumpaar« geben wird. Als eine Zeitung im Sommer 2001 Federers Wunsch missachtet, seine neue Beziehung doch, bitte schön, unter Verschluss zu halten, reagiert er verärgert: »Ich finde nicht, dass das an die Öffentlichkeit muss«, beklagt er sich. »Ich habe mit meiner Freundin gesprochen, und auch sie wollte nicht, dass es bekannt wird. Weil wir dann beide nur noch über unsere Beziehung und nicht mehr über unser Tennis sprechen müssen.«

Mirkas Karriere nimmt nicht die erhoffte Entwicklung. Bei den US Open übersteht sie 2001 zwar erstmals in einem Grand-Slam-Turnier zwei Runden und verliert erst gegen die starke Belgierin Justine Henin. Doch der Preis, den sie für ihre Siege bezahlen muss, ist hoch. Wie bei ihrer Kollegin Martina Hingis spielen die Füße nicht mehr mit, trotz mehrerer Operationen und Pausen. Am 10. September 2001 erreicht sie als Nummer 76 ihre Bestmarke in der Weltrangliste, doch ein Sehnenriss im rechten Fuß verhindert einen weiteren Aufstieg und zwingt sie zu einer monatelangen Pause.

Die US Open werden ihr letzter großer Erfolg auf der Tennistour bleiben – mit Ausnahme des Hopman Cup in Perth im Januar 2002, wo sie an der Seite ihres Freundes einen Sieg über Argentinien feiern kann. Wenig später bestreitet sie im April in Budapest mit 24 Jahren ihre letzte Partie auf der WTA-Tour. Wieder folgt eine Operation, wieder muss sie an Krücken gehen. Es wird aber noch eine Weile vergehen, bis sie sich eingesteht, dass ihre Karriere tatsächlich vorbei ist. Ihr Konto als Berufsspielerin stoppt bei 202 Siegen, 159 Niederlagen und einem Gesamtpreisgeld von 260 832 Dollar.

Das abrupte und frühe Ende ihrer Laufbahn stürzt sie in ein Tief. »Es ist nicht einfach, wenn du das ganze Leben etwas machst, das du magst, und es von einem Tag zum anderen aufgeben musst«, erzählt sie mir später einmal in einem Interview während Wimbledon. »Ich fiel in ein großes Loch. Am schwierigsten war es, als ich acht Monate zu Hause war und nichts tun konnte. Ich hatte sehr viel Zeit zum Nachdenken, schaute Tennis im Fernsehen. Roger war damals meine größte Stütze. Er hat mir mein Tennisleben zurückgegeben. Wenn er gewinnt, ist es, als ob ich auch gewinnen würde.«

Kapitel 9
Ohne Schweiß kein Preis

Roger Federer ist zwar noch immer der jüngste Spieler unter den Top 100 der Weltrangliste und strebt nach oben, doch es ist wie verhext: Der erste Titel will sich einfach nicht einstellen. Im Vergleich zum nur fünf Monate älteren Lleyton Hewitt schneidet er inzwischen schlecht ab. Der Australier hat in diesem Jahr 2000 schon vier Titel gewonnen, ist damit bei sechs angelangt und gehört bereits zum Stamm der Top Ten.

Hewitt hat allerdings auch eine andere, einfachere Spielanlage: Er ist unheimlich schnell und einer der größten Kämpfer auf den Courts, schüchtert die Gegner mit Gesten und Kriegslauten ein und versucht, den Ball einfach einmal mehr übers Netz zu bringen, was ihm ausgezeichnet gelingt.

Während Hewitt gewinnt, ohne zu brillieren, gilt für Federer oft das Gegenteil: Er entzückt die Zuschauer mit einem Feuerwerk verschiedenster Schläge und seinem virtuosen Angriffstennis. Er scheint unendliche Möglichkeiten zu besitzen – verliert aber trotzdem immer wieder gegen unterlegene Konkurrenten. Er wirkt wie einer, der einen Lottosechser hatte und nicht weiß, was er mit dem vielen Geld anstellen soll. »Er hat so viele Möglichkeiten, dass es ihn manchmal selber verwirrt«, sagt der Amerikaner John McEnroe, einst selber ein Künstler mit dem Tennisball.

Im Oktober scheint Federers Zeit in seiner Heimatstadt Basel endlich gekommen. Er wehrt vor 9000 begeisterten Fans gegen Hewitt einen Matchball ab und feiert nach drei Niederlagen seinen ersten Sieg gegen den Australier – mit 8:6 im Tiebreak des Entscheidungssatzes. »Das war eine meiner unglaublichsten Partien«, freut sich der Lokalmatador. Danach unterliegt er im hart umkämpften Endspiel aber letztendlich dem Schweden und Weltranglistensechsten Thomas Enqvist.

Der Schweizer gehört nun erstmals zu den Top 25 der Welt. Doch er ist mental und körperlich erschöpft von den Anstrengungen der langen Saison und kann in seinen letzten vier Turnieren insgesamt nur noch drei Gegner bezwingen. So erscheint sein Name schließlich in der letzten Rangliste des Jahres 2000 auf Rang 29. Zum ersten Mal hat er seine Saisonziele verpasst – den ersten großen Titel und den Vorstoß unter die Top 25.

Federer hat in seinem zweiten Profijahr auf bittere Art einsehen müssen, dass spektakuläre Schläge und Talent allein nicht reichen, um Turniere zu gewinnen und an die Spitze zu gelangen, sondern dass er auch körperlich härter arbeiten muss. Obwohl er dies bisher nicht sonderlich mochte, verpflichtet er neben Tenniscoach Peter Lundgren nun auch einen Experten für den athletischen Bereich: den Westschweizer Pierre Paganini, einen alten Bekannten aus den Zeiten in Ecublens und bei Swiss Tennis. Die Zusammenarbeit mit dem 43-jährigen Fitnessguru, die hundert Tage im Jahr umfasst, wird sich für ihn als Glücksfall erweisen.

»Er ist der beste Konditionstrainer, den man sich vorstellen kann«, sagt Lundgren über Paganini. Der Glatzkopf mit Brille ist ein ehemaliger Fußballer und Leichtathlet und ein schlauer, professioneller Arbeiter im Hintergrund – und er sieht rasch, woran es Federer fehlt. »In der Athletik hatte er einen großen Rückstand. Vor allem in der Beinarbeit und im Kraftbereich war ein enormes Steigerungspotenzial vorhanden«, erinnert er sich. »Sein Problem war sein extremes Talent, das ihm erlaubte, athletische Defizite zu überspielen. Gleichzeitig musste er aber auch schon seine Weltranglistenposition verteidigen und konnte es sich nicht leisten, nur an der Grundkondition zu arbeiten. Ich gab uns drei Jahre Zeit, um ihn auf ein Topniveau zu bringen.«

Paganinis Ziel ist nicht, Federer in einen Kraftprotz zu verwandeln. »Ein Tennisspieler ist kein Sprinter, kein Marathonläufer und kein Kugelstoßer«, sagt er. »Aber er muss von jedem etwas haben, und er muss alle Qualitäten im Spiel abrufen können.« Weil es sich bei Federer um einen kreativen, inspirierten Spielertypen handle, müsse er zu anderen Bewegungsabläufen fähig sein als einer wie Hewitt, der eher einförmig spiele. Paganini strebt mit Federer eine »koordinierte Kreativität« an, eine hohe Präzision in den Bewegungsabläufen und die Fähigkeit, auch nach vier Stunden noch athletische Höchstleistungen zu bringen. »Es darf nicht sein, dass Roger aus körperlichen Gründen eine falsche Taktik wählt.«

Für Federers Betreuer stellt sich in den Trainings täglich neu die Herausforderung, den jungen Gipfelstürmer bei Laune zu halten. »Roger ist nicht das Arbeitstier, dem man 3000 Bälle auf die Rückhandseite zuspielen kann, und der haut drauf und haut drauf und fühlt sich gut dabei. Bei Roger muss auch das Training Spaß machen«, sagt Lundgren. »Er will viel arbeiten, aber braucht viele Variationen«, erzählt Paganini. »Er muss sehen, dass ihm eine Übung etwas bringt. Er ist ein Künstler. Wenn man ihn mit Motivation füttert, dann wird er zum Trainingstier.«

Im Dezember 2000 bekommt Federer in Biel in den ersten zwei Trainingswochen einen Vorgeschmack dessen, was ihm seine neue Zusammenarbeit bringen wird. Paganini hat für ihn spezielle Übungen entwickelt, die er »integriertes Konditionstraining« nennt. So muss Federer beispielsweise neben dem Platz bis in einen Müdigkeitszustand rennen – und danach sofort auf den Tennisplatz, um zu spielen. »In der Müdigkeit kommen die natürlichen Reflexe hervor. All die schlechten Gewohnheiten, die am schwierigsten abzugewöhnen sind«, begründet Paganini seine Methode. »Und daran arbeitet dann der Coach.«

Während sich viele Tennisspieler nur im Dezember, dem einzigen turnierfreien Monat des Jahres, um den konditionellen Aufbau kümmern, wird Federer nun das ganze Jahr über punktuell an seiner Fitness arbeiten. Paganini ist vom professionellen Einsatz seines Schützlings sofort begeistert. »Er ist sehr motiviert für solche Übungen, was mich überrascht. Immerhin ist er eine Spielernatur«, sagt er und bezeichnet Federer als »Bewegungstalent«. »Er hat akzeptiert, dass man es bei der Konditionsarbeit nicht immer lustig haben kann. Er hat gemerkt, dass er da etwas herausholen kann, das ihm später auf dem Platz hilft.«

Paganinis Dreijahresplan wird zum Erfolg. »Heute erreicht Roger eine maximale Schnelligkeit von 20 Stundenkilometern, das heißt, er kann mit einem regionalen Sprinter auf den ersten 30 Metern mithalten«, wird er drei Jahre später resümieren. In zwölf Minuten absolviere Federer 3300 Meter, in vierzig Minuten 9300 Meter, und er drücke Kniebeugen mit 150 Kilogramm. Eine massive Verbesserung gegenüber den Anfangszeiten.

Federer fällt es leicht, sich für diese zielgerichteten Trainings zu motivieren, weil sie die Routine unterbrechen »Nur schon ein bisschen Abwechslung tut mir saumäßig gut«, sagt er. »Wenn ich auf dem Platz bin, habe ich kein Problem mehr, mich zu motivieren. Wenn ich die Nummer 1 werden will, muss ich auch im Training alles geben.« Dank Paganini versteht er, weshalb er sich schindet. Und er merkt schnell, dass seine verbesserte Fitness ihm hilft, das Selbstvertrauen zu steigern. »Ich fühle mich mental sehr gut, denn ich weiß, dass ich konditionell gut vorbereitet bin und mithalten kann«, sagt er nach dem ersten Trainingsblock mit Paganini.

Peter Lundgren erwartet viel vom Jahr 2001, seiner ersten vollen Saison als Privatcoach von Federer. »Wenn er so spielt wie im vergangenen Herbst in Sydney, Wien oder Basel, gehört er zu den Top 15«, ist er überzeugt. Und er wagt die Prognose: »Sein erster Titel kann schon sehr bald kommen.«

Federer gewinnt zum Saisonauftakt mit Martina Hingis im australischen Perth den zwar nicht sonderlich bedeutenden Hopman Cup, aber immerhin das weltgrößte Mixedturnier. Nach einer Drittrundenniederlage bei den Australian Open wird der Februar zum bisher besten Monat in seiner Karriere. Beim Hallenturnier in Mailand kommt er in der vierten Begegnung zum ersten Sieg gegen den russischen Olympiasieger Jewgeni Kafelnikow und erreicht sein drittes Endspiel. Diese Chance packt er und gewinnt vor den Augen seiner kurzfristig nachgereisten Eltern gegen den französischen Außenseiter Julien Boutter seinen ersten großen Titel auf der Profitour. Peter Lundgren hat sich nicht getäuscht, ein Meilenstein ist gesetzt. »Die Erleichterung ist riesig«, sagt Federer, »ich musste lange auf diesen Moment warten. Von nun an dürfte es einfacher werden.« Weniger gut endet der Abstecher nach Mailand für seinen Vater Robert: Er hat in der Aufregung seinen Autoschlüssel im Wagen eingeschlossen und muss die Scheibe einschlagen, um losfahren zu können.

Schon steht ein weiterer Höhepunkt an, die Davis-Cup-Begegnung gegen die USA in Basel. Für Federer gibt es kein Halten mehr: In zwei atemberaubenden Vorstellungen schlägt er Todd Martin und Jan Michael Gambill und führt dazwischen seinen Doppelpartner Lorenzo Manta zum Sieg im Doppel. Er wird damit der siebte und jüngste Spieler in der Davis-Cup-Geschichte, dem es gelungen ist, gegen ein amerikanisches Team an allen drei zum Sieg nötigen Punkten beteiligt zu sein – der erste seit 25 Jahren. »Es ist wie ein Traum«, sagt er und spricht von Gefühlen, wie er sie noch nie erlebt habe. Endlich fließen einmal Freudentränen.

Die Amerikaner dagegen sind fassungslos. »Man muss blind sein, um nicht zu sehen, was für eine großartige Zukunft auf ihn wartet«, sagt Gambill. Captain Patrick McEnroe sucht keine Ausreden, obwohl ihm mit Andre Agassi und Pete Sampras seine zwei stärksten Spieler gefehlt haben: »Wir wussten, dass Federer stark sein würde – aber dies hätten wir doch nicht erwartet. Wann immer er an den Ball kam, war der Punkt vorbei.«

Und der Februar birgt noch weitere Erfolgserlebnisse für Federer: In Marseille erreicht er die Halbfinals, wo er – nach zehn Siegen in Folge – gegen Kafelnikow verliert, in Rotterdam kommt er kurz darauf sogar ins Endspiel. Er wird von der ATP-Tour zum »Spieler des Monats« gewählt und überschwänglich gelobt. »Der Federer Express ist gekommen«, verkündet die Medienabteilung der Profitour und warnt: »Er ist mit so viel Talent gesegnet, dass es für seine Gegner fast unfair scheint.«

Kapitel 10
Eklat im Davis-Cup

Davis-Cup-Captains gehören zu den am meisten exponierten Funktionären im Tennis. Während einiger Tage im Jahr werden sie zu den wichtigsten Bezugspersonen von Spielern, die es gewohnt sind, über ihr eigenes, maßgeschneidertes Umfeld zu verfügen. Und weil die altmodischen Regeln dieses bis ins Jahr 1900 zurückgehenden Wettbewerbs es erlauben, dass Captains während der Partien auf dem Tennisplatz weilen und beim Seitenwechsel mit den Spielern sprechen dürfen, erlangen sie während dieser oft dramatischen Länderspiele vielfach mehr Bedeutung als die Coaches im normalen Alltag auf der Tour. Weil die Captains aus dem Land ihres Teams stammen müssen, ist die Auswahl beschränkt, und es kommt immer wieder zu Reibereien, Machtkämpfen und Entlassungen.

Diese Erscheinung ist auch in der Schweiz hinlänglich bekannt. Im Jahr 1992, als Marc Rosset die Mannschaft in ihr einziges Endspiel führte, wurde kurzfristig noch der Captain ausgewechselt. Auf die Frage hin, was eigentlich die Aufgabe eines Captains sei, sagte der Österreicher Thomas Muster mit Blick auf den schwierigen Balanceakt einmal: »Handtuch halten, Wasser halten, Mund halten.«

Federers Gala gegen die USA in Basel hat zwar alle Probleme überstrahlt, doch auch jetzt brodelt es im Schweizer Team. Seit Swiss Tennis im November 1999 Claudio Mezzadri als Teamchef und Captain durch Jakob Hlasek ersetzt hat, einen früheren Top-Ten-Spieler, herrscht Unruhe unter den Spielern. Diese hatten sich klar für Mezzadri ausgesprochen und empfinden es als Affront, dass ihnen nun doch Hlasek, der Liebling des Verbandes, aufgezwungen wird – und außerdem noch mit einem Fünfjahresvertrag und weit gehenden Vollmachten ausgestattet wird.

Bei Swiss Tennis wusste man zwar, dass Hlaseks Verpflichtung Risiken barg, hatte die Tragweite dieses Schrittes aber unterschätzt. Angeführt von Teamleader Rosset drohten die Spieler im Jahr 2000, das Heimspiel gegen Australien zu boykottieren, was dann aber nicht geschah. Federer musste sich damals zurückhalten. Er war vertraglich verpflichtet, den Davis-Cup zu bestreiten, als Gegenleistung für die Unterstützung des Verbandes. Jetzt, nach seiner Trennung von Swiss Tennis, war er frei und hatte die Wahl, ob er spielen wollte oder nicht.

Dem Davis-Cup-Verantwortlichen des Verbandes, René Stammbach, gelang es am Rande der Olympischen Spiele in Sydney, Federer die Zusage abzuluchsen, auch 2001 Davis-Cup zu spielen – und zwar unter Hlasek. Als Zückerchen erhielt Federer das Angebot, Peter Lundgren ins Team zu integrieren. Zudem bot ihm Stammbach an, Swiss Tennis werde die Situation Ende des Jahres überprüfen und auf seine Wünsche eingehen, sollte sich bis dahin sein Verhältnis zu Hlasek nicht verbessert haben.

Weshalb sich die Beziehung zwischen zwei der größten Spieler des Schweizer Tennis nicht besser entwickelte, ist schwer zu erklären. Die Chemie stimmte nicht, könnte man sagen. Hlasek ist ein nüchterner, mechanischer Arbeiter, der auf Disziplin Wert legt und das Davis-Cup-Team möglichst klein halten will. Federer dagegen ein Künstler, der es mag, viele Leute um sich zu haben, der im Davis-Cup die Abwechslung, das Gemeinschaftserlebnis und den Spaß sucht. Dieser fehlt ihm unter Hlasek – weshalb es umso erstaunlicher ist, dass er bisher auch unter dem Zürcher so stark spielte.

Während des Viertelfinal-Duells gegen Frankreich kommt es nun im April 2001 zur Eskalation. Federer muss am Starttag untätig mitverfolgen, wie sich Marc Rosset und Arnaud Clément einen epischen, fast sechs Stunden dauernden Fünfsatzkampf liefern, bei dem allein der fünfte Satz zweidreiviertel Stunden umfasst. Rosset verliert ihn, nachdem er schon zum Matchgewinn aufgeschlagen hat, 13:15. Die Partie wird mit 72 Games zur längsten in der Weltgruppe des Davis-Cup, seitdem 1989 beschlossen worden war, die ersten vier Sätze durch Tiebreaks zu entscheiden.

Danach geschieht in der Patinoire du Littoral Unerwartetes. Federer spielt gegen Frankreichs Nummer 2, den schlechter klassierten Nicolas Escudé, wie eine schwache Kopie seiner selbst und verliert in vier Sätzen. Als er wenig später – inzwischen ist es Mitternacht – ins Medienzentrum in der Curlinghalle nebenan zur Pressekonferenz kommt, ist seine Miene finster. Und als er gefragt wird, warum er so lustlos aufgetreten sei, platzt es aus ihm heraus: »Die Wahrheit ist, dass es mit Jakob Hlasek nicht mehr geht. Ich habe das auf dem Platz gefühlt. Wir haben schon lange Probleme miteinander, aber diesmal ging es einfach nicht mehr. Es hat mir keinen Spaß gemacht, auf dem Platz zu stehen.« Er brauche einen Captain auf dem Stuhl, mit dem er reden könne, mit dem er sich verstehe und es lustig habe. »Das ist mit Jakob nicht der Fall.«

In diesem Moment zeigt Federer seine wenig bekannte, kompromisslose Seite, die des stolzen Löwen, der heftig reagiert, wenn die Dinge nicht nach seinem Wunsch laufen. Doch es bleiben Fragen: Wie war es möglich, dass er gegen Australien, Weißrussland und die USA so gute Leistungen brachte – mit Hlasek auf dem Captainstuhl? Es wird spekuliert, dass es ihm missfalle, dass das Verhältnis zwischen Rosset und Hlasek sich verbessert habe, dass er enttäuscht sei, vom Genfer aus dem Scheinwerferlicht verdrängt worden zu sein. Seine Partie gegen Escudé fand am Abend statt, als die meisten Journalisten daran waren, den vorangegangenen Marathonkampf Rossets zu würdigen, und als viele Zuschauer die Halle bereits ermüdet verlassen hatten.

Es folgen Diskussionen, Krisensitzungen, Spekulationen – und eine unerwartete Aufholjagd der Schweizer. Federer tritt am Samstag im Doppel und am Sonntag im Einzel gegen den Top-Ten-Spieler Arnaud Clément wie verwandelt auf und führt sein Team vom 0:2 zum 2:2. Noch nie hat die Schweiz im Davis-Cup ein 0:2 in den Sieg verwandeln können, doch nun scheint das Unmögliche möglich. Im entscheidenden fünften Spiel kommt der für den ermatteten Rosset eingewechselte Ersatzmann George Bastl gegen Escudé im fünften Satz sogar zu einem Matchball.

Es entwickelt sich ein Grundlinienduell, während dessen ein Zuschauer laut aufschreit – im Glauben, ein Schlag Escudés werde im Aus landen. Der Ball landet im Feld, und Bastl, abgelenkt durch den Ruf, macht den Fehler und verliert die Partie. Die Schweiz hat verloren – nach 23 Sätzen und einer Gesamtspielzeit von 21 Stunden.

Federer lässt dem Verband kurz darauf eine schriftliche Erklärung zukommen, in der er bekräftigt, dass er nicht mehr unter Hlasek spielen werde. Wenige Wochen später wird der Vertrag zwischen Hlasek und Swiss Tennis, der bis 2005 gelaufen wäre, per Ende 2001 aufgelöst. Sein Nachfolger als Teamchef wird der Australier Peter Carter, Federers Coach aus Juniorenjahren, die Rolle des Captains sollen künftig Spieler des Teams übernehmen, die gerade nicht im Einsatz stehen.

Hlasek musste gehen, obwohl sich die Bilanz in seinen zwei Jahren sehen lässt: Gegen Australien fehlte den Schweizern nur ein Satz zum Sieg, gegen Frankreich nur ein Punkt zum Vorstoß in die Halbfinals, und dazwischen wurden Weißrussland und die USA überzeugend geschlagen. Er hatte einfach das Pech, zum falschen Zeitpunkt am falschen Ort zu sein. Oder, von einer anderen Seite betrachtet: Roger Federer hat das Schweizer Profitennis mit 19 Jahren schon voll im Griff.

Kapitel 11
Der Mann, der Sampras schlug

Die All England Championships in Wimbledon im Südwesten Londons, das letzte große Rasenturnier im Tennis, waren schon immer Roger Federers Lieblingsanlass. Zwar hat der Juniorensieger von 1998 als Berufsspieler an der traditionsreichsten Meisterschaft seines Sports noch keine Partie gewonnen, dennoch ist er vor seinem dritten Anlauf voller Zuversicht. Denn hinter ihm liegt sein bester Saisonstart und seine mit Abstand beste Sandsaison. In Monte Carlo und bei den French Open hat er die Viertelfinals erreicht, dazwischen in Rom mit Marat Safin sogar den Weltranglistenzweiten geschlagen. Als er nach England kommt, ist er die Nummer 15 der Welt und sogar die Nummer 7 im Champions Race, der Jahreswertung.

Sein dritter Start in Wimbledon bringt ihm endlich die ersten Erfolgserlebnisse. Nach einem klaren Auftaktsieg benötigt er aber bereits in der zweiten Runde viel Glück, um nicht auszuscheiden. Im Entscheidungssatz liegt er schon mit einem Break im Rückstand, ehe der temperamentvolle Belgier Xavier Malisse hektisch wird, wegen Linienrichterbeleidigung einen Strafpunkt erhält und die Partie verliert, obwohl er sich viel mehr Breakbälle erkämpft und auch mehr Punkte gewonnen hat als der Schweizer. Seinen dritten Herausforderer, den Schweden Jonas Björkman, schlägt Federer klar, fällt aber auf dem rutschigen Court 2 während der Partie einige Male hin. Nun schmerzt ihn die Leiste, und er benötigt Tabletten.

Der 2. Juli 2001, der Achtelfinaltag in Wimbledon, ist ein warmer Montag – und ein ganz spezieller Tag für Federer: Erstmals darf er auf dem Centre Court antreten, in der Sixtinischen Kapelle seines Sports und an jener Stätte, wo seine früheren Idole ihren Ruhm begründeten. Dazu spielt er nicht gegen irgendjemanden: Gegenüber stehen wird ihm erstmals Pete Sampras, der gekrönte Rasenkönig. Die Wimbledon-Bilanz des 29-jährigen Amerikaners ist überwältigend: Sieben der letzten acht Titel gehören ihm, er hat an der Church Road nur eine seiner letzten 57 Partien verloren, in den Viertelfinals 1996 gegen den Holländer Richard Krajicek. Seither hat er hier 31 Matches in Folge gewonnen.

Sampras war Federers drittes Idol nach Boris Becker und Stefan Edberg und hat auf diesem Platz vor einem Jahr sein schönstes Stück Tennisgeschichte geschrieben: Vor den Augen seiner Verlobten und seiner Eltern, die seine Partien fast nie live verfolgen, schlug er im Endspiel den Australier Patrick Rafter. Mit 13 Grand-Slam-Titeln ist er seither der erfolgreichste Spieler in der Geschichte der vier wichtigsten Turniere.

Die Saison ist für Sampras jedoch nicht gut verlaufen. Erst eine Finalteilnahme und 18 Siege stehen auf seinem Konto, in der Weltrangliste ist er an die sechste Stelle abgerutscht. Doch als er nach London kommt, stellt er klar: »In Wimbledon bin ich noch immer der Mann, den es zu schlagen gilt.« Sampras ist in einer Phase seiner Karriere, in der er sich ganz auf die Grand-Slam-Turniere konzentriert, allen voran Wimbledon. Die Weltrangliste, die er sechs Jahre hintereinander Ende der Saison anführte – noch ein Rekord – interessiert ihn nicht mehr.

Viele spüren, dass etwas in der Luft liegt, dass Sampras' Serie reißen könnte. Federer ist in Form, sein Selbstvertrauen stimmt, und inzwischen bringt er die Erfahrung von drei Profijahren und 58 großen Turnieren mit. John McEnroe fordert: »Federer muss nun aufstehen und zeigen, wozu er wirklich fähig ist.« Er traue sich zu, Sampras zu schlagen, selbst hier in Wimbledon, bekräftigt Federer selbst. »Ich werde nicht spielen, um einen Satz zu gewinnen oder gut auszusehen. Ich werde spielen, um zu gewinnen.« Peter Lundgren, der stets optimistische Coach, schürt die Zuversicht: »Jede Serie muss einmal enden, auch die von Sampras.«

Federer stolziert breitschultrig, mit durchgestrecktem Rücken und einem Pokerface über den Centre Court, als ob er schon immer hier gespielt hätte. Es gelingt ihm die bisher beste Leistung seiner Karriere. »Manchmal habe ich auf die andere Seite des Netzes geschaut und überlegt, ob das Wirklichkeit ist oder nur ein schöner Traum«, sagt er später. Nach 3 Stunden 41 Minuten verwandelt er mit einem Vorhandreturn den Matchball zum 7:6 (9:7), 5:7, 6:4, 6:7 (2:7), 7:5. Um 19.20 Uhr Ortszeit sinkt er in die Knie, lässt sich auf die Seite fallen, Freudentränen fließen. Für Federer ist ein Traum in Erfüllung gegangen, für Sampras einer geplatzt: Seine Chance, die fünf Wimbledontitel in Folge von Björn Borg zu egalisieren, ist vertan, und eine weitere wird sich ihm in seinem Alter nicht mehr bieten.

Das Resultat geht als Sensation um die Welt. »Notieren Sie sich in Ihrer Agenda den 2. Juli 2001«, schreibt die Londoner

»Times«. »Es war der Tag, an dem sich in Wimbledon alles änderte.« Die Boulevardzeitung »Sun« fährt gröberes Geschütz auf: »Pistol Pete wurde niedergeschossen. Federer spielte die Partie seines Lebens. Er durchbrach nicht nur den Aufschlag von Sampras, sondern auch seinen Willen.«

Sampras, obwohl bitter enttäuscht, reagiert mit Würde. Er trauert den zwei Breakchancen nach, die ihm im fünften Satz das 5:4 und die Chance gebracht hätten, zum Sieg zu servieren. Aber er lobt seinen Bezwinger, wie er noch selten jemanden gelobt hat. »Ich unterlag einem wirklich, wirklich guten Spieler, dem eine hervorragende Leistung gelungen ist. Federer ist einer der Außergewöhnlichsten auf der Tour. Vielleicht kann er den Weg hier zu Ende gehen.«

Der Gefeierte zieht sich nach den vielen Interviews an die nahe Lingfield Road zurück, wo er mit Peter Lundgren wohnt. Wie viele Spieler hat er während des Turniers in der Nähe der Anlage eine Wohnung gemietet, um nicht täglich den mühsamen Weg zwischen dem Klub und den Hotels in der Innenstadt auf sich nehmen zu müssen. Das bringt den Vorteil mit sich, dass man längere Regenpausen zu Hause überbrücken kann – und während Wimbledon regnet es bekanntlich häufig. Federer schläft schlecht nach seinem größten Sieg. Er kann sich am nächsten Tag dem Rummel nicht entziehen, obwohl er auf dem Weg zum Training Sonnenhut und Brille aufsetzt. Er wird erkannt und belagert – immerhin spielt er am Mittwoch gegen Tim Henman, den großen britischen Liebling und Hoffnungsträger. Der Sampras-Bezwinger wird von den britischen Medien ins Kreuzverhör genommen. Er muss alles aus seinem Leben erzählen, einige Reporter machen sich auf die Suche nach Skandalstories und Kinderfotos.

Gegen Henman ist für Federer alles anders als gegen Sampras. Er spielt nicht schlecht, aber seine Konzentration ist mangelhaft, und er kann zwei klare Führungen in den Tiebreaks nicht in Satzgewinne umsetzen. Vor 15 000 Zuschauern muss er die dritte Niederlage im dritten Duell mit Henman hinnehmen, ein 5:7, 6:7 (6:8), 6:2, 6:7 (6:8).

Der Wimbledonsieger 2001 heißt damit nicht Federer – aber er wird auch nicht Henman heißen. Der Brite unterliegt dem Außenseiter Goran Ivanisevic, der im regenbedingt auf Montag vertagten, epischen Endspiel auch Patrick Rafter niederringt. Ein Sensationssieg für den 29-jährigen Kroaten und doch hochverdient: Er hat als Nummer 125 der Weltrangliste eine Wildcard benötigt – und vorher schon drei Wimbledonfinals verloren. Es ist die späte, unerwartete und umso schönere Krönung für den witzigen Kroaten, der seinen ersten und einzigen Grand-Slam-Titel gewinnt.

Kapitel 12
Der Taxifahrer von Biel

Verletzungen gehören zum Tennissport wie lästige Doppelfehler und mühevolle Reisen um die Welt. Bänder und Gelenke werden durch die vielen abrupten Richtungswechsel jeden Tag oft stundenlang harten Belastungen unterzogen, und dies das ganze Jahr über, auf den unterschiedlichsten Belägen und unter verschiedensten Bedingungen. Federers Kollegin, die fünffache Grand-Slam-Turniersiegerin Martina Hingis, verschwindet beispielsweise schon im Alter von 22 Jahren aus der Profitour, nach zwei Fußoperationen und wegen chronischer Schmerzen, und wird sich erst über drei Jahre später wieder zurückmelden.

Federer hatte bisher Glück und blieb von größeren Verletzungen verschont. Auch die Leistenprobleme, die ihn seit dem Spiel gegen Björkman in Wimbledon plagen, scheinen nicht weiter schlimm – immerhin konnte er ja trotzdem Pete Sampras schlagen. Doch nach Wimbledon macht er den Fehler, auch noch die Swiss Open in Gstaad zu bestreiten. Er scheidet in der ersten Runde aus, und zu den Adduktorenproblemen gesellt sich auch noch eine Knochenhautentzündung. Er muss eine siebenwöchige Pause einschalten und die Turniere in Montreal, Cincinnati und Indianapolis auslassen.

Seinen 20. Geburtstag feiert Federer fernab der Tenniswelt. Er weilt zur Therapie in Biel, das ihm weiterhin als Trainingsbasis dient. In Michael Lammer, einem Rivalen aus Juniorenzeiten, findet er einen Leidensgenossen, der ebenfalls gerade verletzt ist. Der Zürcher, der Tennis/Etudes absolviert und die Matura vorbereitet, geht wegen eines Bänderrisses im Bein an Krücken. Federer kann wenigstens noch Auto fahren, und er bietet seinem Kollegen seine Dienste an. »Roger war sehr hilfsbereit und spielte den Taxifahrer für mich«, erinnert sich Lammer. »Er wartete auf mich am Bahnhof, fuhr mich in die Schule und holte mich wieder ab. Und dann fuhren wir gemeinsam zur Physiotherapie in die Sportschule von Magglingen.«

Die zwei Versehrten, die viele Jahre früher Seite an Seite einen nationalen Juniorendoppeltitel gewannen, beziehen in Biel gemeinsam eine kleine Zweizimmerwohnung in der Nähe des Swiss-Tennis-Leistungszentrums. Federer hat sein eigenes Zimmer, Lammer schläft im Wohnzimmer. »Es war ziemlich eng, fast zu eng, und ohne jeglichen Komfort«, erzählt Lammer, der während fast zwei Jahren zu Federers Wohnpartner wird. »Mirka kam oft vorbei, wenn Roger da war. Sie putzte, kochte und schaute, dass es einigermaßen ordentlich aussah.« Federer habe zwar auch damals noch gerne Unfug getrieben, erinnert sich der Zürcher, »doch er war eher frühreif. Vielleicht haben wir manchmal ein Bier über den Durst getrunken, aber nie im Übermaß. Er hatte andere Prioritäten.« Der Mann, der Pete Sampras schlug, kann sich noch immer bis tief in die Nacht hinein an der Playstation vergnügen.

Als Federer Ende August 2001 bei den US Open in New York auf die Tour zurückkehrt, hat ihn die Verletzungpause mehr aus der Bahn geworfen, als ihm lieb ist. Zudem wird von ihm inzwischen, wo er auch hinkommt, Phänomenales erwartet, und damit tut er sich schwer. Aber er will sich unbedingt erstmals für das große Saisonfinale qualifizieren, das Masters, wozu er starke Leistungen erbringen muss. Im Champions Race, das entscheidet, welche acht Spieler in Sydney antreten dürfen, ist er auf den neunten Rang zurückgefallen.

In Flushing Meadows erreicht Federer zwar die Achtelfinals, wird aber dort von Andre Agassi deutlich geschlagen. Der Rhythmus und das Selbstvertrauen, das ihn Anfang des Jahres von Sieg zu Sieg trugen, sind weg und kommen ausnahmsweise auch in der Hallensaison nicht zurück. Zwar erreicht Federer in Basel sein fünftes Endspiel, doch es gelingt ihm wieder nicht, sein Heimturnier zu gewinnen. In Moskau, Stuttgart und Paris muss er sogar jeweils Startniederlagen hinnehmen, alle in drei Sätzen, alle gegen schlechter klassierte Gegner.

Eine große Saison geht enttäuschend zu Ende. Federer verpasst das Masters klar und beendet das Jahr als 13. der Weltrangliste. Mehr denn je im Rampenlicht steht dafür Lleyton Hewitt. Der Australier hat bei den US Open seinen ersten Grand-Slam-Titel errungen und kann sich im Superdome der Olympiaanlage von Sydney auch als Masters-Champion und Weltranglistenerster feiern lassen.

Für Pierre Paganini ist klar, dass die Verletzungspause der Grund war, weshalb Federer das Masters verpasst hat. Der Fitnesstrainer weist darauf hin, dass er wegen der Knochenhautentzündung nicht nur die drei Turniere im August ausfallen lassen musste, sondern auch eine Trainingsphase im Juli, die im September nachgeholt wurde. Weil der ganze Körper in Mitleidenschaft gezogen war, sei eine totale Ruhepause nötig gewesen. Die Folgen waren deshalb umso spürbarer. »Im Herbst hatte Federer danach Mühe, auf hohem Niveau den Rhythmus zu finden«, sagt Paganini. »Aber man darf nicht vergessen, dass Verletzungen ein Teil des Jobs sind. Auch andere Spieler sind immer wieder verletzt. Wichtig war, dass sich Roger während der Pause sehr professionell verhalten hat.«

Kapitel 13
Besuch in den Top Ten

Siege und Niederlagen wechseln für Roger Federer auch im Jahr 2002, seiner vierten Saison auf der Profitour, in bunter Folge. Zum Auftakt des Jahres erringt der 20-Jährige in Sydney seinen zweiten Titel, worauf er bei den Australian Open als gefährlichster Außenseiter eingestuft wird. Er schlägt seine drei ersten Gegner locker, führt in der Runde der letzten 16 gegen den deutschen Top-Ten-Spieler Tommy Haas mit 2:1 Sätzen, kommt zu einem Matchball – und scheidet trotzdem aus. Eine weitere Chance, ein Grand-Slam-Turnier zu gewinnen, ist vertan.

Im Februar muss Federer sich in Mailand als Titelverteidiger im Endspiel von einem Außenseiter bezwingen lassen; dafür lässt er im Davis-Cup in Moskau eine weitere Glanzleistung folgen. Beim Debüt von Peter Carter als Captain deklassiert er vor den Augen des ehemaligen Präsidenten Boris Jelzin auf einem Sandplatz im Olympiastadion die einheimischen Top-Ten-Spieler Marat Safin und Jewgeni Kafelnikow, wobei ihm keiner auch nur einen Satz abnehmen kann. Trotzdem unterliegt die Schweiz den Russen, und auch in Miami bleibt Federer der große Erfolg versagt. Zwar kann er erstmals auch in den USA glänzen und mit einem Sieg über Lleyton Hewitt sein erstes Endspiel in der Masters-Serie erreichen. Doch wieder findet er kein Mittel gegen den neun Jahre älteren Andre Agassi.

Die Sandsaison beginnt etwas beunruhigend: In Monte Carlo gewinnt er gegen David Nalbandian nur drei Games, und in Rom unterliegt er dem klar schlechter klassierten Italiener Andrea Gaudenzi bereits im Startspiel – wobei er die Schuld auf ein völlig falsch bespanntes Racket schieben kann. Federer hat auf ein Modell mit einer fünf Prozent größeren Schlagfläche gewechselt, einen Wilson 6.0. Er erhofft sich dadurch, weniger Bälle mit dem Rahmen zu treffen und so die Zahl der unerzwungenen Fehler zu reduzieren.

Umso überraschender ist, was in Hamburg passieren wird. Am traditionsreichen Masters-Serie-Turnier an der Rothenbaum-Chaussée hat Federer noch keine Partie gewonnen und vor einem Jahr einen bitteren Tiefpunkt erlebt. Gegen den Argentinier Franco Squillari konnte er auf einem Nebenplatz wieder einmal sein Temperament nicht bändigen, flippte aus und zerstörte einen Schläger. Er ging danach mit sich ins Gericht und entschied, dass es definitiv an der Zeit war, solche Eskalationen zu vermeiden.

Federer startet als unbeachteter Außenseiter und hat keine großen Erwartungen. Er hofft einfach, diesmal die erste Runde zu überstehen. Als ihm das gelingt, fühlt er sich wie befreit. Ausnahmsweise ist er wieder der unbelastete Herausforderer, der ohne Druck antreten kann, der nichts zu verlieren hat. Er siegt weiter, erreicht ohne Satzverlust die Viertelfinals, wo er auf den dreifachen French-Open-Sieger Gustavo Kuerten trifft. Er schlägt den brasilianischen Top-Ten-Spieler 6:0, 1:6, 6:2, und Peter Lundgren spricht von der besten Partie, die Federer auf Sand je gezeigt hat. »Wie er im ersten Satz gespielt hat – das war ein Witz. Wenn er so spielt, kann er jeden schlagen.«

Auch der Weißrusse Max Mirnyi, ein Freund Federers, den er gelegentlich in die Schweiz zum Trainieren einlädt, ist in den Halbfinals chancenlos. Im Endspiel gewinnt Federer das dritte Duell gegen Marat Safin mühelos mit 6:1, 6:3, 6:4 und kann seinen dritten und mit Abstand größten Turniersieg feiern. »Er war viel zu gut. Ich hatte nie eine Möglichkeit, zu gewinnen«, hält Safin emotionslos fest. »Das war Supertennis und definitiv das beste Spiel meines Lebens«, jubelt Federer, der die Freudentränen, wieder einmal, nicht zurückhalten kann. Er spendiert den Journalisten Champagner und sagt: »Von dieser Partie brauche ich unbedingt ein Videoband, das ich immer und immer wieder anschauen kann, um mein Selbstvertrauen zu stärken.«

Er weiß, welche Auswirkungen der Erfolg für ihn haben wird: Erstmals erscheint sein Name am Montag nach Hamburg in den Top Ten der Weltrangliste. Er hüpft von Rang 14 auf 8, im Champions Race ist Federer nun sogar die Nummer 2. Ein weiterer Meilenstein ist geschafft, eine Blockade gebrochen. »Mit einem solchen Gefühl macht Tennis viel mehr Spaß«, sagt Federer und blickt frohlockend den Grand-Slam-Turnieren in Paris und London entgegen. Lundgren strahlt noch mehr als üblich. »Ich bin sicher, dass er bei den French Open in Form sein wird, sein Selbstvertrauen ist jetzt so groß. Er gehört in Paris zu den Favoriten.«

Federer gilt vor den beiden europäischen Grand-Slam-Turnieren 2002 als heißester Spieler der Saison. Er kommt als kleiner Held nach Paris, die Erwartungen sind riesig. Er selber sieht sich als gefährlichen Außenseiter und schaut weit nach vorne. Er hoffe, dass er in den ersten Runden nicht zu viel Kraft verliere, sagt er. Diese Hoffnung erfüllt sich – aber anders, als geplant: An einem nasskalten Dienstag begegnet er auf dem kleinen Court 2 dem Marokkaner Hicham Arazi, der nach einer miserablen Sandsaison nur noch auf Rang 45 der Weltrangliste steht. Doch Federer produziert in 95 Minuten 58 Fehler und verliert 3:6, 2:6, 4:6 – ein Debakel. Er klagt über den rutschigen Platz, das regnerische Schmuddelwetter, über seine Müdigkeit nach Hamburg und lobt Arazi. Kurz: Er ist ratlos.

Dafür hat er nun ausgiebig Zeit, sich auf Wimbledon vorzubereiten, wo er vor einem Jahr Pete Sampras schlug. Die britischen Buchmacher stufen Federer vor den All England Championships hinter Hewitt, Safin, Agassi und Henman als fünftstärksten Spieler ein. Für John McEnroe ist er sogar der Favorit: »Der Sieg führt dieses Jahr über ihn.« Im amerikanischen Sportsender ESPN sagt der frühere Wimbledonfinalist MaliVai Washington: »Es ist nur eine Frage der Zeit, bis Federer sein erstes Grand-Slam-Turnier gewinnt. Die wirkliche Frage lautet: Wie viele Grand-Slam-Turniere wird er gewinnen?«

Die ATP-Tour organisiert für die internationale Presse ein telefonisches Konferenz-Interview mit Federer. »Ich fühle, dass ich eine gute Chance habe, das Turnier zu gewinnen«, erzählt er. Und er versucht die Theorie zu widerlegen, dass er nicht damit zurechtkomme, der Favorit zu sein. »Ich fühle mich besser, wenn ich in der Favoritenposition bin und weiß, dass ich das Turnier gewinnen kann«, behauptet er. »Es hilft mir, wenn ich nicht der Außenseiter bin. Das ist auch der Grund, weshalb ich dieses Jahr besser spiele als in den Jahren davor.«

Aber auch Federer weiß, dass ihm noch immer ein Grand-Slam-Titel fehlt, dass viele einen solchen von ihm erwarten – und zwar bald. Er selber hat ja auch diesen Anspruch! Die Ungeduld wächst mit jeder verpassten Chance, und Federer verlangt von sich selbst, dass er es dieses Jahr in Wimbledon oder bei den US Open schafft.

Sein erster Gegner in Wimbledon heißt Mario Ancic, er kennt ihn gar nicht. Viel findet er nicht über ihn heraus. Der Kroate ist bisher nur als Junior in Erscheinung getreten, kommt aus der Qualifikation, ist nur die Nummer 154 der Weltrangliste, 18-jährig und 1,93 m groß. Und er soll von Vorjahressieger Goran Ivanisevic, der ebenfalls aus Split stammt, Tipps erhalten haben. Er spielt sein erstes Grand-Slam-Turnier, und das gleich auf dem Centre Court, gegen ihn, Federer, der an gleicher Stelle vor einem Jahr Sampras entzaubert hat.

Auch Robert Federer sitzt auf der Tribüne. Der Vater, der seinen Sohn nur sehr selten live sieht, ist im Glauben gekommen, an diesem angenehm warmen und trockenen Nachmittag in Ruhe einen Pflichtsieg verfolgen zu können. Er traut seinen Augen nicht. Wie in Paris scheidet Roger in der ersten Runde aus, wieder ohne Satzgewinn. Er ist im Vergleich zum letzten Jahr nicht wiederzuerkennen und schlägt im ganzen Spiel ein einziges Ass.

Federer ist geschockt. Wie in Paris findet er keine Gründe für seine desolate Vorstellung. »Normalerweise mache ich jungen Spielern gerne Komplimente. Aber so, wie ich heute gespielt habe, kann ich Ancic gar nicht einschätzen.« Er muss miterleben, wie der Weltranglistenerste Lleyton Hewitt, der nicht als

Rasenspezialist gilt, im Final David Nalbandian schlägt und erster australischer Wimbledonsieger seit Pat Cash 1987 wird.

Der Schweizer fällt dagegen nach Wimbledon bereits wieder aus den Top Ten. Und schon in der Woche darauf folgt bei den Swiss Open die nächste unerwartete Niederlage, seine Krise ist unübersehbar. »Er ist nicht mehr er selber auf dem Platz«, sagt Peter Lundgren. »Technisch ist nichts falsch in seinem Spiel. Es ist nur der Kopf. Er fühlt den Druck.« Federer hat für den Moment seine ganze Kreativität, seine Spielfreude und sein Selbstvertrauen eingebüßt. »Ich habe mich mental zu sehr hinunterreißen lassen und gedacht, ich könne nicht mehr Tennis spielen«, sagt er später. Doch der größte Schlag steht ihm noch bevor, und er wird aus einer völlig unerwarteten Richtung kommen.

Kapitel 14
Drama in Südafrika

Südafrika hatte für Roger Federer schon immer einen hohen Stellenwert. Er hat seit Geburt einen südafrikanischen Pass, und das Heimatland seiner Mutter ist ihm ans Herz gewachsen. Als er klein war, ist er mit seiner Familie regelmäßig hierhin gereist. »Südafrika ist für ihn ein Refugium, um abseits der Tenniswelt neue Inspiration zu finden«, erzählt die Mutter einmal. »Vor allem hat er eine gewisse Offenheit in sich. In Südafrika wächst man mit viel Platz auf, das ist etwas anderes als in der Enge einer Gebirgslandschaft. Südafrikaner sind offener, unkomplizierter. Das hat Roger mitgenommen.«

Inzwischen besitzt Federer ein wertvolles Stück Land an der pittoresken Garden Route im luxuriösen Pezula-Resort. Auch nach der langen und auszehrenden Saison 2000 verbrachte Federer seinen Urlaub in Südafrika, wobei er auf einer Safari mitverfolgen konnte, wie Geparden eine Gazelle reißen. Mit dabei war damals auch sein Patenonkel, der Schweizer Arthur

Dubach. Er war in den siebziger Jahren in Südafrika Arbeitskollege des Vaters, und die beiden haben nach ihrer Rückkehr in die Schweiz ihre Freundschaft aufrechterhalten.

Die Meldung läuft am frühen Nachmittag des 2. August 2002 über die Nachrichtenagentur Schweizer Sportinformation. »Davis-Cup-Captain Carter starb bei Verkehrsunfall.« Es sei in Südafrika passiert, wo er mit seiner Ehefrau Silvia in den Ferien weilte, heißt es, mehr ist noch nicht bekannt. Am Abend wird die Hiobsbotschaft ergänzt um die Information, dass beim Unfall noch ein zweiter Mann umgekommen sei.

Was auf dieser verspäteten Hochzeitsreise passiert ist, kommt nur langsam ans Licht. Peter Carter war am 1. August, dem Schweizer Nationalfeiertag, mit einem Land Rover in der Nähe des Krueger Nationalparks unterwegs. Der Unfall geschah im Gebiet von Phalaborwa, etwa 450 km nördlich von Johannesburg. Das Auto, in dem Carter saß und dem angeblich zwei weitere Fahrzeuge mit Freunden und seiner Frau folgten, soll wegen eines defekten Reifens außer Kontrolle geraten, in ein Bachbett gestürzt sein und sich überschlagen haben.

Die Meldungen widersprechen sich. Zuerst heißt es, Carter sei am Abend gestorben, dann wieder, beide Insassen seien sofort tot gewesen. Gemäß ersten Meldungen hat er selber am Steuer gesessen, dann war es ein Bekannter von ihm, schließlich ein Einheimischer. In südafrikanischen Zeitungen ist später folgende Aussage des Polizeisprechers von Limpopo zu lesen: »Carter und der Fahrer, ein Südafrikaner, waren sofort tot, als das Dach eingedrückt wurde.«

Wie es wirklich war, schildert Silvia Carter so: »Mein Mann war im Auto mit einem sehr guten Freund von uns. Sie fuhren hinter uns, wir voraus. Das Auto hatte keinen defekten Reifen; unser Freund musste einem entgegenkommenden Minibus ausweichen, der frontal auf ihn zukam. Solche abenteuerlichen

Überholmanöver sind in Südafrika leider an der Tagesordnung. Um einen Frontalzusammenstoß zu vermeiden, wich er auf den ›Pannenstreifen‹ aus. Das Schicksalhafte war, dass dann eine Brücke kam und sie wieder auf die geteerte Fahrbahn zurückmussten. Die Geschwindigkeit sowie die verschiedenen Unterlagen – Naturboden/Teer –, die die Reifen hatten, drehten den Land Rover. Er durchbrach das Brückengeländer und landete etwa drei Meter tiefer auf dem Dach.«

Als Federer die Schocknachricht am Rand des Masters-Serie-Turniers von Toronto durch Peter Lundgren erfährt, ist er erschüttert wie nie zuvor. Carter war ein guter Freund von ihm und der wichtigste Trainer seiner Karriere.

Obwohl Federer in Kanada bereits in der ersten Runde verloren hat, muss er noch bleiben – wegen des Doppels, das er ausgerechnet mit Wayne Ferreira, einem Südafrikaner, bestreitet. Am 2. August scheiden die beiden aus. Die Stimmung ist gedrückt, Federer tritt mit einem Trauerflor am Arm an, seine Augen sind rot. Trotzdem erklärt er sich bereit, ein Interview zu geben. »Wir haben so viel Zeit miteinander verbracht, seit ich ein Bub war«, spricht er über sein enges Verhältnis mit Carter. »In meiner Jugend sah ich ihn jeden Tag. Es ist schrecklich … er ist so jung gestorben, und so unerwartet.« Sie seien einander immer verbunden gewesen und im gleichen Sternzeichen geboren, er am 8. August, der Coach einen Tag später. »Peter war sehr ruhig, aber auch lustig, mit einem typisch australischen Humor. Ich kann ihm gar nicht genug dankbar sein für alles, was er mir gegeben hat. Meine ganze Technik und Lockerheit verdanke ich ihm.«

Carter sah Federer als Knirps in den neunziger Jahren erstmals spielen – und schwärmte danach seinen Eltern im Barossa Valley vor, er habe ein riesiges Talent entdeckt, das es weit bringen könne. Er arbeitete mit ihm mit Ausnahme von zwei Jahren bis ins Jahr 2000, führte ihn bis zum Titel des Juniorenweltmeisters und unter die Top 50 der Weltrangliste. Der Australier blieb, nachdem sich Federer für Lundgren als Privatcoach entschieden hatte, bei Swiss Tennis und rückte zum Verantwortlichen im Nachwuchsbereich der Männer auf. Im Mai 2001 heiratete er die Baslerin Silvia von Arx, mit der er seit vier Jahren in Bern zusammenlebte.

Carter war schon lange der Wunschkandidat der Spieler als Davis-Cup-Teamchef. Doch da gab es ein Problem: Seine Frau war an Lymphdrüsenkrebs erkrankt, er wollte sich um sie kümmern und nicht noch mehr Zeit in den Beruf investieren. Erst als klar war, dass ihre Heilungschancen sehr hoch waren, ließ er sich im Herbst 2001 für die neue Aufgabe verpflichten. Da Carter noch über keinen Schweizer Pass verfügte, durfte er indessen nicht als Captain bei den Spielern sitzen. Der internationale Tennisverband willigte aber ein, ihn als Schweizer zu akzeptieren, sobald er die Niederlassungsbewilligung erhalten würde, was für den September 2003 vorgesehen war. Carter sollte das Team nur ein einziges Mal führen, im Februar in Moskau.

Federer reist von Toronto weiter nach Cincinnati, wo er erneut in der ersten Runde verliert – wie an den vorangegangenen großen Turnieren in Paris, Wimbledon und Toronto. Er kann sich nicht konzentrieren, hat kein Vertrauen mehr in sein Spiel und keinen Spaß am Tennis. Seine Gedanken sind bei Peter Carter. »Wenn so etwas passiert, sieht man, wie unwichtig Tennis ist«, sagt er. Und zieht die Notbremse: Er sagt das Doppel ab, streicht auch das bevorstehende Turnier in Washington und fliegt in die Schweiz.

Die Trauerfeier findet am 14. August, einem warmen Sommertag, in der Leonhard-Kirche in Basel statt. Etwa 200 Personen sind gekommen, um Abschied zu nehmen, darunter viele bekannte Gesichter aus der Tenniswelt. Auch Carters Jugendfreund Darren Cahill, der inzwischen Andre Agassi betreut, ist angereist. Die schlichte, von Musik begleitete Feier wird von eben dem Pfarrer abgehalten, der das Ehepaar ein Jahr zuvor getraut hat. Silvia Carter hält eine kurze, anrührende Rede, außerdem sprechen ein aus Australien angereister Freund, Davis-Cup-Physiotherapeut Caius Schmid und Christine Ungricht, die Präsidentin von Swiss Tennis. »Er war so ein feiner Mensch«, sagt sie. »Warum er, warum trifft es immer die Besten?«

Auch Federers Eltern sind untröstlich. Carter war für sie während Jahren das Bindeglied zu ihrem Sohn. Er informierte sie über alles, was Roger betraf, wenn sie gemeinsam unterwegs waren. »Es war der erste Todesfall, mit dem Roger umgehen musste, und der Schock saß tief«, sagt die Mutter. »Aber es hat ihn auch stärker gemacht.«

Als er die Kirche verlässt, ist Federer so traurig wie nie zuvor in seinem Leben. »Gegen einen solchen Moment ist jede Niederlage im Tennis nichts«, erzählt er eine Woche später. »Ich versuche normalerweise, solch traurige Anlässe zu meiden. Es war das erste Mal, dass ich an einer Beerdigung war. Ich kann nicht sagen, dass es mir gut getan hat, aber ich war in Gedanken nochmals ganz nahe bei ihm und konnte in würdigem Rahmen Abschied nehmen. Jetzt fühle ich mich wieder etwas besser, vor allem, was das Tennis betrifft. Die Motivation, die ich nach diesem Ereignis nicht mehr spürte, ist wieder da.«

Obwohl Federer seit den French Open in fünf von acht Turnieren sofort ausgeschieden ist, sieht er seine sportliche Situation nicht mehr allzu negativ. Er habe seit dem Turniersieg in Hamburg wenig Energie gebraucht und damit noch Reserven für das Ende der Saison, streicht er heraus. »Man muss trotz der Niederlagen auch Positives sehen. Anfang des Jahres hatte ich extrem viel gespielt, nun hatte ich Zeit zur Erholung. Alle Energie, die ich jetzt noch habe, hilft mir gegen Ende dieses Jahres oder im kommenden Jahr.«

Nachdem er bei den US Open wie im Vorjahr in den Achtelfinals ausgeschieden ist, hat Federer nur noch eines im Kopf: den bevorstehenden Davis-Cup-Abstiegskampf in Marokko. »Dort müssen wir einfach gewinnen. Für Peter.« Die Lücke, die der verunglückte Teamchef hinterlassen hat, wird im spätsommerlichen Casablanca durch Peter Lundgren gefüllt. Die Aufgabe in der modernen Tennisanlage al Amal präsentiert sich für die Schweizer schwierig. Die Nordafrikaner verfügen über zwei gefährliche Sandspezialisten: Hicham Arazi, gegen den Federer bei den French Open verlor, sowie Younes El Aynaoui, der zu den Top 20 der Weltrangliste gehört. »Für mich sind die Marokkaner wegen des Heimvorteils favorisiert«, sagt Federer.

Michel Kratochvil verliert die Startpartie, doch dann beginnt eine weitere Davis-Cup-Gala Federers. Er schlägt beide Marokkaner problemlos mit dem identischen Resultat von 6:3, 6:2, 6:1 und ist dazwischen auch die dominierende Figur im gewonnenen Doppel. »Von Anfang bis zum Ende perfekt«, beschreibt Lundgren seine Vorstellung. Die Erleichterung ist riesig, und als die siegreiche Mannschaft in die Garderobe zurückkehrt, dröhnt ausgelassenes Geschrei durch die Türen in die Gänge. Wichtig sei der Sieg, sagt Federer, »dass ich so gut gespielt habe, ist nur ein Bonus.« Er widmet den Erfolg Peter Carter. »Ich dachte heute noch mehr an ihn als sonst. Er war da, auch beim Matchball.«

Der Aufwärtstrend bei den US Open und die spektakuläre Vorstellung in Casablanca haben die Zweifel und Dämonen vertrieben. Die Trauer um Carter rückt etwas in den Hintergrund, das Selbstvertrauen kehrt zurück. »Dass ich die Schweiz mit meinen Siegen in der Weltgruppe des Davis-Cup halten konnte, hat mir einen großen Schub gegeben«, sagt Federer vor der Hallensaison. Er ist wegen der vielen frühen Niederlagen noch frisch, seine Motivation für die bevorstehenden letzten sechs Wochen der Saison groß – und das Ziel ist das Masters, das dieses Jahr in Shanghai stattfindet. Er will endlich erstmals am großen, exklusiven Finale der acht Jahresbesten dabei sein.

Das Unterfangen scheint schwierig. Federer liegt im Champions Race nur noch an zehnter Stelle, er muss aber mindestens den siebten Rang belegen, um sicher spielen zu können. Eine Station auf dem steinigen Weg dorthin ist das Turnier in Wien. Obwohl sich Federer zuvor in Moskau erstmals dem Russen Marat Safin geschlagen geben muss, ist er optimistisch. »In Wien habe ich noch immer gut gespielt,« kommentiert er. Acht Tage später kann er in der Stadthalle, wo die Ballkinder die Bälle wie Schmetterlinge mit Netzen einfangen, tatsächlich wieder einmal einen Pokal in Empfang nehmen, seinen vierten. Gegen den Spanier Carlos Moya gelingt ihm eines jener Spiele, die Lundgren noch lange zum Schwärmen bringen. Im umstrittenen Endspiel bezwingt er Jiri Novak, einen direkten Rivalen im Kampf um die Plätze in Shanghai. Es ist seine erste Trophäe seit Carters Tod, und seine Gedanken sind einmal mehr beim Australier. »Diesen Titel widme ich ihm«, sagt er an der Siegerehrung mit feuchten Augen.

Kapitel 15
Morgenrot in China

Der Erfolg an der Donau ist ein großer Schritt in Richtung China. Roger Federer überholt im Champions Race Albert Costa, Andy Roddick und Tommy Haas und erscheint nach Wien auf dem siebten Rang – womit er für das Masters qualifiziert wäre. Auch in der Weltrangliste taucht er erstmals auf dem siebten Rang auf und egalisiert damit die bisherige Bestmarke seines Landsmannes Jakob Hlasek. Am Master-Serie-Turnier in Madrid erreicht Federer erstmals die letzten Acht und verbessert sich in der Jahreswertung um einen weiteren Rang. China ist zum Greifen nahe, doch nun will er endlich »sein« Turnier gewinnen, die Basler Swiss Indoors, wo er in den beiden vorangegangenen Jahren im Endspiel gescheitert war. In einem packenden Duell, das sich bis um Mitternacht hinzieht, bezwingt er den immer stärker werdenden Amerikaner Andy Roddick. In den Halbfinals entpuppt sich jedoch der bullige David Nalbandian, ein Rivale aus Juniorenzeiten, als Spielverderber. Der Argentinier gewinnt vor einem konsternierten Publikum 6:7, 7:5, 6:3, nachdem Federer im zweiten Satz schon 3:1 geführt hat.

Im letzten Turnier der Saison, das im Palais Omnisports von Paris-Bercy, dem grasbewachsenen Unterhaltungstempel am nördlichen Ufer der Seine, stattfindet, erreicht Federer die Viertelfinals, und als Tim Henman kurz darauf ausscheidet, steht fest: Er hat es geschafft, er ist beim Masters dabei und hat damit sein erklärtes Saisonziel erreicht. Die Spannung ist weg, und er scheitert an Hewitt.

Federer reist im November 2002 als Sechster der Weltrangliste nach Shanghai und ist besser klassiert als je ein Schweizer zuvor. Er ist der Jüngste im Masters-Feld, hat nichts zu verlieren und ist entsprechend entspannt. »Alles, was jetzt noch kommt, ist Zugabe«, sagt er. Das Masters findet in einer von fünf riesigen, an Flugzeughangare erinnernden Ausstellungshallen im Pudong-Distrikt statt, einer gesichtslosen Gegend zwischen dem Flughafen und der Innenstadt mit ihren futuristischen Hochhäusern, in denen auch die offiziellen, modernen Turnierhotels zu finden sind.

Für Federer sind das Masters, Shanghai und die Chinesen ein einziges Abenteuer. »Das ist kein normales Turnier, sondern eine Entdeckungsreise«, sagt er, während er für Fotografen vor seinem Hotel mit Tennisbällen jongliert und am Rande einer vielspurigen Hauptstraße auf- und abpromeniert. Er spielt erstmals im Fernen Osten und fühlt sich sofort wohl. Er genießt die spezielle Atmosphäre in der 11 500 Quadratmeter großen Expo-Halle, in der 10 000 Zuschauer für eine Tollhaus-Atmosphäre sorgen.

Das Masters ist der größte, teuerste und medienmäßig am besten abgedeckte Profisportanlass, der bisher in China stattgefunden hat. Für die meisten Chinesen ist Tennis Neuland, eine unentdeckte Sportart, die sie noch nicht richtig verstehen. Da wird gekreischt, wenn einer einen Doppelfehler schlägt, und die eifrigen Journalistinnen und Journalisten stellen ungewöhnliche Fragen. »Warum lachen Sie immer, Mistel Fedelel? Weil Sie so gut in Form sind?« Albert Costa muss die Frage beantworten: »Sie haben früher immer Bananen gegessen beim Seitenwechsel. Wieso heute nicht? Mögen Sie etwa chinesische Bananen nicht?«

Masters-Neuling Federer, der in China von Mutter Lynette und Freundin Mirka begleitet wird, kostet die Vorzugsbehandlung aus, die jeder der acht Teilnehmer erfährt. »Ich fühle mich speziell hier, mit all dem Jubel, Trubel und den vielen Bodyguards«, sagt er. »Jeder Wunsch wird einem von den Lippen abgelesen. Zum Glück hat es nur so wenige Spieler.« In Shanghai wird klarer denn je, dass Federer Qualitäten zum Star besitzt, dass ihn das grelle Rampenlicht nicht blendet, sondern aufblühen lässt.

In seiner Vierergruppe, in der jeder gegen jeden spielt, stuft er Andre Agassi als Favoriten ein: »Ferrero und ich dürften um den zweiten Halbfinalplatz kämpfen.« Diese Einschätzung erweist sich schnell als falsch. Federer schlägt im Startspiel den Spanier Juan Carlos Ferrero, bezwingt danach auch Jiri Novak – und steht kurz darauf als Gruppensieger fest. Denn Agassi verliert gegen Novak und Ferrero und hat damit keine Chance mehr, die Halbfinals zu erreichen. Der Amerikaner verlässt China enttäuscht und überstürzt mit dem Hinweis, er sei an der Hüfte verletzt.

In der Vorschlussrunde trifft Federer ausgerechnet auf Lleyton Hewitt, der die Gewissheit hat, zum zweiten Mal in Folge ein Jahr als Nummer 1 abzuschließen. Der Australier ist Gruppenzweiter geworden – und auch das nur mit viel Glück. Obwohl Federer fünf der sieben bisherigen Duelle gegen ihn verloren hat, rechnet er sich Chancen aus, das Endspiel zu erreichen und erstmals ein wirklich großes Turnier zu gewinnen.

Federer beginnt gegen den Vorjahressieger furios, geht 3:0 und 5:2 in Führung. Doch Hewitt rennt und kämpft wie um sein Leben. Er kann so fünf Satzbälle abwehren, 6:5 in Führung gehen, weitere fünf Breakbälle abwehren und den ersten Satz 7:5 gewinnen. Federer gibt sich aber noch nicht geschlagen, und auch der zweite Satz wird zu einem wilden Auf und Ab. Der Schweizer fällt 0:2 zurück, kann zum 3:3 ausgleichen. Im zehnten Game schlägt Hewitt zum Sieg auf. Doch Federer wehrt einen Matchball ab, schafft das Break und erzwingt wenig später mit seinem vierten Satzball den Entscheidungssatz.

Viele Chinesen hält es vor Begeisterung nicht mehr auf den Sitzen, es wird geschrien und gekreischt. Die Reporter des Schweizer Fernsehens, Heinz Günthardt und Stefan Bürer, kommentieren in ihrer Kabine hoch oben im Stehen. Die Spannung ist kaum auszuhalten. In der Schweiz ist es Samstagmorgen, viele Leute verschieben ihre Wochenendeinkäufe auf später.

Nach über zwei Stunden scheinen die Vorteile auf Federers Seite. Er kommt bei 4:3 zu zwei Breakbällen – vergibt jedoch beide. Dann verliert er sein Aufschlagspiel. 4:5. Hewitt kommt zu seinem zweiten Matchball – und schlägt einen Doppelfehler! Das nächste Break, 5:5. Federer schlägt mit neuen Bällen auf. Doch nun produziert er einen Doppelfehler, und gleich noch einen. Wieder ein Break, wieder kann Hewitt zum Match aufschlagen. Auch den dritten Matchball wehrt Federer ab, doch den vierten setzt er ins Aus – und hat 5:7, 7:5, 5:7 verloren. Im Pressezentrum fragt der Amerikaner Bud Collins in die Runde: »Habt ihr je eine bessere Partie gesehen?«

Federer weiß, dass er im verrücktesten Match seiner Karriere nahe am Sieg vorbeigegangen ist. »Ich habe mir nichts vorzuwerfen«, sagt er in der Loge eines Sponsors, wo er dem Grüppchen Schweizer Medienleute die letzte Pressekonferenz des Jahres gibt, bevor er ins thailändische Phuket in den Urlaub fliegt. »Das Glück war nicht auf meiner Seite. Ich habe eine riesige Chance vergeben. Das schmerzt.«

Kapitel 16
Die Grand-Slam-Blockade

Roger Federers erklärtes Ziel für die Saison 2003 ist weiterhin der Sieg in einem Grand-Slam-Turnier, er will seinen Ruf als großes Talent ohne wichtigen Titel endlich ablegen. Nach 14 Anläufen bei den vier größten Meisterschaften sind seine bescheidenen Bestmarken zwei Viertelfinals, und beide liegen schon über ein Jahr zurück.

Peter Lundgren, der Coach, manifestiert weiterhin seinen unerschütterlichen Glauben an Federer. Gebetsmühlenartig weist er mit seiner sonoren Stimme immer wieder darauf hin, dass er mehr Zeit benötige als andere, um sich voll zu entwickeln. »Er hat ein unglaubliches Repertoire und braucht mit seinem Spiel länger, bis alle Teile zusammenpassen«, sagt er und gibt für die Saison 2003 das Erreichen der ersten Vier der Weltrangliste als Ziel an. »Roger ist auf dem richtigen Weg und darf nicht darauf hören, was andere sagen. Er ist wie ein Vogel, der fliegen lernt. Wenn er einmal seine maximale Flughöhe erreicht haben wird, dann wird er nur sehr schwer zu schlagen sein. Inzwischen schlägt er fast alle Spieler, die er schlagen sollte. Und der Unterschied zwischen den Nummern 1, 5 oder 10 ist enorm klein.«

Schöne Worte, nette Bilder – aber was soll Peter Lundgren auch anderes sagen?

Beunruhigender als erste, unerwartet frühe Niederlagen in Doha und Sydney sind die erneut aufgetauchten Schmerzen in der Leiste, die nicht verschwinden wollen. Federer muss zwei Tage mit dem Training aussetzen, sein Start bei den Australian Open ist gefährdet. Dazu klagt er in Melbourne – höchst ungewohnt – über Stress. Das erste Grand-Slam-Turnier finde zu früh statt, speziell für jene, die Ende Saison noch das Masters bestritten hätten. »Man hat zu wenig Zeit, sich vorzubereiten.«

Seit dem letzten Sommer gehört der Tscheche Pavel Kovac zu Federers Team, ein Physiotherapeut von kräftiger Statur, der wenig spricht, sich aber voll in Federers Dienste stellt. Dass diese Verpflichtung eine gute Idee war, zeigt sich jetzt: Rechtzeitig zum ersten Grand-Slam-Turnier bringt Kovac Federers Schmerzen zum Verschwinden. Gegen seine ersten drei Gegner gibt er daraufhin keinen Satz ab. Die Erwartungen sind nun umso höher, als Marat Safin verletzt fehlt und Lleyton Hewitt bereits ausgeschieden ist.

In den Achtelfinals trifft Federer zum dritten Mal innerhalb eines Jahres auf David Nalbandian – und verliert zum dritten Mal, wie vor einem Jahr in der gleichen Runde der Australian Open in fünf Sätzen. Er wirkt ratlos, kommt mit der hervorragenden Rückhand und dem starken Konterspiel des flinken Argentiniers nicht zurecht. Eine Runde später macht ihm der deutsche Außenseiter Rainer Schüttler vor, wie man Nalbandian schlägt. Federer versteht die Welt nicht mehr.

Abseits vom Druck der Grand-Slam-Turniere findet er schnell zum Siegen zurück. Er gewinnt 16 seiner nächsten 17 Partien, darunter seine zwei Einzel im Davis-Cup in Holland, wo die Schweiz unter dem neuen Captain Marc Rosset 3:2 gewinnt. In Marseille und Dubai kann er seine Turniersiege 5 und 6 feiern und wird darauf, wie vor zwei Jahren, von der Profitour als »Spieler des Monats Februar« ausgezeichnet. Die Masters-Serie-Turniere im März dagegen bringen Enttäuschungen an der West- und Ostküste der Vereinigten Staaten.

In Toulouse, wo im April die nächste Davis-Cup-Begegnung antsteht, lässt Federer gegen Frankreich eine weitere Demonstration seiner Stärke als Teamspieler folgen. Zum dritten Mal gewinnt er beide Einzel und das Doppel. Damit steht die Schweiz in den Halbfinals, zu denen sie im Herbst in Melbourne gegen Australien antreten wird. Ausnahmsweise ist Federer in der französischen Stadt noch weit nach Mitternacht in einer Disco anzutreffen, beim Tanzen und Feiern mit seinen Teamkollegen.

Federer nimmt den Schwung in die Sandsaison mit, kommt in München schon zum dritten Turniersieg des Jahres und stößt auch bei den Italian Open erstmals ins Endspiel vor, worauf er bei den French Open einmal mehr dem engeren Favoritenkreis zugerechnet wird.

»Dieses Jahr fühle ich mich viel besser als vor einem Jahr, als ich erstmals in die Top Ten gekommen war«, erzählt er vor den

French Open in einem der vielen Interviews. »Damals war die Situation noch neu für mich, inzwischen habe ich mich daran gewöhnt.« Er gibt zu, dass er den Druck der Öffentlichkeit spürt. »Die ganze Welt hört nicht auf, mich daran zu erinnern, dass ich ein Grand-Slam-Turnier gewinnen und die Nummer 1 werden sollte. Das ist unfair, denn so einfach ist es wirklich nicht«, sagt er. Und er gibt sich kämpferisch: »Wer mich schlagen will, muss hart arbeiten. Noch einmal will ich in Roland Garros nicht in der ersten Runde verlieren.«

Federers Startpartie steigt an einem sommerlichen Montagnachmittag auf dem Court Philippe Chatrier, dem nach einem früheren Präsidenten des internationalen Tennisverbandes benannten Hauptplatz, auf dem er noch sieglos ist. Sein Gegner ist ein unbekannter Peruaner namens Luis Horna, den er in Key Biscayne im März geschlagen hat und der in Grand-Slam-Turnieren noch sieglos ist. Im ersten Satz führt Federer 5:3, als er nach einem Sprint ans Netz hinfällt – und schimpft. Er wirkt missmutig, wirft verzweifelte Blicke zu Peter Lundgren, was für ihn ungewöhnlich ist. Im Tiebreak vergibt er mit einem schlimmen Fehler einen Satzball und verliert den ersten Durchgang.

Die Partie entwickelt sich für Federer zum Drama. Er wirkt blockiert, apathisch, scheint nicht an den Sieg zu glauben, scheint geistig gar nicht auf dem Platz zu sein, verschlägt leichteste Bälle, begeht in drei Sätzen 82 unerzwungene Fehler. Er unterliegt der Nummer 88 der Weltrangliste 6:7 (6:8), 2:6, 6:7 (3:7). Das Turnier ist für ihn vorbei, bevor es richtig begonnen hat, und das ist für ihn ein Schock. Gesenkten Hauptes erscheint der gestürzte Favorit am Nachmittag im überfüllten Interviewraum. »Ich weiß nicht, wie lange ich brauchen werde, um über diese Niederlage hinwegzukommen«, sagt er. »Einen Tag, eine Woche, ein Jahr – oder die ganze Karriere.«

Federer wird zum Gespött des Turniers. »Schiffbruch in ruhigen Gewässern«, titelt Frankreichs Sportzeitung »L'Equipe« am nächsten Tag und publiziert eine Karikatur, in der ein Dampfer namens Roland Garros davonbraust, während Federer im

Fahrwasser zurückbleibt. Die »Palm Beach Post« in Florida bezeichnet ihn als »Phil Mickelson des Tennis«, womit sie ihn mit einem amerikanischen Golfer vergleicht, der trotz riesigem Talent und vielen Chancen noch keines der größten Turniere gewann. »Federer hat alle Schläge, aber keine Grand-Slam-Trophäe. Er trägt die Hundemarke als bester Tennisspieler, der noch nie ein Major gewonnen hat.«

Federer hat seinen Ruf als Grand-Slam-Verlierer auf unübersehbare Art untermauert und die These bestätigt, ein Spieler zu sein, dem es nicht gelingt, sich zurückzukämpfen, wenn es nicht sofort läuft – im Gegensatz zu einem wie Hewitt oder vielen anderen Champions. Seit dem Erfolg gegen Pete Sampras in Wimbledon 2001 hat er in den beiden europäischen Grand-Slam-Turnieren in Paris und London nun vier Partien in Folge verloren, die letzten drei ohne Satzgewinn. Seine letzten fünf Grand-Slam-Turniere endeten alle mit Niederlagen gegen schlechter klassierte Außenseiter.

Was soll man zu seiner Verteidigung noch einwenden? Federer spielt nun schon fünf Jahre auf der Profitour und steuert auf seinen 22. Geburtstag zu. Er ist auf der ATP-Tour und im Davis-Cup zum Siegspieler geworden und hat immer wieder angedeutet, dass er zu Großem fähig ist. Er gilt als eine der größten Attraktionen im Welttennis, hat sich auf den fünften Rang verbessert und in den letzten anderthalb Jahren sechs Titel gewonnen. Doch außer jenem in Hamburg ist kein großer darunter, und selbst die German Open sind keines der wirklichen Top-Turniere. Ausgerechnet dort, wo sich entscheidet, ob einer ein Champion ist oder nicht, versagt Federer regelmäßig. Der einst frühreife Gipfelstürmer kann bei den Grand Slams seine großen Möglichkeiten einfach nicht umsetzen und ist im Zeitplan zurückgefallen. Wenn er auf die Erfolge seiner Idole, Rivalen oder früherer Größen schaut, muss er neidisch werden: In seinem Alter hatten Becker, Borg, Courier, Edberg, Sampras oder auch Hewitt, Safin und viele andere ihr erstes Grand-Slam-Turnier längst gewonnen. Er aber stand noch nicht einmal in den Halbfinals eines Grand-Slam-Turniers. Die Experten sind sich zwar einig, dass er spielerisch reif wäre für einen dieser Titel. Doch spielerische Brillanz allein reicht eben nicht, und Federer sucht noch immer nach dem Schlüssel zum wirklichen Erfolg.

Die Deutung liegt nahe, dass eine mentale Blockade ihn am Siegen hindert. Er fühlt sich in den Grand-Slam-Turnieren derart unter Druck, dass es ihm, vor allem in den Startspielen, nicht gelingt, sich auf den Moment zu konzentrieren, eine Grundregel für den Erfolg. Der Druck kommt von allen Seiten – aber am meisten von ihm selber. Er will den großen Coup mit der Brechstange erzwingen, hat die Geduld verloren und noch nicht gelernt, dass man diese Turniere in der ersten Woche nicht gewinnen, sondern nur verlieren kann. Mit etwas Glück hätte er längst einen dieser Grand-Slam-Titel geholt, zum Beispiel 2001 in Wimbledon, nach dem Sieg über Sampras. Dann würde nun alles anders aussehen.

Nach der Niederlage gegen Horna wirkt er wie der einsamste Mensch im Tennis, allein im stürmischen Gegenwind. Wie hätte er ahnen können, dass diese Niederlage seine letzte unstandesgemäße in einem Grand-Slam-Turnier für sehr, sehr lange bleiben würde? Wie hätte er wissen können, dass diese schmerzhaften Erfahrungen nötig waren, um zum abgehärteten, scharfsichtigen und doch bescheidenen Champion zu werden, der sich die Tenniswelt zu Füßen legt?

Was gegen Luis Horna in Paris wirklich geschah, wird Federer Monate später so schildern: »Ich war mental einfach nicht bereit. Ich hatte mich zu sehr unter Druck gesetzt. Nach dem Verlust des ersten Satzes konnte ich nicht mehr in die Partie zurückkehren. Ich hatte den Eindruck, dass das unmöglich war, dass ich nicht auf der Höhe des Geschehens war. Nach dem ersten Satz sagte ich mir: Selbst wenn ich diese Runde überstehe, warten noch sechs andere Runden auf mich, um dieses Turnier zu gewinnen. Das machte mich fast verrückt. Ich setzte mich derart unter Druck, dass ich nicht mehr spielen konnte.«

Nach der Partie sei er erdrückt worden mit Fragen nach dem Wie und Warum. »Aber in diesem Moment hatte ich wirklich keine Lust, mich auszudrücken. Ich war zu enttäuscht. Ich wollte nichts anderes als acht Tage Ferien machen und dann in Halle meine Vorbereitung für die Rasensaison beginnen. Ich wollte nicht nachdenken, sondern Roland Garros vergessen. Ich wollte nicht einmal analysieren, was passiert war. Weil ich wusste, dass ich nur mental versagt hatte. Und das akzeptierte ich keineswegs.«

DIE WANDLUNG (2003–2004)

Kapitel 17
Ein magischer Sonntag

Paris und der vermaledeite Auftritt gegen Luis Horna scheinen für Roger Federer drei Wochen später in Wimbledon schon weit entfernt, wie ein surrealer Traum. Die Welt sieht für ihn vor den All England Championships 2003 wieder freundlicher aus. Er hat im westfälischen Halle eindrücklich reagiert: Im Endspiel des schmucken Rasenturniers des Modeunternehmers Gerry Weber ließ er dem einheimischen Nicolas Kiefer, der ihn zuvor drei Mal hintereinander geschlagen hatte, keine Chance und kam zum vierten Titel des Jahres – seinem ersten auf Rasen seit dem Sieg im Juniorenturnier von Wimbledon vor fünf Jahren. »Die Perspektive für Wimbledon ist gut. Ich weiß, dass ich als Favorit nach England reise und bin bereit für einen großen Titel«, sagt er nun. »Auf Rasen stehen meine Chancen besser als auf Sand.«

Im Gegensatz zu 2002, als er in einem großzügigen Haus residierte, mietet Federer auf den Rat Lundgrens dieses Jahr nur eine kleine Dreizimmerwohnung an der Lake Road 10 in Wimbledon Village. Dort wohnt er mit seinem Coach, seiner Freundin und seinem Physiotherapeuten, der wegen Platzmangels im Wohnzimmer schlafen muss. Federer ist früh angereist und zieht sich bewusst zurück. Er gibt nur Pflichtinterviews, liest keine Zeitungen und spielt auch kein Doppel, um sich auf das Einzel zu konzentrieren. »Es ist nicht einfach, ihn abzuschotten, denn das Telefon klingelt ständig, alle wollen etwas von ihm«, sagt Mirka, die inzwischen offiziell zum Management gehört und seine Termine und Reisen organisiert. Federer wird bei den meisten Wettbüros hinter Andre Agassi und Andy Roddick mit einer Quote von 5:1 als einer der großen Titelanwärter gehandelt – trotz seiner schwarzen Grand-Slam-Serie.

Dank seiner guten Vorbereitung und einer verbesserten Einstellung startet er endlich wieder einmal ruhig in ein europäisches Grand-Slam-Turnier – im Gegensatz zu Titelverteidiger Hewitt, der in der Startrunde unerwartet am über zwei Meter großen kroatischen Riesen Ivo Karlovic scheitert. Hewitt ist in der Weltrangliste inzwischen an der Spitze von Andre Agassi abgelöst worden und wird nach Wimbledon sogar auf den fünften Rang zurückfallen.

Federer kämpft sich bis in die Achtelfinals vor, die wie gewohnt am Montag der zweiten Turnierwoche stattfinden. Er begegnet auf dem kleinen und berüchtigten Court 2, der wegen seiner turbulenten Vergangenheit den Beinamen »Friedhof der Champions« trägt, dem Spanier Feliciano Lopez. Der Linkshänder ist nur die Nummer 52 der Welt und ein Spieler mit deutlich kleinerem Renommée als Sampras, den Federer vor zwei Jahren in der gleichen Runde schlug.

Der Schweizer hat es am Wochenende ruhig angehen lassen, nur eine Stunde trainiert, er fühlt sich ausgeruht und in Topform. Doch schon beim Einspielen passiert es: Nach einem Aufschlag spürt er einen stechenden Schmerz im unteren Teil des Rückens. »Ich dachte: Mein Gott, was ist das? Ich konnte mich nicht mehr bewegen, alles war blockiert«, erzählt er später. Er beginnt die Partie ohne jegliche Dynamik, schafft zwar das 1:0, setzt sich aber beim 1:1 auf den Stuhl, obwohl die Partie weiter gehen müsste, und lässt den Physiotherapeuten kommen.

Es folgen bange Minuten. Während er vom Masseur mit wärmender Salbe behandelt wird, liegt er auf dem Rasen und wirft verzweifelte Blicke zum Himmel. »Ich dachte ans Aufgeben. Aber dann hoffte ich auf ein Wunder, oder dass die nächste schwarze Wolke wieder Regen bringen würde.« Dieser Wunsch wird ihm nicht erfüllt – doch ein Wunder geschieht: Federer kann weiter spielen und sogar gewinnen, nach zwei Stunden mit 7:6, 6:4, 6:4. Wie, weiß er selber nicht.

Er kann sein Glück nicht fassen. »Lopez hatte genügend Chancen, um mich in drei Sätzen zu schlagen oder die Partie zu verlängern«, sagt er. Mit der Zeit sei es seinem Rücken dank Schmerztabletten und den etwas angestiegenen Temperaturen besser gegangen. »Dazu half es mir, dass wir auf Rasen spielten und Lopez immer wieder den schnellen Punktgewinn suchte.« Später wird er zugeben, dass die Schmerzen so stark waren, dass sie ihn nicht nur beim Aufschlag und Return behinderten, sondern dass er beim Seitenwechsel kaum richtig sitzen konnte.

Vor den Viertelfinals steht fest, dass es zum siebten Mal in Folge einen anderen Grand-Slam-Turniersieger geben wird. Nach Lleyton Hewitt sind auch Paris-Sieger Juan Carlos Ferrero und Andre Agassi schon ausgeschieden. Der Amerikaner hat gegen den ungesetzten Australier Mark Philippoussis in fünf Sätzen 46 Asse hinnehmen müssen.

Am Dienstag, einem Ruhetag im Männerturnier, spürt Federer die Schmerzen immer noch. Aber er gibt Entwarnung: »Ich werde auf jeden Fall antreten«, beruhigt er uns Journalisten telefonisch. Dafür tuscheln holländische Reporter am Abend, Sjeng Schalken, sein Gegner in den Viertelfinals, sei wahrscheinlich spielunfähig. Er sei im Spital, um seinen Fuß röntgen zu lassen. Es solle sich um einen schweren Bluterguss handeln.

Die Begegnung wird zur Hängepartie. Regen verhindert am Mittwoch die geplante Austragung auf dem Centre Court, was Schalken entgegen kommt. »Ich hätte am Mittwoch trotz einer Spritze nach spätestens zwei Games aufgeben müssen«, gibt er zu. Auch der Donnerstag bringt Regen und weitere drei Stunden Verzögerung, ehe die Partie auf Court 2 beginnen kann. Federer ist wieder fit, und eine konzentrierte Leistung genügt ihm, um den sichtlich behinderten Weltranglistenzwölften zu bezwingen.

Auf dem Weg zum 6:3, 6:4, 6:4 unterlaufen ihm vor halbleeren Rängen nur acht unerzwungene Fehler.

Die Tatsache, dass er erstmals in einem Grand-Slam-Turnier die Runde der letzten Vier erreicht hat – als zweiter Schweizer nach Marc Rosset, der bei den French Open 1996 gegen Michael Stich verlor –, befreit Federer von einer großen Last. Sein Halbfinalspiel hat den Charakter eines vorweggenommenen Endspiels. Während mit dem Franzosen Sébastien Grosjean und dem Australier Mark Philippoussis die Nummern 14 und 48 einen Finalisten ermitteln, trifft Federer auf Andy Roddick, der wie er auf Rasen seit zehn Partien ungeschlagen ist und in der Weltrangliste als Nummer 6 nur einen Rang hinter ihm liegt.

Der Amerikaner gilt als erklärter Thronfolger von Andre Agassi und Pete Sampras sowie als weltbester Aufschläger. Er wird vor allem von den amerikanischen Journalisten favorisiert, obwohl er alle drei bisherigen Vergleiche mit Federer verloren hat. Doch der Schweizer gibt sich unbeeindruckt: »Er wird wohl kaum 200 Asse schlagen.«

Die Partie verläuft anders, als viele erwarten. Federer retourniert die oft über 220 km/h schnellen Aufschläge Roddicks, als ob es das Einfachste der Welt wäre, womit er diesen irritiert. Obwohl Roddick von Beginn an unterlegen ist, kommt der Amerikaner im Tiebreak bei 6:5 und eigenem Aufschlag zu einem Satzball. Er vergibt seine große Chance nach einem geglückten ersten Aufschlag mit einem Vorhandfehler – und wird keine weitere Chance mehr erhalten.

Federer gelingt seine mit Abstand beste Partie des Turniers. Er serviert ausgezeichnet und muss nur zwei Breakbälle abwehren. Mit einem 7:6, 6:3, 6:3 zieht er triumphal in das Wimbledonendspiel ein und wird von den Zuschauern mit stehenden Ovationen verabschiedet. »Die Zuschauer hatten gar keine andere Wahl, als sich zu Ovationen zu erheben«, schreibt der »Daily Telegraph« am Tag danach. »Das Tennis, mit dem Federer den Favoriten vieler vom Platz wischte, war so inspiriert und fehlerlos, wie es auf Gras nur möglich ist.«

Verblüffend ist nach der Partie die Zahl der Asse: Federer schlug 17, Roddick dagegen nur 4. Der Sieger stuft seine Leistung als eine der besten seiner Karriere ein: »Das letzte Mal, dass ich mich so gut fühlte, war im Endspiel von Hamburg gegen Safin.« Peter Lundgren kann sich nicht erinnern, Federer je so stark erlebt zu haben. Und Roddick ist ratlos: »Es gab Ballwechsel, da spielte ich so gut, wie ich nur kann, und verlor sie dennoch. Noch nie bezwang mich jemand so überzeugend, obwohl ich so stark spielte.« Wieder einmal hat Federer bewiesen, dass er sich mit zunehmender Wichtigkeit der Partien steigern kann, was als Junior sein Markenzeichen war. Sein Problem scheint inzwischen darin zu liegen, diese wichtigen Phasen der großen Turniere überhaupt zu erreichen.

Das wichtigste Spiel seiner Karriere steht ihm aber immer noch bevor: Die Partie gegen Mark Philippoussis, der gegen Grosjean ebenfalls 7:6, 6:3, 6:3 gewonnen hat. Der Australier stand einst in den Top Ten und 1998 im Endspiel der US Open, das er gegen seinen Landsmann Patrick Rafter verlor. Die Karriere des ehemaligen Sammlers teurer Sportwagen, schneller Motorräder und schöner Frauen nahm daraufhin eine unglückliche Entwicklung und war von Verletzungen überschattet. Nach einer dritten Knieoperation saß Philippoussis einige Zeit im Rollstuhl, inzwischen hat er sich auf Rang 48 zurückgearbeitet.

Einer der wenigen, die vor dem Endspiel an Philippoussis glauben, ist Pat Cash, der Wimbledonsieger von 1987. »Er wird besser retournieren als Roddick, und wenn er serviert wie bisher, wird er gewinnen«, sagt Cash – womit er sich irrt. Es wird nicht seine einzige Fehlprognose im Bezug auf Federer bleiben.

Als der Schweizer am Samstag nach dem Training in Jeans und T-Shirt in den Interviewraum kommt, wirkt er locker und optimistisch. »Es wird eine ganz andere Partie geben als gegen Roddick«, sagt er. »Philippoussis kommt nach dem Aufschlag ans Netz und serviert flacher. Ich muss deshalb etwas näher an der Grundlinie stehen und anders retournieren. Ich kann den Aufschlag nicht nur blockieren wie gegen Roddick, sondern muss versuchen, ihm die Returns in die Füße zu spielen, damit er schwierige Flugbälle spielen muss.«

Federers Vorbereitung und Taktik erweisen sich als ideal. Der körperlich überlegene Philippoussis, der den Übernamen »Scud« trägt, beginnt zwar auf einem hohen Niveau. Allein im ersten Satz erzielt er 18 Aufschlagpunkte, davon 7 Asse, und er versucht, Federer mit knallharten Passierbällen einzuschüchtern. Doch dieser bleibt unbeeindruckt und zeigt nicht die kleinste Schwäche. Im Tiebreak kommt, was kommen muss: Philippoussis unterläuft ein Doppelfehler, was Federer zwei Satzbälle beschert. Den zweiten verwertet er mit einem Aufschlagpunkt.

Von diesem Moment an dominiert der Schweizer fast nach Belieben und spielt eher noch stärker als gegen Roddick. Er muss im ganzen Match keinen Breakball abwehren, schlägt wieder mehr Asse als der Gegner (21:14) und behält auch einen klaren Kopf, als im dritten Satz nicht mehr alles nach Wunsch läuft: Beim Stand von 5:5 kommt er zu zwei Breakchancen, die den Charakter von Matchbällen haben. Gegen den ersten Volley von Philippoussis ist er chancenlos, doch beim zweiten Breakball schlägt er aus idealer Lage eine Vorhand ins offene Feld zu lang, über die Grundlinie hinaus. Ein verschossener Penalty ohne Torwart, und das in der letzten Spielminute.

Doch im Tiebreak fängt sich Federer sofort und geht 6:1 in Führung. »Im Fernsehen sieht man sogar, wie ich da den Kopf schüttle«, erzählt er später. »Ich dachte: Wahnsinn, ich bin so nahe dran. Davon hatte ich immer geträumt. Dann ging es schnell: 6:2, 6:3. Ich schlug auf und wusste: Wenn ich es jetzt nicht mache, bin ich für immer und ewig traurig.« Er macht es: Beim dritten Machtball retourniert Philippoussis seinen zweiten Aufschlag ins Netz. »Game, Set and Match Federer«, sagt Schiedsrichter Gerry Armstrong, »seven six, six two, seven six.«

Federer, auf dem Weg ans Netz, sinkt in die Knie, streckt die Arme in die Höhe, blickt kurz zum Himmel und zu Peter Lundgren, Mirka Vavrinec und Pavel Kovac. Die springen auf der Tribüne hoch, fallen sich in die Arme. Federer bedankt sich bei Gegner und Schiedsrichter, winkt ins Publikum, hält sich die linke Hand vor das Gesicht, schreitet zurück auf seinen Stuhl, und dort fließen die Tränen. Er hat einen Weinkrampf, als ihm Alan Mills, der Referee, gratuliert und ihn an beiden Schultern hält. Wieder schaut er in den Himmel, erhebt sich, winkt noch einmal den Zuschauern zu, die ihm stehend applaudieren. Wieder setzt er sich, wieder kommen die Tränen.

Noch nicht einmal eine Minute ist vergangen seit dem Matchball. Doch die Sekunden werden für ihn zu Minuten, er erlebt sie wie kleine Ewigkeiten. »Ich war erleichtert, kaputt, von Emotionen überwältigt. Ich dachte, ich sei viel länger auf den Knien gewesen, als ich tatsächlich war.« Als die Siegerehrung vorbereitet wird, legt sich eine ehrwürdige, fast andächtige Ruhe über den Centre Court. Der Herzog von Kent übergibt Federer, genau nach Protokoll, den seit 1887 verwendeten, 47 cm hohen »Challenge Cup«, den vergoldeten Silberpokal mit den zwei Griffen und einer kleinen Ananas auf der Spitze des Deckels, die wohl schönste und wichtigste Trophäe des Tennissports. Er streckt sie in die Höhe, getraut sich aber noch nicht, sie zu küssen, es ist zu früh. Der Originalpokal wird in Wimbledon bleiben, Federer wird lediglich eine 22 cm hohe Replica mitnehmen dürfen.

Im offiziellen Siegerinterview mit Sue Barker hat er immer noch Mühe, seine Emotionen und die Stimme zu kontrollieren. Als die frühere britische Spitzenspielerin ihn darauf anspricht, dass viele seiner Freunde für das Endspiel aus Basel angereist seien, kann er sich nicht mehr beherrschen, und seine Stimme überschlägt sich: »Thanks to everybody… It's great …« Wieder fließen Tränen.

Federer gehört schlagartig zu einem exklusiven Kreis seines Sports: Er ist der 18. Wimbledonsieger der Profigeschichte, erst der vierte nach Björn Borg, Stefan Edberg und Pat Cash, der nach dem Turnier der Junioren auch jenes der Profis gewinnen konnte. Als er nach den Fotosessionen und Ehrenrunden den Centre Court verlässt, findet er im Eingangsraum zum Klubhaus auf der silbernen Siegertafel rechts bereits seinen Namen eingraviert, hinter der Jahreszahl 2003.

Kapitel 18
Eine Kuh für den Sieger

Der erste Gang durch die Medienwelt dauert für den neuen Wimbledonsieger über zwei Stunden und damit länger als das Endspiel. Roger Federer eilt von Interview zu Interview, immer wieder muss er die gleichen Fragen beantworten. Wie er sich fühlte nach dem Matchball, auf dem Stuhl, als er den Pokal entgegennahm. »Ich wusste einfach, dass ich aufs Gras fallen und es genießen würde«, sagt er. »Und ich dachte: Hoffentlich musst du nicht weinen.«

Er habe immer daran geglaubt, ein Grand-Slam-Turnier gewinnen zu können. »Die vielen Erfolge an den kleineren Turnieren haben in mir die Überzeugung und das Selbstvertrauen geweckt, dass ich es schaffen kann.« Während der Partie habe er einmal an die Alinghi gedacht, die Schweizer Segeljacht, die überraschend den Americas Cup gewann. »Ich erinnerte mich daran, wie die Schweizer 3:0 vorne lagen und davonsegelten. Nach dem zweiten Satz dachte ich: Jetzt segle doch einfach davon.«

Am Abend holt er nach, was er fünf Jahre zuvor nach dem Sieg im Juniorenturnier verpasste, als er möglichst rasch nach Gstaad reisen wollte: Er nimmt im Smoking am Champions Dinner im Hotel »Savoy« teil, genau wie Einzelsiegerin Serena Williams und Martina Navratilova, die Siegerin im Mixed neben dem Inder Leander Paes. Er kommt mit Freundin, Coach und Mutter und entzückt mit seiner kleinen Ansprache die ehrwürdigen Funktionäre des All England Lawn Tennis and Croquet Club noch einmal: »Ich bin stolz, nun Mitglied Ihres Klubs geworden zu sein«, sagt er. »Ich werde es genießen, hier ohne Druck einige Bälle zu schlagen. Wer Lust hat, mit mir zu spielen, soll mich doch einfach anrufen.«

Der Interviewmarathon geht am frühen Montag weiter, nach einer kurzen Nacht mit nur drei Stunden Schlaf. Der mit Kieselsteinen überdeckte Vorplatz vor seiner Mietwohnung wird kurzerhand in ein provisorisches Medienzentrum verwandelt. Verschiedene Fernsehstationen sind gekommen, BBC, Sky TV, CNN, ITV, das Schweizer Fernsehen sowie Journalisten aus aller Welt.

Obwohl fast jede Minute verplant ist, nimmt Federer sich auch die Zeit für ein Spezialinterview, um das wir uns für den »Tages-Anzeiger« seit Tagen bei Mirka bemüht haben für den Fall, dass er Wimbledon gewinnt. Wir führen es im kleinen Gärtchen vor dem Haus. Federer wirkt munter, aber nicht euphorisch, und kann die Bedeutung seines Triumphs schon erstaunlich gut fassen. »Jetzt ist der Moment gekommen, da ich es allen bewiesen habe. Wenn meine Karriere heute vorbei wäre, wäre das fast schon okay«, sagt er. Vorher sei er einfach ein super Tennisspieler gewesen, nun sei er ein Star. »Gewinner und Verlierer sind so nahe beieinander – und doch so weit entfernt. Wahre Champions macht einfach aus, dass sie am Ende den Pokal in die Höhe stemmen. Die Gewinner bleiben, die Verlierer gehen.«

Deshalb sei auch die Last, die im Moment des Sieges von ihm gefallen sei, so enorm gewesen. »Nach der Siegerzeremonie kam ich in die Garderobe und konnte mich nicht mehr bewegen. Ich war völlig ausgelaugt. Die Muskeln waren vom Druck so angespannt, dass ich während des Matches dachte: Wenn ich hier gewinne, bekomme ich einen Krampf. Das kann man sich nicht vorstellen.«

Nun hofft er, dass dieser 6. Juli 2003 zum Wendepunkt in seiner Karriere wird. »Ich weiß jetzt, wie man große Titel gewinnt und dass ich es wieder tun kann.« Doch die Zweifel sind noch nicht ganz ausgeräumt. Er habe den Sieg bewusst nicht allein Peter Carter gewidmet, weil er nicht sicher sei, ob es sein einziger Grand-Slam-Titel bleiben würde, gibt er zu. »Das wäre unfair gewesen gegenüber den anderen. Es sollte ein Titel für alle sein, aber vor allem auch für mich selbst. Natürlich ist Peter Carter in diesem Kreis eingeschlossen. Wenn er noch da wäre, würden wir eine riesige Party feiern. Ich hoffe, er hat mir von irgendwoher zugeschaut.«

Außer sich vor Freude ist Peter Lundgren, den man nur noch lachen sieht. »Meine Gefühle waren unglaublich, ich kann sie kaum beschreiben. Auch wenn ich diesen Erfolg kommen sah, weil er ein derart guter Spieler ist«, sagt er. Er weist darauf hin, dass er der erste Schwede seit Björn Borgs Coach Lennart Bergelin ist, der einen Spieler zum Wimbledonsieg geführt hat. Mirka erzählt, dass sie immer gespürt habe, wie sehr Roger diesen Titel gewinnen wollte. »Für ihn war dies ein Kindertraum. Er wirkte auch nicht nervös vor dem Endspiel. Ich glaube, in der Nacht auf Sonntag schlief er besser denn je.«

Für die meisten britischen Zeitungen steht aber nicht Federers Leistung im Vordergrund: Sie thematisieren an diesem Montag in Wort und Bild die Tränen des Champions. Das kann nicht verwundern: Zwei Wochen lang ist Federer mit einem Pokerface über den Rasen stolziert, in stoischer Ruhe, scheinbar durch nichts zu beeindrucken, nicht einmal durch die stechenden Rückenschmerzen im Spiel gegen Lopez. Bereits haben sich einige Fotografen beklagt, dass der Schweizer keine Emotionen zeige, dass sich die Bilder von ihm gleichen wie ein Tennisball dem anderen. Doch nun, im Moment des Triumphs, hat er die Maske fallen lassen und dabei eine Seite offenbart, die viele nicht gekannt oder in ihm vermutet hätten.

»Roger, der Flenner« (»Roger Blubberer«) titel der »Daily Mirror«, und selbst seriöse Zeitungen wie »The Independent« und »The Daily Telegraph« zeigen den Sieger weinend mitsamt dem Pokal groß auf ihren Frontseiten. Federer stört sich etwas daran, als er seine Tränen so prominent wiederfindet. Doch er schämt sich ihrer nicht. In diesem Moment ist ihm ohnehin mehr denn je egal, was über ihn geschrieben wird.

Längst ist auch in der Schweiz das Federer-Fieber ausgebrochen. In seinem alten Klub, dem TC Old Boys, hat sich eine große Gemeinschaft versammelt, um das Endspiel zu verfolgen, inklusive Seppli Kacovksy, Federers erstem Trainer. Die Schweizer Zeitung »Blick« schreibt von den »Tränen für die Ewigkeit« des »King Roger I«. Bundesrat Samuel Schmid hat die Partie am Centre Court verfolgt. Der Moment, in dem erstmals ein Schweizer ein Grand-Slam-Turnier gewinnt, wird im nationalen Fernsehen von 613 000 Zuschauern live verfolgt, was einem Marktanteil von 61,6 Prozent entspricht.

Federer lässt seine Fans zu Hause mitfeiern: Bereits um 18.11 Uhr landet er an diesem Montag im Privatjet in den Schweizer Bergen im Saanenland. Seine Startzusage für die Swiss Open, wo er vor fünf Jahren dank einer Wildcard sein erstes ATP-Turnier bestreiten durfte, ist ihm heilig. Gegen vierzig Journalisten melden sich nachträglich an, als klar wird, dass der Wimbledonsieger das kleine Sandturnier in Gstaad tatsächlich bestreitet. Er wird auf dem Flugfeld mit Champagner empfangen und darf sich im Hotel Bellevue aussuchen, welche von zwei Suiten er lieber beziehen will: die Suite Etoile oder das Turmzimmer? Er wählt jene mit Blick auf die Sterne.

Die nächste Überraschung wartet am Dienstag auf ihn, und sie ist 800 kg schwer. Fünf Stunden vor seinem ersten Einzel wird Federer bei der »Offiziellen Begrüßung des Wimbledonsiegers« auf dem Gstaader Centre Court von 6000 Zuschauer empfangen – und von Juliette. Die Milchkuh ist ein Geschenk der Organisatoren um Jacques Hermenjat. Sie versichern Federer, dass er das Tier auf der Alp lassen und jederzeit ihren Käse essen dürfe. Der neue Besitzer von Juliette, die später ein Kalb zur Welt bringt, wird in den kommenden Monaten in Interviews immer wieder auf sie angesprochen und sie im kommenden Winter, wie es sich gehört, auch einmal besuchen.

Federer surft in den Schweizer Bergen weiter auf seiner Erfolgswelle, und sie trägt ihn auch hier weiter als je zuvor. Er muss sich erst im Endspiel gegen den Weltranglistenzehnten Jiri Novak geschlagen geben, und dies erst im fünften Satz, als seine Energien aufgebraucht sind. Es wird seine letzte Finalniederlage für lange, für sehr lange bleiben.

Die Zeit im Berner Oberland hilft Federer, die Bedeutung seines Grand-Slam-Sieges zu erfassen. Es bleibt ihm keine Wahl, als sich im kleinen Nobelkurort, wo alles in Fußdistanz erreichbar ist, der Öffentlichkeit zu stellen. Federer realisiert, dass er tatsächlich zum Superstar geworden ist, und das missfällt ihm keineswegs. Er ist es schließlich selber gewesen, der unbedingt an die Spitze kommen wollte – und nun ist er bereit, die Konsequenzen zu tragen. »Ein Wimbledonsieg verändert deine ganze Karriere, dein Leben, dein Inneres«, gibt er zu. »Die Leute schauen dich ganz anders an. Und ich würde immer meinen ersten Grand-Slam-Titel in Wimbledon gewinnen wollen. Da ist es, wo alles begann: das Weiße, das Gras, es ist einfach ein Klassiker.«

Erst in den Ferien, als er sich das Endspiel noch einmal in Ruhe anschaut, wird ihm richtig bewusst, was geschehen ist. »Ich lag in Sardinien am Strand, die Sonne brannte mir auf den Bauch, und ich sagte mir: So, jetzt bist du Wimbledon-Champion. Das kann dir keiner mehr nehmen«, erzählt er später, und er verrät weiter: »Ich war damals auf dem Platz in einem Rausch, in einer Art Trance, dass ich mich hinterher kaum noch an etwas erinnern konnte. Ich war in der berühmten Zone. Plötzlich ging alles wie von selbst. Du hast das Gefühl, nichts mehr falsch machen zu können. Es war eine wunderbare Sache, dass ich in den beiden wichtigsten Matches meiner Laufbahn diese Klasse zeigen konnte. Das gibt mir einen Schub für die nächsten Monate, die nächsten Jahre.«

Kapitel 19
Der Griff nach den Sternen

Für Roger Federer, den Wimbledonsieger 2003, rückt sofort das nächste große Ziel in den Mittelpunkt: der erste Rang in der Weltrangliste. Als er London verlässt, ist er die Nummer 1 im Champions Race und erstmals die Nummer 3 der Weltrangliste. Nur knapp hinter Andre Agassi, der auf einen durchwachsenen Sommer zurückblickt, und Juan Carlos Ferrero, dem spanischen Sandplatzspezialisten und Paris-Sieger. Bisher habe er nie gerne über die Nummer 1 geredet, sagt Federer. »Es war einfach noch zu früh. Ich wusste, ich brauche zuerst ein gutes Grand-Slam-Resultat. Das habe ich jetzt geschafft. Jetzt weiß ich, dass ich in den nächsten Jahren eine Chance auf die Nummer 1 habe.«

Die ersten Gelegenheiten zur Thronbesteigung kommen viel früher als erwartet – bei den nordamerikanischen Hartplatzturnieren des Spätsommers. Am Tag nach seinem 22. Geburtstag trennt ihn in Montreal nur noch ein Sieg von der Nummer 1. Er trifft in den Halbfinals auf Andy Roddick, gegen den er von vier Duellen noch keines verloren hat. Federer geht im dritten Satz 4:2 in Führung, doch er wirkt fiebrig, schlägt insgesamt zehn Doppelfehler und unterliegt im Tiebreak des dritten Satzes. »Ich war so nervös, dass ich am ganzen Körper zitterte«, gibt er später zu. Die zweite Chance vergibt er in Cincinnati, wo ihm bereits der Vorstoß in die Halbfinals gereicht hätte, mit einer frühen Niederlage gegen David Nalbandian.

Federers dritte Möglichkeit, die Weltranglistenspitze zu übernehmen, folgt Anfang September bei den US Open in New York, dem letzten Grand-Slam-Turnier der Saison. Der Schweizer startet in Flushing Meadows mit der besten Ausgangslage, weil er von den Spitzenspielern am wenigsten Punkte aus dem Turnier des Vorjahrs verteidigen muss. Er übersteht die ersten drei Runden, ohne ernsthaft bedrängt zu werden, doch bereits in den Achtelfinals heißt sein Herausforderer wieder… Nalbandian.

Der Argentinier gilt inzwischen als sein Angstgegner, doch Federer wehrt sich gegen diese Sichtweise. »Das regt mich auf, denn ich habe das nie gesagt und sehe es auch nicht so«, sagt er zu Reportern im regnerischen New York fast trotzig. »Ich habe gegen ihn noch nie klar verloren und ihn bei den Junioren auch schon geschlagen.«

Die zweite Turnierwoche wird zur Geduldsprobe. Regen verzögert den Spielbeginn des für Dienstag geplanten Achtelfinals bis zum Donnerstag um 15 Uhr. Vier Stunden und zwei weitere Regenunterbrechungen später hat Federer auch das fünfte Duell gegen Nalbandian verloren. Der Argentinier bleibt für ihn ein Mysterium. Federer gewinnt zwar den ersten Satz und jubiliert innerlich – weil er glaubt, endlich das Rezept gefunden zu haben –, fällt jedoch darauf 0:5 in Rückstand, ohne zu wissen warum.

»Ich habe Mühe zu begreifen, weshalb ich gegen ihn in Führung gehe oder in Rückstand gerate«, sagt er nach dem 6:3, 6:7 (1:7), 4:6, 3:6. »Ich wusste, dass ich aggressiv spielen muss. Aber ich weiß einfach nicht, wie viel Risiko ich als Aufschläger gegen ihn eingehen soll. Er kommt an sehr viele Bälle heran und kann mein Spiel hervorragend lesen. Ich werde einfach nicht schlau aus ihm.« Federer erlebt nur aus der Ferne, wie Nalbandian trotz Matchball gegen Roddick verliert und wie Roddick schließlich Ferrero bezwingt, den neuen Weltranglistenersten. Der Amerikaner vergießt nach seinem ersten Grand-Slam-Titel Tränen, wie Federer vor zwei Monaten in Wimbledon. Roddick gewann schon die Turniere in Montreal und Cincinnati und wird nun die neue Nummer 2 der Weltrangliste.

Für Federer geht die Hatz um den Globus weiter. Es ist Ende September, und die Davis-Cup-Partie in Australien steht auf dem Programm. Die beiden Mannschaften erklären die Begegnung auf Initiative Federers und Hewitts zum »Memorial Peter Carter«. Sie lassen eine Silberschüssel herstellen und laden die Eltern des tödlich verunglückten Schweizer Davis-Cup-Teamchefs nach Melbourne ein. Federer schlägt Mark Philippoussis am ersten Tag in der Wiederholung des Wimbledonfinals klar, verliert aber am Samstag neben einem ungenügenden Marc Rosset das Doppel in fünf Sätzen gegen Arthurs/Woodbridge. Die Schweiz liegt damit vor dem Schlusstag 1:2 im Rückstand und müsste beide verbleibenden Einzel gewinnen, um das Endspiel zu erreichen.

An einem kühlen Sonntag dominiert Federer die Begegnung gegen Hewitt zu Beginn nach Belieben und steigert sich im zweiten Satz sogar in einen Spielrausch. Als er bei 7:5, 6:2, 5:3 zum Matchgewinn aufschlägt, scheint sein elfter Sieg in Folge im Davis-Cup unabwendbar. Doch zwei Punkte vor dem Erfolg wendet sich das Blatt. Ein kurzes Nachlassen Federers reicht Hewitt, um sich, getragen von 12 000 Zuschauern, ins Spiel zurückzubeißen.

In der Rod Laver Arena mit dem schließbaren Dach, das heute aber offen bleibt, ist es ab dem vierten Satz so kalt, dass meine Finger steif sind und ich keine Notizen mehr schreiben kann. Im Medienzentrum treffe ich Christine Ungricht, die Präsidentin von Swiss Tennis. Sie ist verärgert, denn für sie ist klar, dass die Australier das Dach extra offen lassen, um Hewitt zu bevorteilen. »Sie wollen Federer auskühlen. Das ist zwar reglementskonform, aber ich werde mich trotzdem beklagen.«

Er habe immer daran gedacht, wie Pat Cash in Melbourne einst gegen den Schweden Mikael Pernfors eine Davis-Cup-Partie nach einem 0:2-Satzrückstand noch herumgerissen habe, erzählt Hewitt mit vor Stolz geschwellter Brust, nachdem er die Sätze drei bis fünf gewonnen hat. »Von jenem Spiel kenne ich jeden Ballwechsel.« Federer erscheint erst zwei Stunden nach der Niederlage im Interviewraum und sagt kleinlaut: »Meine Frustration könnte kaum größer sein.« Der Rückflug nach Europa wird für ihn zur Qual: Jedesmal, wenn er aufwacht, schmerzen Körper und Seele.

Roger Federer macht sich keine großen Hoffnungen mehr, noch in diesem Jahr die Nummer 1 zu werden. »Roddick und Ferrero haben es auch verdient, vor mir zu stehen«, sagt er vor der Hallensaison. »Ferrero ist der beste Sandplatzspieler, Roddick der beste Hartplatzspieler. Ich will in diesem Herbst einfach beweisen, dass ich der beste Hallenspieler bin.« Doch dies gelingt ihm nicht. In Wien kann er zwar zum ersten Mal einen großen Titel erfolgreich verteidigen, in Madrid unterliegt er jedoch Ferrero, und auch der Bubentraum vom Titelgewinn in Basel erfüllt sich einmal mehr nicht. Federer ist im größten Turnier seines Landes in der zweiten Runde wegen einer Blockade im Rücken nur ein Schatten seiner selbst und scheidet aus. Und das darauf folgende Turnier in Paris-Bercy trägt ebenfalls nicht dazu bei, ihn als Hallenkönig zu apostrophieren. Noch immer verunsichert durch seine Rückenprobleme, erleidet er im sechsten Vergleich mit Tim Henman die fünfte Niederlage. Der Brite gehört mit Hewitt und Nalbandian zum kleinen Kreis seiner großen Spielverderber.

Kapitel 20
Duelle in Texas

Roger Federer hat in diesem Jahr sechs Turniere auf allen Belägen gewonnen, in den Hallen von Marseille und Wien, auf den Hartplätzen von Dubai, dem Sand von München und den Rasenplätzen von Halle und Wimbledon. Doch da gibt es noch eine weitere Lücke in seinem Ruhmesblatt: Nordamerika. 21 Turniere hat er auf dem Neuen Kontinent als Profi bestritten, zehn endeten in der Startrunde, nur einmal, 2002 auf Key Biscayne, vermochte er in ein Endspiel vorzustoßen, und bei den US Open, in Indian Wells und Cincinnati, den anderen großen Turnieren der USA, ist er noch nicht einmal in den Viertelfinals aufgetaucht.

Als er im November zum Masters nach Houston kommt, ist er deshalb nur einer unter vielen – ein Wimbledonsieg vermag im selbst ernannten Zentrum des Profisports wenig zu beeindrucken. »Wenn du in den USA berühmt sein willst, musst du hier gewinnen«, sagt Bud Collins, der Kolumnist des Boston Globe.

Federer ist sich seiner schlechten Nordamerika-Bilanz bewusst, kann aber ein paar Gründe dafür anführen. Er spiele in den Vereinigten Staaten und Kanada lediglich die größten Turniere, im Gegensatz zu Europa oder Australien, und das mache es für ihn schwieriger, hält er fest. »Die Spieler, die in den USA leben, sind im Vorteil, weil sie sich besser vorbereiten können. Wir Europäer haben es dafür in Europa besser.« In den Vereinigten Staaten sind für ihn in der Regel die Trainingsbedingungen weniger ideal, die Vorbereitungszeit kürzer und das Wetter extremer als in Europa. Details, die entscheidend sein können für einen feinen Techniker wie ihn, der 15 seiner bisherigen 18 Endspiele in Europa erreicht hat.

Und Federer betrachtet sich immer noch als Hallenspezialist. Die Hälfte seiner Finals hat er bei Indoorturnieren bestritten – in Nordamerika aber sind die Hallenturniere seltener, schlechter dotiert und weniger bedeutend als in Europa. Tatsächlich hat er in den USA bisher noch an keinem Hallenturnier teilgenommen. Umso enttäuschter ist er, dass auch in Houston unter freiem Himmel gespielt wird.

Was er in der Raumfahrerstadt vorfindet, trägt nicht dazu bei, seine Laune zu verbessern. Im Vergleich zu seinem ersten Masters in Shanghai, wo alles bis ins letzte Detail durchorganisiert war, enttäuschen ihn die Bedingungen im Westside Tennis Club inmitten einer Wohngegend, der 46 Courts mit verschiedenen Belägen aufweist. Der Belag fällt vom Schiedsrichterstuhl seitwärts ab und ist so uneben, dass viele Bälle verspringen. Das neue, offensichtlich hastig erstellte und eben erst fertig gewordene Hauptstadion fasst nur etwa 7000 Leute – eine Kapaziät, die für ein Turnier dieser Kategorie eigentlich als zu klein gilt. Weil zudem erstmals seit 1985 das Jahresfinale im Doppel parallel zu jenem im Einzel stattfindet, fehlt es an Platz in der Garderobe und an Trainingsmöglichkeiten. Einmal trainiert Federer mit Peter Lundgren auf einem Court, bei dem das Netz fehlt.

Die Auslosung vermag seine Stimmung auch nicht zu heben, im Gegenteil: Federer wird der »Blauen Gruppe« zugeteilt, zusammen mit Juan Carlos Ferrero, Andre Agassi und … David Nalbandian. Schlimmer hätte es für ihn nicht kommen können, in Abwesenheit von Lleyton Hewitt, dem Sieger der letzten beiden Austragungen, der sich nicht qualifizieren konnte. Gegen Ferrero hat Federer drei von fünf Partien verloren, gegen Agassi ist er nach drei Duellen sieglos, und die Bilanz gegen Nalbandian steht inzwischen bei 0:5. Und gleich im ersten Spiel am Montagabend trifft er auf Agassi.

In den traditionellen Round-Table-Interviews mit den Medien hält der Wimbledonsieger vor dem Turnier mit seiner Kritik nicht zurück. Selbstbewusst und sachlich hält er fest, dass er es falsch finde, dass nicht in der Halle gespielt werde, dass das Stadion seiner Meinung nach zu klein und der Belag eines Masters nicht würdig sei. Er sagt dies auf Deutsch, Französisch oder Englisch, egal, wer ihn gerade fragt.

Die Geschichte hat ein Nachspiel: Kurz darauf wird er auf dem Turniergelände schroff von einem älteren, hageren und grauhaarigen Mann angesprochen, den er nicht kennt und der sich ihm auch nicht vorstellt. Es ist Jim McIngvale, zusammen mit seiner Frau Linda Besitzer des Westside Tennis Club und die schillernde Figur der Veranstaltung, die nur wegen ihm überhaupt hier stattfindet. Ein Selfmade-Millionär, dessen Möbelgeschäft »Gallery Furniture« zum erfolgreichsten der USA geworden ist. Er ist die Realität gewordene Version des großspurigen Texaners, den man aus den verschiedensten Witzen kennt.

Jim McIngvale ist ein bekennender Patriot und pflegt sich am liebsten in Shirts mit dem amerikanischen Sternenbanner zu kleiden. Er ist auch ein erklärter Fan von Andy Roddick und, vor allem, von Andre Agassi. Beide haben die amerikanischen Sandplatzmeisterschaften, die McIngvale jedes Jahr in seinem Klub organisiert, schon gewonnen. Agassi seinerseits lobt McIngvale als »phänomenalen Promoter« und »etwas vom Großartigsten, was dem Tennis passieren konnte«. Die McIngvales haben nach eigenen Angaben über 25 Millionen Dollar in die Organisation des Masters gesteckt, dafür sogar während der Super Bowl, dem

Finale des American Football, mit drei TV-Spots geworben, von denen jeder rund eine Million Dollar kostete.

Die Kritik Federers ist dem selbstgefälligen Promoter zu Ohren gekommen, und er empfindet sie als persönliche Beleidigung. Er maßregelt den Europäer auf eine Art, wie es dieser nicht gewohnt ist. Federer ist verblüfft, betroffen und enttäuscht. Einen Moment erwägt er sogar, seinen Start am Turnier abzusagen und abzureisen. Ein Glück für ihn, dass er sich anders besinnt.

Federer habe wohl nicht gewusst, wer McIngvale sei, spekuliert die Zeitung »Houston Chronicle« – und klärt ihn auf: »Das Beste für das Tennis seit der Einführung des Tiebreaks«. Die Zeitung schreibt auch, dass für Federers Spiel gegen Agassi Fangruppen rekrutiert worden seien mit dem Ziel, eine Tollhaus-Stimmung zu schaffen und ihn einzuschüchtern.

Die Partie gegen den hochmotivierten Australian-Open-Sieger aus Las Vegas entwickelt sich für Federer denn auch höchst unglücklich. Er scheint sich nicht wohl zu fühlen und verliert den ersten Satz im Tiebreak, in dem er 0:6 zurückfällt. Etwas überraschend wird Federer danach stärker. Er kann Agassi zum zweiten Mal einen Satz abnehmen, und auch im Entscheidungssatz geht er 5:3 in Führung. Ein großer Sieg ist nahe, doch wie im Davis-Cup vor zwei Monaten gegen Hewitt scheint ihm kurz vor dem Ziel die Hand zu zittern. Ein Doppelfehler bringt Agassi das 5:5 und zurück ins Spiel. Viele der texanischen Fans kreischen und springen von ihren Stühlen hoch, und Jim McIngvale klatscht lächelnd. Federers Enttäuschung ist unübersehbar. Mit einem weiteren Doppelfehler fällt er im entscheidenden Tiebreak 1:3 zurück, das Ende scheint nahe.

Doch dann folgen Minuten, die für Federer zu den wichtigsten des Turniers, des Jahres – und vielleicht seiner Karriere werden. Er profitiert dabei möglicherweise auch vom Umstand, dass Agassi wegen der Geburt seines zweiten Kindes seit den US Open vor zweieinhalb Monaten kein Turnier mehr bestritten hat und ihm die Matchpraxis fehlt. Der 33-jährige Glatzkopf muss nun zwei Punktverluste hinnehmen, die für ihn untypsich sind: Zuerst schlägt er einen Doppelfehler, danach verschlägt er eine Vorhand, »wie ich sie seit 1989 nie mehr verschlagen habe«, wie er später sarkastisch anmerkt.

Trotzdem kommt Agassi bei 6:5 zu einem Matchball. Er vergibt ihn durch einen harmlosen Return. Zwei Punkte später hat er die zweite Chance, die Partie zu beenden. Er macht auch alles richtig – doch Federer rettet sich mit einem brillanten Vorhandwinner. Und kommt bei 8:7 tatsächlich selber zu einem Matchball. Der Return Agassis scheint im Out zu landen, doch Linien- und Schiedsrichter bleiben stumm. Federer lässt sich aber nicht irritieren – und schlägt einen spektakulären Vorhandcross-Passierball aus dem Handgelenk, nachdem Agassi am Netz einen Smash nicht entschieden abgeschlossen hat. Game, Set and Match Federer, 6:7, 6:3, 7:6.

Als er um Mitternacht ins Medienzentrum kommt, hat sich Federer eine Baseballmütze übergezogen und versucht, cool zu wirken. Trotzdem fällt es ihm schwer, seine Emotionen zu verbergen und sie in Worte zu fassen. Es ist sein bisher größter Erfolg in den USA, sein erster gegen Agassi überhaupt. Wie befreiend die Wirkung des Sieges ist, zeigt sich schon zwei Tage später. Federer kommt auch gegen Nalbandian zum ersten Sieg auf der Profitour, und der fällt mit 6:3, 6:0 restlos überzeugend aus. Der Argentinier hat zwar wegen einer Entzündung im linken Handgelenk seit den US Open nur noch ein Turnier bestritten, in Houston aber zum Auftakt Ferrero klar geschlagen. Weil Ferrero auch gegen Agassi verliert, steht Federer schon am Mittwochabend als Gruppensieger und Halbfinalist fest, ähnlich früh wie in Shanghai. Seine schlechte Stimmung ist längst verflogen.

Entschieden ist nun auch der Kampf um den ersten Rang in der Jahresendrangliste: Zu Gunsten von Roddick, der seit dem 3. November die Nummer 1 ist, und gegen Ferrero, dessen Name nur acht Wochen zuoberst stand. Federer bezwingt Ferrero 6:3, 6:1, womit das Turnier für den Spanier ohne Sieg zu Ende geht. »Das Jahr als Nummer 2 zu beenden, ist auch nicht übel«, sagt dieser, bevor er Texas verlässt – womit er sich täuscht. Am regnerischen Samstag lässt sich Federer in den Halbfinals auch von Roddick nicht bremsen.

Im Endspiel trifft er erneut auf Agassi, der nach der Niederlage im Startspiel alle drei Partien gewonnen hat. Dieses Mal lässt Federer ihm von Anfang an keine Chance, und selbst eine zweieinhalbstündige Regenunterbrechung bei 2:0 im zweiten Satz bringt ihn nicht aus dem Rhythmus. In 88 Minuten Spielzeit kommt er mit 6:3, 6:0, 6:4 zu seinem zweiten Sieg gegen die amerikanische Tennislegende. »Das war eine der besten Leistungen meiner Karriere«, sagt Federer, der weder gegen Roddick noch gegen Agassi einen Breakball abwehren musste. »Ich weiß nicht, ob es für mich noch Steigerungspotenzial gibt. Es reicht mir aber schon, wenn ich dieses Niveau halten kann.«

Sein Lohn ist üppig. Er erhält 1,52 Millionen Dollar Preisgeld, mehr denn je, einen Mercedes Cabriolet sowie 750 Weltranglistenpunkte, womit er Ferrero noch vom zweiten Rang der Weltrangliste verdrängt. Was die Anzahl der gewonnenen Turniere (7), der Partien (78) und des Preisgeldes (4 000 680 Dollar) betrifft, ist Federer die Nummer 1 des Jahres. Und falls die überschwänglichen Lobeshymnen von Agassi an der Siegerehrung auch nur teilweise ernst gemeint sind, würde ihm auch in der Weltrangliste der erste Rang zustehen. Das sieht auch der »Boston Globe« so: »Vergesst die Ranglisten. Roger Federer ist jetzt der Beste im Geschäft.«

Einzig Herr McIngvale scheint die Dinge vom obersten Rang der Tribüne, wohin er sich während der Partie zurückgezogen hat, verzerrt miterlebt zu haben. Wer seine endlose Ansprache an der Siegerehrung hört, muss jedenfalls davon ausgehen, dass der neue Masters-Champion Agassi und nicht Federer heißt. Für den Sieger hat er am Ende seiner Litanei nur noch einen kleinen Satz übrig.

Kapitel 21
Ein abruptes Ende

In Houston deutet noch nichts darauf hin, was wenig später geschehen wird. Peter Lundgren ist der Mann an Roger Federers Seite, alles ist wie immer. Bei einem Interview im Westside Tennis Club spricht er darüber, wie die neue Saisonplanung für das Jahr 2004 aussieht und wie im Dezember trainiert werden soll. »Roger kann noch vieles verbessern, er hat noch viel zu tun«, sagt er. »Wir müssen weiter an den Volleys und Returns arbeiten, der Aufschlag kann besser sein, er kann stärker und schneller werden.«

Lundgren ist vielen Schweizern inzwischen ans Herz gewachsen. Er ist der Ersatzvater, der sich des Kronjuwels angenommen hat und Federer behütet wie einen eigenen Sohn. Wie könnte man den immer freundlichen, lachenden und lebensfrohen Schweden auch nicht mögen? Er verbindet in einzigartiger Weise Professionalität und Lockerheit, Seriosität und Humor, und er hält sich im Gegensatz zu vielen seiner Berufskollegen wohltuend im Hintergrund, ohne Hang zur Selbstdarstellung. Dazu spielt er mit 38 Jahren auch noch immer hervorragend Tennis, mit einem Ballgefühl, das man ihm ob seiner schwergewichtigen Erscheinung gar nicht zutrauen würde.

Lundgren hat, trotz der vielen bitteren Rückschläge, die Zuversicht und den Glauben an Federer nie verloren, auch nicht in den schwierigsten Monaten, als der Durchbruch einfach nicht gelingen wollte. Seine oft euphorisch wirkenden Prognosen haben sich im Jahr 2003 als richtig erwiesen. Lundgren scheint inzwischen einfach zu Federer zu gehören.

Umso größer ist die Verblüffung, als mitten in die turnierfreie Adventszeit die Meldung platzt, dass sich die beiden trennen. Die Neuigkeit gelangt auf verschlungenen Wegen an die Öffentlichkeit und anders, als es geplant war. Vorgesehen hatten Federer und Lundgren eine Medienkonferenz am 15. Dezember, doch ein findiger Journalist meldet die Trennung schon in der »Neuen Zürcher Zeitung« vom 9. Dezember. Federer und sein Management müssen die Pläne ändern und improvisieren. Hastig wird ein Communiqué veröffentlicht, das die Auflösung der Zusammenarbeit bestätigt. »Mit den Erfolgen und dem sportlichen Rüstzeug, das Roger zusammen mit Peter Lundgren erarbeitet hat, ist er für die weiteren Herausforderungen sehr gut gewappnet«, heißt es darin. »Daraus entstand aber auch das Bedürfnis nach einer Neuorientierung im sportlichen Umfeld. Die Abklärungen für einen Nachfolger sind im Gange. Entscheide sind noch nicht gefällt worden.«

Noch für den gleichen Abend wird eine Medienorientierung in der Kanzlei von Federers Anwalt Bernhard Christen in Basel einberufen. Der Wimbledonsieger steckt mitten in der Aufbauphase für die neue Saison. Er erscheint zusammen mit seiner Mutter, die zur zentralen Person in seinem Team geworden ist und nur noch für ihn arbeitet, nachdem er sich Mitte des Jahres von der International Management Group (IMG) getrennt hat. Seine Miene ist grimmig und verschlossen. Die Kommunikationspanne passt ihm, der alles kontrollieren will, nicht ins Konzept.

Es fällt Federer schwer, die Gründe für die Trennung in Worte zu fassen. Er spricht von Abnützungserscheinungen, von einem langen Prozess, der schon Anfang des Jahres begonnen und zu diesem Entschluss geführt habe. »Unsere Zusammenarbeit ist zu sehr zum Alltag geworden, vor allem in den letzten Monaten. Ich habe das Gefühl, dass ich etwas Neues brauche, einen neuen Impuls. Jemand, der mein Tennis weiterbringt.« Er habe mit Lundgren schon vor ein paar Wochen darüber gesprochen, dass er sich nicht mehr so wohl fühle. »Er hat mir gesagt, wenn ich das Gefühl habe, etwas anderes zu brauchen, wolle er mir nicht im Weg stehen.« Durchgerungen zum schwierigen Entscheid hat sich Federer im Urlaub auf der Insel Mauritius. »Peter war enttäuscht, genau wie ich. Wir hören auf dem absoluten Hoch auf, das macht es umso schwieriger. Ich bin aber überzeugt, dass wir Freunde bleiben werden.«

In der Öffentlichkeit geschieht, was immer geschieht, wenn einleuchtende Erklärungen fehlen für einen Vorgang, der interessiert: Es wird diskutiert, spekuliert und kritisiert. Haben sich die beiden verkracht? Geht es ums Geld? Ist der Schwede zu teuer geworden für Federer, der inzwischen mehr Preisgeld verdient als sonst ein Spieler? Sind andere Personen im Spiel? Steht ein Nachfolger bereit? Ist Federer schlecht beraten worden und setzt leichtfertig alles aufs Spiel, was er sich erarbeitet hat? Die »Neue Zürcher Zeitung« spekuliert sogleich, dass Mirka Vavrinec, »die erste Dame am Federer-Hof«, im Ablösungsprozess eine wichtige Rolle gespielt habe. Diese These wird von allen dementiert und trägt nicht dazu bei, die Gemütslage von Federer und seiner Freundin in diesen feuchtkalten Weihnachtstagen zu heben.

Oberflächlich betrachtet, gibt es für Federer tatsächlich keinen Grund, Lundgren nach seinem mit Abstand besten Jahr zu verabschieden. Die Zusammenarbeit mit dem Schweden dürfte nun eher einfacher werden, ohne den Druck, endlich einen großen Titel erringen zu müssen. Der Wimbledon- und Masters-Sieger steht vor einer spannenden Phase, und vieles deutet darauf hin, dass er die Nummer 1 der Welt wird und weitere Grand-Slam-Titel erringen kann.

Wieder einmal hat Federer instinktiv gehandelt – und wie will man instinktive Handlungen erklären? Er fühlt, dass er mit Lundgren am Ende eines Weges angelangt ist, dass der Schwede seine Aufgabe erfüllt hat. Er war der ideale Mann, um ihn durch die Top 50 an die Weltspitze und zum Wimbledonsieg zu führen. Mehr hatte Lundgren, dem selber große Turniersiege versagt blieben, nicht erwarten können. Federer spürt, dass der Schwede mit seiner Weisheit am Ende ist, was ihn betrifft. Lundgren hat ihm alles gegeben, was er geben konnte – doch nun hat Federer Gefilde erreicht, die auch für den Coach neu sind, in denen ihm die Erfahrung fehlt.

Federer spürt wahrscheinlich auch, dass mit ihm in dieser Phase etwas Entscheidendes geschieht: Die Triumphe haben seinen Appetit nicht gesättigt, sondern neu angeregt. Er ist in seinem Selbstverständnis zu einem anderen Spieler geworden, der andere Impulse benötigt, um sich auf einer neuen Stufe weiter verbessern zu können. Dass er dies will, ist für ihn sofort klar. Und er ist bereit, die ersten Schritte auch alleine zu wagen.

Die Australian Open 2004 verfolgt Lundgren in seinem Haus im schwedischen Küstendörfchen Hunnebostrand. »Ich bin 22 Jahre lang herumgereist und habe das ewige Reisen und das hektische Leben aus dem Koffer satt«, erzählt er am Telefon. »Ich fühlte, dass ich eine Pause brauchen konnte. Houston war zwar toll, aber einige Turniere gegen Ende des Jahres waren hart. Und immer, wenn ich wegging, weinten die Kinder. Auch für meine Freundin, die arbeitet, war es hart. Ich denke, es war ein guter Zeitpunkt für die Trennung.« Lundgrens Sohn Lukas ist inzwischen fünf, seine Tochter Julia acht Jahre alt. Sie ist an Diabetes erkrankt, und der gesamte Tagesablauf ist inzwischen auf sie ausgerichtet worden.

»Ich habe Roger gewarnt, dass er Mühe haben werde, den Medien die Gründe der Trennung zu erklären«, sagt Lundgren. »Aber er weiß, was er will. Er war auf der Suche nach neuen Ideen, und ich sagte ihm: Wenn du dich so fühlst, sollten wir nicht weitermachen. Ich habe auch meinen Stolz. Ich war selbst Profi und verstehe ihn. Ich war nicht geschockt. Aber wenn man eine so enge Beziehung hat, ist es schon komisch, einfach aufzuhören.«

Die Freundschaft der beiden wird durch die Trennung tatsächlich nicht tangiert. Auch nicht, als Lundgren einige Monate später der neue Coach von Marat Safin wird, einem von Federers größten Rivalen. Vor Weihnachten 2003 treffen sich die beiden noch einmal in der Schweiz. »Wir hatten die besten Gespräche seit langem«, sagt Lundgren.

Kapitel 22
Die glanzvolle Krönung

Ende 2003 zieht Federer aus dem Haus aus, das er für zwei Jahre mit seinen Eltern in Bottmingen geteilt hat, und bezieht mit Mirka im benachbarten Oberwil die erste gemeinsame Wohnung. Am 13. Dezember wird er in Bern erstmals zum Schweizer »Sportler des Jahres« gewählt. Am Tag darauf fliegt er nach London, zur Jubiläumsfeier des britischen Sports des Medienhauses BBC, wo er als Wimbledonsieger ein Stargast ist.

Federer lässt es sich nicht nehmen, bei dieser Gelegenheit dem All England Club einen kleinen Besuch abzustatten. Er muss deswegen den ersten Morgenflug nehmen, was bedeutet, dass er nur etwa drei Stunden geschlafen hat. Er hat sich einverstanden erklärt, von einem Zwei-Mann-Team des Schweizer Fernsehens und mir als Vertreter des »Tages-Anzeigers« begleitet zu werden. Auch die Londoner »Times« und eine Fernsehcrew der BBC, die von der Stippvisite erfahren haben, bekommen ihre Interviews.

Tim Phillips, der Wimbledon-Vorsitzende, empfängt das Ehrenmitglied wie einen alten Freund. Er führt die Gäste aus der Schweiz in die Klubräume im efeuberankten Centre-Court-Gebäude mit der Pokalvitrine und serviert Tee. Federer starrt lange auf das Bild links über der Schleuse zum Centre Court, das ihn als Wimbledonsieger zeigt. Es hängt gleich neben dem berühmten Zitat des britischen Literatur-Nobelpreisträgers Rudyard Kipling, unter dem alle Spielerinnen und Spieler durch müssen, wenn sie auf den Centre Court schreiten: »If you can meet with triumph and disaster and treat those two impostors just the same«. Wenn du mit Triumph und Desaster umgehen und diese beiden Betrüger gleich behandeln kannst.

Roger Federer hat schon Desaster erlebt, und nun zeigt sich, dass er auch mit dem Erfolg umgehen kann. Wie er sich an diesem Tag in London präsentiert, in dieser für ihn hektischen Zeit und nach einer kurzen Nacht, beeindruckt: bescheiden, aber selbstbewusst, freundlich, aber bestimmt. Der Centre Court in Wimbledon wurde von Boris Becker einst »mein Wohnzimmer« genannt, danach war er jahrelang das Hoheitsgebiet von Pete Sampras. Nun scheint Federer bereit und gewillt, ihn zu seiner eigenen Stube zu machen. Er betrachtet sich nicht als Temporärmitglied im All England Club, sondern als einer, der gekommen ist, um zu bleiben.

Die Rückkehr an die Stätte seines Triumphes erfüllt ihn sichtlich mit Stolz, jedes Detail interessiert ihn. Er erklärt minutiös, was sich vor und nach der Partie, in seinem Siegesrausch, abgespielt hat, führt uns durch das Klubhaus und die menschenleere, von einer milden Dezembersonne beschienene Anlage. »Dieser Gang hier war voller älterer Leute, doch sie gingen sofort zur Seite, als ich kam«, sagt er, wie ein Reiseleiter, »hier spielte ich mit Hewitt Doppel«, oder »hier wurden die Siegerbilder geschossen, doch irgendwie sieht es jetzt anders aus.« Lange blickt er auf Court 2, wo er gegen Lopez mit stechenden Rückenschmerzen am Boden lag und dachte, er würde aufgeben müssen.

Federer besucht auch das Museum, wo Schläger, Kleider und Schuhe ausgestellt sind, mit denen er das Turnier gewann, und, natürlich, den Centre Court. Der ist zum Schutz vor Füchsen mit einem elektrischen Zaun abgegrenzt. Als er in die Nähe des Platzes kommt, ertönt durch einen Lautsprecher eine Stimme: »Please don't stand on the grass!«, bitte den Rasen nicht betreten. Federer muss lachen. Noch einmal erzählt er von der bewegenden Siegerehrung. »Der Moment, als ich den Pokal in die Höhe strecken konnte, war magisch, kaum zu fassen. Er ist wunderschön, aus Gold, nicht zu schwer, nicht zu leicht, genau richtig. Alles hier, das Grüne, das Gras, war schon immer speziell für mich. Alle meine Lieblingsspieler haben auf diesem Platz so gut gespielt. Wimbledon ist mein Lieblings-Grand-Slam-Turnier. So viele träumen davon, hier zu gewinnen. Und ich dachte, warum ausgerechnet ich?«

Am 5. Januar 2004 wird ihm eine Ehrung zuteil, mit der er überhaupt nicht gerechnet hat: Ein Fernsehpublikum wählt ihn zum »Schweizer des Jahres«, vor zahlreichen weiteren Kandidatinnen und Kandidaten aus Wirtschaft, Unterhaltung, Sport und Politik. Seine Überraschung ist groß: Eine wertvollere Auszeichnung gibt es in seinem Heimatland nicht. Federers Name wird auf einer Alp im Kanton Obwalden, dem angeblichen Mittelpunkt der Schweiz, in einen Stein gemeißelt.

Als Federer im Januar 2004 nach Australien kommt, ist ihm die Kritik an der Trennung von Peter Lundgren bereits vorausgeeilt. Auch die internationalen Medien wollen nun die Gründe wissen. Pat Cash, der zurückgetretene letzte australische Wimbledonsieger, prescht in der Zeitung »Sunday Times« vor mit der Behauptung, Federer habe einen Fehler begangen und gehe das Risiko ein, schon am ersten Grand-Slam-Turnier des Jahres einen sportlichen Rückschlag zu erleiden. Cash kann weder den Zeitpunkt noch die Beweggründe der Trennung nachvollziehen und versteigt sich zur Aussage, Federer sei nicht bereit für die neue Saison und lasse sich zu sehr von seiner Freundin beeinflussen: »Er darf die Liebe nicht sein Spiel ruinieren lassen.«

Die forsche Netzattacke des ehemals wilden Angreifers wird sich als haltlos herausstellen. Federer wird in diesem Jahr nicht nur alle Zweifel an seiner Professionalität zerstreuen, sondern auch alle Theorien über die Wichtigkeit eines Coaches grundsätzlich in Frage stellen. Zwar bieten ihm nun täglich Trainer aus allen Ländern ihre Dienste an, immerhin ist er der einzige Top-Ten-Spieler ohne Coach. Doch er will nichts überstürzen. »Draußen auf dem Platz muss ich schließlich auch allein bestimmen, was ich tue«, sagt er, »da kann mir niemand mehr helfen.«

Als die Australian Open beginnen, ranken sich Fragezeichen um Federers Form und seine Vorbereitung. Bei einem Schauturnier in Hongkong verlor er zweimal gegen Juan Carlos Ferrero –

zuerst im Einzel, dann im gemischten Doppel –, beim Kooyong Classic in Melbourne verabschiedete ihn danach Andre Agassi in weniger als einer Stunde mit einem beunruhigenden 2:6, 4:6. Der Amerikaner ist als vierfacher Australian-Open-Sieger im Melbourne Park seit 21 Partien ungeschlagen und auch dieses Jahr Favorit.

Doch Federer erreicht ohne Mühe die Runde der letzten 16, und dort gelingt ihm dank des neuen Selbstvertrauens die Revanche für die Davis-Cup-Niederlage vor vier Monaten an gleicher Stelle gegen Lleyton Hewitt. Er schlägt den Australier, der inzwischen sogar aus den Top Ten gefallen ist, ausgerechnet am australischen Nationalfeiertag, während im nahen Stadtzentrum ein Feuerwerk gezündet wird. Danach steht ihm wieder David Nalbandian gegenüber, doch schon in den Schlüsselmomenten des ersten Satzes bestätigt sich, wie gut es um Federers Moral steht: Als der Argentinier beim Stand von 5:5 zu zwei Breakbällen kommt, gelingen ihm vier Asse in Folge. »Das ist mir noch nie passiert«, strahlt er nach dem Sieg. Seine ehemalige Verunsicherung gegenüber Nalbandian ist der Überzeugung gewichen, besser zu sein.

Weil Roddick überraschend gegen Marat Safin ausscheidet, steht vor den Halbfinals fest, dass Federer den amerikanischen Weltranglistenersten nach dem Turnier überholen wird. Das heißt aber noch nicht, dass er die Nummer 1 wird: Sollte Juan Carlos Ferrero das Turnier gewinnen, läge der Spanier vor ihm – und ausgerechnet auf ihn trifft er in den Halbfinals. Federer übersteht eine heikle Phase im Startsatz souverän, danach dominiert er Ferrero nach Belieben. Federer gewinnt in drei Sätzen, sinkt in die Knie und streckt die Arme in den Himmel. Es ist 21.18 Uhr Lokalzeit an diesem 30. Januar 2004, und es steht fest: Der Schweizer wird, offiziell am 2. Februar, erstmals die Nummer 1 der Weltrangliste sein. »Ich wollte diesen Moment genießen«, sagt er, »man wird ja nur einmal zum ersten Mal die Nummer 1.« Doch er hält fest, dass sein großes Ziel der Titel bleibt. »Wenn ich das Endspiel verliere, wäre es eine Riesenenttäuschung.«

Das zweite Halbfinalspiel bringt eine kleine Sensation: Marat Safin schlägt nach Roddick in fünf Sätzen auch Agassi. Der ungesetzte Russe gilt als Kraftpaket, das aus allen Lagen Winner produzieren kann, egal gegen wen. Der US-Open-Sieger des Jahres 2000 pausierte wegen einer Handgelenkverletzung im Jahr 2003 monatelang und ist nur noch die Nummer 86 der Weltrangliste – aber der Spieler der Stunde.

Federer lässt sich jedoch nicht mehr bremsen. Er dominiert den zunehmend müder und frustrierter wirkenden Russen je länger, desto klarer und gewinnt. Die Genugtuung nach seinem zweiten Grand-Slam-Titel ist riesig. »Die Nummer 1 war ein Ziel, aber der Titel das größere«, sagt er. Und vergisst auch Peter Lundgren nicht. Er erwähnt die Bedeutung des entlassenen Coaches in allen Interviews und schickt ihm eine telefonische Kurznachricht nach Schweden, in der er sich noch einmal bedankt.

Diesmal gibt es unter den Experten keine Diskussionen darüber, ob der neue Mann an der Spitze der Weltrangliste auch tatsächlich dorthin gehört, wie es zuletzt meistens der Fall war. Federer hat mit Wimbledon, dem Masters und den Australian Open innerhalb von sieben Monaten drei der fünf wichtigsten Titel gewonnen. Damit ist ihm die dominanteste Phase eines Profis geglückt, seit Hewitt innerhalb von zehn Monaten US Open und Masters 2001 sowie Wimbledon 2002 gewann. Die Übergangsphase, die innerhalb von zwei Jahren acht verschiedene Grand-Slam-Turniersieger hervorgebracht hat, ist vorbei. Zu Ende ist die Zeit, in der die ATP-Tour mit ihrer Kampagne »new balls, please« die neue Generation als Gesamtheit anpries – weil keiner wusste, welches die wirklich dominante Figur der Zukunft sein würde. Die Ära Federer hat begonnen.

AN DER SPITZE (ab 2004)

Kapitel 23
Die Nummer 1

Der dreifache Wimbledonsieger John McEnroe vergleicht in seiner Autobiografie den Weg zur Nummer 1 in der Tennis-Weltrangliste mit der Besteigung des Mount Everest. »Es ist ein absonderliches Gebiet, das keiner verstehen kann, der nie dort gewesen ist«, heißt es da. Der New Yorker, der einst Björn Borgs Ära beendete, geht mit seinem früh verstorbenen Landsmann Arthur Ashe einig, dass der Vorstoß von der Nummer 10 auf die Nummer 5 ebenso schwierig sei wie der von Rang 100 auf 10. »Und ab Rang drei wird es unfassbar hart.«

Roger Federer ist der erste, der diese Einschätzung teilt. »Es ist ein langer Weg bis zur Nummer 1. Man muss viele Hindernisse überwinden, um dort anzukommen«, sagt er im Frühling 2004. »Ich habe es getan, und nun habe ich viel Vertrauen.« Nur weil ihn der Wimbledonsieg von einem enormen Druck befreit habe, sei es ihm möglich gewesen, in Houston und Melbourne unbeschwert aufzuspielen. Er sieht nun keinen Grund mehr, der ihn daran hindern könnte, solche Leistungen wieder und immer wieder zu erbringen.

Federer hat den Schritt aufs Dach der Tenniswelt mit 22 Jahren und 5 Monaten zwar nicht als jüngster Spieler geschafft. Lleyton Hewitt, Jimmy Connors, Björn Borg, John McEnroe, Jim Courier, Pete Sampras, Marat Safin oder Andy Roddick waren alle jünger, als sie dort erstmals erschienen. Und doch hat Federer die Nummer 1 früher erreicht als beispielsweise Boris Becker, Stefan Edberg, Ivan Lendl oder Andre Agassi. Der erst dritte deutschsprachige Weltranglistenerste (nach Boris Becker und Thomas Muster) weiß seinen Status zu schätzen, den er im Jahr 2003 nur wegen einer mathematischen Zufälligkeit verpasst hat. Ein Kindheitstraum, der ihm in den letzten Monaten immer nur knapp entwischt war, ist Wirklichkeit geworden.

Dass er in seiner Rolle als Nummer 1 aufblüht, ist keineswegs selbstverständlich. Für viele seiner Vorgänger war sie eine schwere Bürde: Der Jäger wird zum Gejagten, der Verfolger zum Verfolgten, der Herausforderer zum Herausgeforderten, und zudem bringt die Nummer 1 auch eine Reihe zusätzlicher Verpflichtungen mit sich. Der Weltranglistenerste ist der wichtigste Repräsentant seiner Sportart, von ihm wird die Meinungsführerschaft erwartet, sein Wort hat Gewicht und ist gesucht. Er steht im Mittelpunkt, wird von Medien, Fans und Turnierdirektoren gejagt und belagert und muss aufpassen, dass er darüber nicht sein Training und die Vorbereitung vernachlässigt.

Trotzdem ist die Nummer 1 für die meisten das ultimative Karriereziel, die Erfüllung eines lang gehegten Traums. Alle, die erstmals zuoberst ankommen, sind am Ende eines Weges und müssen sich neu orientieren. Und nicht für alle ist die Droge »number one« gut verträglich. Als Nummer 2, 3 oder 5 lebt es sich schließlich auch nicht schlecht – und deutlich ruhiger.

Viele der 22 Spieler, die vor Federer in der 1973 eingeführten Weltrangliste ganz oben erschienen, verschwanden wieder, bevor die Sportöffentlichkeit dies überhaupt realisiert hatte. Der Australier Patrick Rafter, die Spanier Carlos Moya und Juan Carlos Ferrero, der Chilene Marcelo Rios, der Österreicher Thomas Muster und der Russe Jewgeni Kafelnikow konnten sich alle weniger als zehn Wochen lang als Nummer 1 behaupten.

Roger Federer aber sieht sich nicht am Ende eines Weges, sondern am Anfang eines neuen. Für ihn ist vom ersten Moment an klar, dass er so lange wie möglich dort oben bleiben will. Dies ist seine neue Mission, für die er Opfer bringen und Prioritäten verschieben wird, zum Beispiel die Bedeutung des Davis-Cups zurückstufen. »Die Nummer 1 zu sein, ist fantastisch. Ich kann es jedem nur empfehlen«, sagt er einmal. »Ich fühle mich viel besser als damals, als ich noch die Nummer 5 oder 6 war, und ich spiele mit viel mehr Vertrauen. Nicht nur, weil ich viele Partien und Turniere gewinne, sondern weil ich weiß, dass niemand sagen kann, er sei besser als ich. Vielleicht an einem bestimmten Tag – aber das reicht nicht, um mir meinen Platz als Nummer 1 zu nehmen.« Mit dem noch einmal gesteigerten Rummel bekundet er keine Mühe. Als er während der German Open in Hamburg gefragt wird, ob ihm die Rolle des Sympathieträgers gefalle, bekennt er freimütig: »Ich bin gerne der Star, der Publikumsmagnet.«

Von Melbourne reist Federer Anfang Februar 2004 nach Basel, wo er von Fans und Sponsoren mit Kuhglocken und Nummer-1-Fahnen empfangen wird, und von dort direkt weiter nach Rumänien, wo die Schweiz im Davis-Cup antreten muss. Ein rumänisch/schweizerischer Doppelbürger finanziert für das letzte Stück der mühevollen Reise einen Privatjet. Als Federer weit nach Mitternacht am frühen Mittwoch im Hotel im Stadtzentrum Bukarests ankommt, wird er von einem Fernsehteam des rumänischen Fernsehens erwartet.

Nur fünf Tage nach dem Australian-Open-Endspiel steht er wieder im Einsatz, auf der anderen Seite des Planeten an einem völlig anderen Ort, in der »Sala Polivalenta« inmitten einer heruntergekommenen Parkanlage der Balkanstadt. Obwohl ihm nur zwei Tage bleiben, um sich an die Zeitumstellung zu gewöhnen, sich vom australischen Sommer auf den europäischen Winter und vom Hartplatz von Melbourne auf den Sand von Bukarest einzustellen, gewinnt er sowohl seine beiden Einzel als auch ein fast vier Stunden dauerndes Doppel, während dessen er seinen Freund und Davis-Cup-Debütanten Yves Allegro zu einem 10:8 im fünften Satz führt. Zum vierten Mal bringt er damit eine Davis-Cup-Begegnung mit drei Siegen hinter sich.

Das Jahr 2004 wird für Federer zum Triumphzug. Wo immer er erscheint, wird er gefeiert. Seine Ergebnisse sind einer Nummer 1 würdig. Zwar muss er in Rotterdam gegen Tim Henman seine erste Niederlage nach über drei Monaten und 16 Siegen hinnehmen, danach jedoch verteidigt er seinen Titel in Dubai erfolgreich, und beim kalifornischen Masters-Serie-Turnier im noblen Ferienort Indian Wells kann er gegen Tim Henman im Endspiel klarstellen, wie die neue Hierarchie aussieht. Es ist sein erster zählbarer Erfolg gegen den Briten, gegen den er zuvor in sieben Partien nur einmal nicht verlor, weil dieser 2002 in Miami wegen einer Nackenstarre aufgeben musste. Der Sieg gibt ihm deshalb eine besondere Befriedigung: »Nun glaube ich, dass kein Gegner mehr einen psychologischen Vorteil gegen mich hat.«

Doch dann zwingt ihn ein unsichtbarer Gegner in die Knie: die Hitze. Gleich nach dem Finalsieg leidet Federer an Fieber, Übelkeit und Gliederschmerzen. Es folgt eine qualvolle Reise über Portland, zu seinem Kleiderausrüster »Nike«, nach Miami, mit einem krankheitsbedingten Zwischenstopp in einem Flughafenhotel von Los Angeles. »Diesmal hat es ihn richtig erwischt«, erzählt Mirka, als die beiden in Florida ankommen. Er erwägt einen Moment, das Turnier in Key Biscayne auszulassen, als der Regen ihm einen zusätzlichen Ruhetag verschafft. Seine Kraft reicht gerade noch zu einem glücklichen Startsieg, dann trifft Federer erstmals auf den viel gepriesenen Mallorquiner Rafael Nadal. Dem 17-Jährigen gelingt eine Partie, die er als beste seines Lebens bezeichnet. Er fügt Federer mit 6:3, 6:3 die klarste Niederlage seit über einem Jahr zu und wird zu dessen jüngstem Bezwinger auf der Profitour. Federer ist nicht groß überrascht, weil er nicht im Vollbesitz seiner Kräfte ist. Dennoch ahnt er, dass im kräftigen Spanier ein gefährlicher Rivale heranwächst. »Er wird in den kommenden Jahren der stärkste Linkshänder der Welt«, prophezeiht er.

Beim ersten Auftritt in der Schweiz als Weltnummer 1 wird Federer triumphal empfangen. Die Fans begrüßen ihn in der ausverkauften Eishalle Malley von Lausanne, wo die Schweiz zum ersten Davis-Cup-Heimspiel seit drei Jahren kommt, mit Kuhglocken und Sirenen und einem ohrenbetäubenden Lärm. Fast erschrocken sei er ob dem Krach, sagt er später. »Es ist wie ein Traum, in einer solchen Atmosphäre spielen zu dürfen.« Obwohl er seine beiden Einzel klar gewinnt, reicht es im Doppel mit Yves Allegro nicht zum Sieg. Da die Franzosen auch die zwei anderen Einzel gewinnen, gelingt ihnen die Revanche für die Niederlage von Toulouse vor einem Jahr, die Schweizer verpassen die Halbfinals.

Auch in der Sandsaison bringt Federer die Zuschauer zum Schwärmen. In Hamburg gewinnt er sein drittes deutsches Sandturnier und überzeugt wie nie zuvor auf diesem Belag, bei den French Open muss er sich allerdings von Gustavo Kuerten aus Brasilien in der dritten Runde dank einer bestechenden Leistung seines Gegners geschlagen geben. »Diese Niederlage kann ich akzeptieren«, sagt Federer. Keiner ahnt, dass dies seine letzte Niederlage für lange bleiben wird.

Vor Wimbledon 2004 erreicht der Rummel einen neuen Höhepunkt. Federer ist als Nummer 1 und Titelverteidiger gefragter denn je. Er wohnt dieses Jahr an der Clifton Road in Wimbledon Village, im gleichen Haus, wo auch schon Pete Sampras zu residieren pflegte. Es ist mit drei Schlafzimmern größer als die Wohnung im Jahr zuvor, und nun hat auch Physiotherapeut Pavel Kovac sein eigenes Schlafzimmer. Erstmals dabei ist in Wimbledon Reto Staubli, ein Freund und ehemaliger Interclub-Mannschaftskollege Federers, der in diesen Wochen oft mit ihm reist und Details regelt, die sonst Coaches übernehmen. Federer trainiert gelegentlich auch mit dem Aargauer, einem ehemaligen Profi und Schweizer Meister, der inzwischen bei einer Bank arbeitet und das Ganze als Abenteuer betrachtet. Wie vor einem Jahr schirmt sich Federer in Wimbledon ab und verlässt das

Haus meistens nur, um zu spielen oder zu trainieren. Die Fragen nach dem Coach sind inzwischen verstummt. Weshalb sollte er auch etwas ändern, wo doch alles so gut läuft?

Federer hat seine Siegesserie auf Rasen mittlerweile beim Turnier in Halle auf 17 Partien ausgedehnt. Sein Vorsprung gegenüber Andy Roddick, seinem ersten Verfolger in der Weltrangliste, beträgt nun fast tausend Punkte, was dem Gegenwert eines Grand-Slam-Titels entspricht. »Das Jahr danach« wird in Wimbledon für ihn damit nicht zur Glaubensfrage, wie beispielsweise 1986 für Boris Becker. Der Deutsche konnte sich erst mit dem zweiten Titel beweisen, dass sein erster kein Zufall und er keine Eintagesfliege war.

Federer fühlt sich auf dem Rasen an der Church Road gleich wieder zu Hause und lässt sich auch durch das schlechte Wetter nicht irritieren. Souverän erreicht er die Viertelfinals, wo ihm Lleyton Hewitt in einer Stop-and-Go-Partie, die vom Regen dreimal unterbrochen wird, dann aber alles abverlangen kann. Federer verliert nach 26 in Serie gewonnenen Sätzen in Wimbledon wieder einmal einen Satz. Und Hewitt schafft auch, was Federers sechs letzten Gegnern in Wimbledon in 105 Versuchen nicht geglückt ist: Er kann dem Schweizer im vierten Satz den Aufschlag abnehmen und 4:3 in Führung gehen. Doch Federer kontert, gewinnt die nächsten drei Games und damit die Partie.

Auch das Halbfinalspiel gegen den flinken Franzosen Sébastien Grosjean entwickelt sich zu einer verregneten Affäre. Unzählige Regengüsse erzwingen am Freitagabend die Vertagung, und Federer muss beim Stand von 6:2, 6:3, 4:2 am Samstag auf den Court zurückkehren. Dreißig Minuten später hat er die Partie im Tiebreak des dritten Satzes beendet – fast 24 Stunden, nachdem sie begonnen hat.

In seinem zweiten Wimbledonendspiel steht ihm am regnerischen, bitterkalten 4. Juli 2004, dem amerikanischen Unabhängigkeitstag, Andy Roddick gegenüber. Der Amerikaner hat sich als klare Nummer 2 und erster Herausforderer Federers herausgestellt, insbesondere auf Rasen. Die Bilanz der Direktbegegnungen steht aber 5:1 für Federer, der – im Gegensatz zum vorigen Jahr – dieses Mal als klarer Favorit betrachtet wird.

Doch Roddick hat zusammen mit seinem Trainer Brad Gilbert die Hausaufgaben gemacht. Er spielt mit einer Intensität, die noch auf der obersten Reihe der Zuschauerränge spürbar ist. Es gelingt ihm dank seines Krafttennis, den Beginn der Partie zu dominieren. Roddick gewinnt den ersten Satz mit brachialen Schlägen 6:4. Der zweite Satz wird zu einer unerklärlichen Achterbahnfahrt: Federer führt 4:0, hat einen Ball zum 5:0 – doch verliert zwei Aufschlagspiele in Folge, es steht 4:4. Doch die Tennisgötter sind auf seiner Seite: Ein Netzroller verschafft ihm einen Satzball, den er mit einem herrlich gegen den Lauf gespielten Vorhandwinner verwertet.

Federer kann die Partie aber auch im dritten Durchgang nicht kontrollieren. Er fällt 2:4 zurück, als er wieder fremde Hilfe erhält: Regen erzwingt eine Pause. Sie wird 40 Minuten dauern und – so komisch es klingen mag – die Entscheidung bringen. Und sie lässt dem Australier Pat Cash in der BBC-Kommentatorenbox Zeit für eine weitere Fehlprognose: Er würde jetzt nicht mehr viel Geld auf Federer setzen, sagt er. Dieser kommt nach der Unterbrechung jedoch wie verwandelt und mit einer neuen Taktik zurück. Er stürmt nun, wie einst Pat Cash, viel öfter ans Netz – und findet dort sein Glück. Er gewinnt den dritten Satz im Tiebreak, kann im vierten Satz sechs Breakbälle abwehren, schafft ohne Punktverlust das Break zum 4:3 und verwertet wenig später seinen ersten Matchball.

Es ist 17.55 Uhr, als Federer zum zweiten Mal als Wimbledonsieger in die Knie und auf den Rücken sinkt. Inzwischen scheint über dem All England Club wieder die Sonne, wie ein Jahr zuvor. Und wie ein Jahr zuvor fließen die Tränen. »Wenigstens habe ich es diesmal geschafft, sie während der Siegerehrung zurückzuhalten«, bemerkt er. »Ich spüre sogar noch mehr Freude als letztes Jahr.« Er sei überrascht gewesen, wie aggressiv und solide Roddick gespielt habe, gibt er zu. Den Entscheid, die Taktik umzustellen und mehr Aufschlag/Volley zu spielen, habe er in der Regenpause ganz alleine getroffen, und darauf ist er stolz: »Der Coach Federer ist mit dem Spieler Federer zufrieden.«

Kapitel 24
Die Rückkehr des Samson

Mit der geglückten Titelverteidigung bei den Englischen Meisterschaften hat Federer die erste heikle Situation in der Weltrangliste vermeiden können. Hätte er gegen Andy Roddick verloren, läge er nur noch 65 Punkte vor dem Amerikaner und müsste bei den nun folgenden Swiss Open im Berner Oberland mindestens die Halbfinals erreichen, um nicht auf den zweiten Rang zurückzufallen. Nun sind es immerhin 665 Punkte Vorsprung, und er kann ohne den Druck antreten, gegen den Verlust der ersten Position spielen zu müssen.

Die Organisatoren des Turniers haben wiederum ein originelles Geschenk für den Starspieler parat: ein Alphorn in Originalgröße. Nach einem lockeren Startsieg muss Federer zwar in jedem Spiel einen Satz abgeben, doch am Ende heißt der neue Swiss-Open-Champion ... Federer. Endlich, im 13. Anlauf und nach drei verlorenen Endspielen, hat er eines der beiden großen ATP-Turniere seines Landes gewonnen. Dass es Gstaad ist und nicht Basel, »sein« Turnier, ist in diesem Moment einerlei. Federer ist der erste Schweizer Gstaad-Sieger seit Heinz Günthardt 1980, und er beschert den Swiss Open einen Zuschauerrekord. Seine Erleichterung ist so groß wie seine Müdigkeit: »Endlich kann ich wieder einmal ausschlafen.«

Nach den Ferien im warmen Dubai beginnt in Basel die kurze Vorbereitung für die Hartplatzsaison. Die bringt dieses Jahr einen ganz speziellen Höhepunkt, die Olympischen Spiele in Athen. Federer hat das Olympiaturnier zu einem seiner drei großen Jahresziele erklärt, neben der Verteidigung des Wimbledonsiegs und der Nummer 1. Doch vorher stehen die Masters-Serie-Turniere in Toronto und Cincinnati auf dem Programm, wo er seine Führung in der Weltrangliste ausbauen möchte.

Am 1. August, dem Schweizer Nationalfeiertag, schlägt Federer im Endspiel von Toronto den Weltranglistenzweiten Andy Roddick. Es ist außerdem der zweite Todestag von Peter Carter, und ihm widmet er seinen bereits achten Turniersieg des Jahres – und zwar »ihm ganz allein«. Federer gelingt damit ein neuer Eintrag in die Rekordbücher: Er hat als erster Spieler seit Björn Borg 1979 drei Turniere hintereinander auf verschiedenen Belägen gewonnen, auf Rasen, Sand und Hartplatz. »Ich hoffe, ich kann mit Borg einmal einen Kaffee trinken und über diese Serie diskutieren«, sagt Federer. Und weist stolz darauf hin, dass es schon Spieler gegeben habe, die zwar die Nummer 1 wurden, aber in ihrer Karriere auf gewissen Belägen ohne Titel blieben. Einer davon ist Boris Becker, der nie ein Sandturnier gewann.

Toronto bringt Federer noch ein anderes einschneidendes Erlebnis: Er lässt sich eine Kurzhaarfrisur verpassen. Schon im April sind einige Zentimeter seiner Haarpracht gefallen, die ihn optisch zu einem Bruder Peter Lundgrens gemacht hat. Nun werden die Haare wirklich kurz. Eigentlich habe er nur die Spitzen schneiden wollen, erzählt Mirka, doch der Friseur habe ihn überzeugt, einmal etwas Neues zu probieren: kurz, mit Stufenschnitt.

Doch es ist zum Haare raufen: Das neue Äußere bekommt seiner Spielstärke schlecht. Federers Kraft scheint in den Haaren zu stecken, wie in der biblischen Legende des Samson. Der besaß übermenschliche Kräfte, verlor sie aber, nachdem ihm die Philister die Mähne stutzten. Wenn Federer gewusst hätte, was ihm an den nächsten Turnieren widerfahren sollte, hätte er wohl einen Bogen um den Friseursalon in Toronto gemacht. Der Masters-Serie-Anlass in Cincinnati bringt schnellstmöglichst das Ende seiner Siegesserie, die mit 23 Erfolgen die längste eines Profis seit fünf Jahren ist. Sein Bezwinger ist der Slowake Dominik Hrbaty, der ihm die erste Startniederlage seit den French Open 2003 vor 15 Monaten zufügt.

Doch Federer sieht schnell die guten Seiten der frühen Niederlage: Sie verschafft ihm mehr Zeit, sich auf die Olympischen Spiele vorzubereiten. Der zweifache Wimbledonsieger ist der Star der Schweizer Olympia-Delegation und gilt als sichere Medaillenbank. Zumal er bis in die Haarspitzen motiviert ist und seit Monaten davon spricht, wie wichtig für ihn diese Reise nach Griechenland ist. »Seit vier Jahren fiebere ich diesem Turnier entgegen.« Er träumt davon, unter dem Olymp mit Mirka auf eine Medaille und ihre Partnerschaft anzustoßen, die vor vier Jahren bei den Olympischen Spielen in Sydney begonnen hat. Mit Olympia hat er zudem eine Rechnung offen: In Australien vergab er gleich zwei Chancen, eine Medaille zu gewinnen.

Federer wohnt bescheiden im Athletendorf – im Gegensatz zu vielen anderen Tennisprofis, welche Hotels vorziehen. Er ist glücklich, als er erfährt, dass er an der Eröffnungsfeier die Schweizer Delegation als Fahnenträger ins Olympiastadion führen darf. Und doch ist er wie alle Tennisspieler irgendwie ein Fremdkörper in der riesigen Masse von Sportlern aus aller Welt, die seit Jahren alles auf diesen einen Wettkampf ausgerichtet haben. Immer wieder muss er sich an diesem Abend neben anderen Athletinnen und Athleten, die er nicht kennt, fotografieren lassen und unzählige Autogramme verteilen.

Beim internationalen Tennisverband ist man entzückt, dass Federer das Olympische Turnier derart hoch einstuft. Viele Vertreter anderer Sportarten sind der Meinung, dass die hochbezahlten Profis gar nicht nach Olympia gehören (Tennis ist erst seit 1988 wieder olympisch) und den Anlass auch nicht gebührend ernst nähmen. Ein Olympiasieger namens Federer würde viele dieser Stimmen zum Verstummen bringen. Beim offiziellen Dinner, das auf einer lauschigen Terrasse unter Pinien und neben dem alten Zappeion-Tempel stattfindet, flüstert mir ein Vertreter der Organisatoren ins Ohr: »Ich sollte es eigentlich nicht sagen, aber viele von uns drücken Roger die Daumen.«

Es ist eine herbe Enttäuschung, als Federer im zweiten Spiel völlig unerwartet mit einer unerklärlich matten Leistung gegen den unbekannten Tschechen Tomas Berdych ausscheidet. Berdych ist erst 19 Jahre alt und lediglich die Nummer 79 der Weltrangliste. Auch der Tscheche ist nach seinem größten Coup sprachlos.

Die Ernüchterung in der kleinen Schweizer Olympia-Delegation, in der jede Medaille als Großereignis gefeiert wird, ist umso größer, als gleichentags mit dem Judoka Sergei Aschwanden ein anderer Medaillenwärter früh ausgeschieden ist. Federer erscheint ziemlich gefasst im Medienzentrum – ist jedoch um eine Antwort verlegen. Er habe sich unter Druck gefühlt, sei etwas müde nach der langen Saison, und es sei schwierig, gegen einen Jungen wie Berdych zu spielen, den er nicht kenne. Einige Monate später, als er alles mit Distanz betrachtet, witzelt er: »Immerhin habe ich in Athen die Fahne gut getragen.«

Wenigstens muss er als Tennisspieler im Gegensatz zu den meisten Olympioniken nicht monate- oder jahrelang auf die nächste Gelegenheit warten, um einen wertvollen Erfolg zu erringen. Bereits knapp zwei Wochen später beginnen die US Open, und Federers Blick richtet sich schnell nach vorne. »Wenn ich hätte wählen können, hätte ich Olympiagold genommen. Aber nachdem dieser Traum nun geplatzt ist, will ich nun die US Open gewinnen«, sagt er. Und reist ab, in Richtung des vierten und letzten Grand-Slam-Turnier des Jahres, nach New York.

Die US Open sind das unpersönlichste der größten Turniere, und einer der vielen, die hier nie gewannen, heißt Björn Borg. »Die US Open sind das Grand-Slam-Turnier, das am schwierigsten zu gewinnen ist«, sagt Andre Agassi, und viele stimmen ihm zu. »Hier könnte einer auf den Tribünen Saxophon spielen, und keiner würde sich daran stören«, bemerkte Boris Becker in seinen jungen Jahren.

Federer hat seine einst chronische Erfolglosigkeit in den USA inzwischen abgelegt und in kurzer Zeit mit dem Masters in Houston und dem Pacific Life Open in Indian Wells zwei der vier größten Titel des Landes gewonnen. Der dreifache Grand-Slam-Turniersieger weiß inzwischen auch, wie er diese zweiwöchigen Anlässe angehen muss. Wie in Wimbledon reist er auch in New York früh an, um sich in Ruhe vorzubereiten. Er verbringt die Zeit neben dem Training mit dem Besuch von Broadwayshows wie »The Beauty and the Beast« und »The Boy from Oz«, gibt Interviews und erfüllt Verpflichtungen mit den Sponsoren. Oder er schaut seinen Davis-Cup-Kollegen im Qualifikationsturnier zu – was eher ungewöhnlich ist für einen Weltranglistenersten.

Vielleicht ist es, weil seine Haare inzwischen wieder etwas nachgewachsen sind: Von seiner in Cincinnati und Athen gezeigten Schwäche ist hier jedenfalls nichts mehr zu bemerken. Federer übersteht die ersten Runden ohne größere Probleme und steht in den durch Regen verzögerten Viertelfinals Andre Agassi gegenüber. Agassi ist zwar inzwischen 34 Jahre alt, und hinter ihm liegt ein schwieriger europäischer Sommer mit körperlichen Problemen und unerwarteten Niederlagen. Doch eben hat er in Cincinnati Andy Roddick und Lleyton Hewitt besiegt und seinen ersten Titel seit über einem Jahr errungen. Seine Zuversicht ist nicht gespielt. Federer jedoch findet seinen Rhythmus sofort. Er führt 6:3, 2:6, 7:5, als es in New York spätabends wieder zu regnen beginnt. Als die Partie am Donnerstagnachmittag weitergeht, sorgen orkanartige Winde für Bedingungen, die Federer als die schlimmsten bezeichnet, bei denen er je gespielt hat. »Noch vor fünf Jahren wäre ich bei einem solchen Wind ausgerastet.«

Die Partie scheint zum Glücksspiel zu werden, doch dann beweist der Schweizer sein taktisches Geschick und seine Anpassungsfähigkeit: Er versucht nicht mehr, Winner zu schlagen, sondern konzentriert sich darauf, den Ball lediglich fehlerfrei über das Netz und in die gegnerische Platzhälfte zu bringen, auch mit dem Aufschlag. »Ich spielte wie sonst nur beim Einspielen, und das war das richtige Rezept«, freut er sich nach dem mit 6:3 gewonnenen Entscheidungssatz.

Eher überraschend trifft Federer am »Super Saturday«, wie der Halbfinal-Samstag in New York genannt wird, auf einen alten Bekannten, Tim Henman. Der 30-jährige Brite führt im Duell gegen ihn immer noch mit 6:2 Siegen. Federer ist inzwischen aber zu einem selbstbewussten Champion geworden, der mit zunehmender Turnierdauer nur noch stärker wird. Wie im März an der Westküste in Indian Wells bekundet er nun auch an der Ostküste keine Mühe mit dem Briten und zieht locker in sein viertes Grand-Slam-Endspiel ein. Dort steht ihm am Sonntagnachmittag Lleyton Hewitt gegenüber, der Sieger des Jahres 2001. Der Australier hat die Olympischen Spiele ausgelassen, dafür in den Vereinigten Staaten zwei Turniere und 16 Partien in Folge gewonnen – und bei den US Open noch keinen Satz abgegeben.

Umso verblüffender ist, was im ersten Satz geschieht: Federer gelingt ein Meisterwerk, indem er dem Australier in 17 Minuten nur fünf Punkte überlässt. Als Hewitt bei 0:6, 0:2 sein erstes Game gewinnt, erhebt sich das Publikum im Arthur-Ashe-Stadion zu einer stehenden Ovation. Federer bleibt der Stärkere: Er geht 4:2 in Führung und hat drei Bälle zum 5:2, als sich das Blatt plötzlich wendet. Sein erster Aufschlag funktioniert nicht mehr, er vergibt bei 5:4 drei Satzbälle, muss Hewitt ein Break zugestehen und fällt 5:6 zurück.

»Wenn er den Satzausgleich geschafft hätte, wäre es ein ganz anderes Match geworden«, sagt Federer. »Ich zwang mich, positiv zu bleiben. Ich sagte mir, dass ich das Break nur bekommen hatte, weil ich gegen den Wind und mit alten Bällen aufgeschlagen hatte. Als ich die Seite wechselte, ging tatsächlich alles wieder leichter.« Federer erzwingt das Tiebreak und gewinnt es 7:3. Damit ist Hewitts Widerstand gebrochen, und auch der dritte Satz endet 6:0. Wie er den Matchball zu seinem ersten US-Open-Sieg erlebt, schildert Federer so: »Erst war ich überrascht,

Freundin, Managerin und früher selber Berufsspielerin:
Mirka Vavrinec (2005)

Erstmals im Kreis der Allerbesten: 2002 beim Masters in Shanghai

Weitsichtiger Schwede: Mit Peter Lundgren am Tag vor dem Wimbledonsieg 2003

Schlauer Fitnessguru:
Mit Pierre Paganini 2003 beim Konditionstraining in Biel

Das Turnier seiner Träume und größten Erfolge:
Auf dem Rasen Wimbledons (2005)

Die Tränen nach dem Durchbruch:
An der Siegerehrung in Wimbledon 2003

Ungewohnter Preis: Beim Melken seiner Kuh »Juliette«
oberhalb von Gstaad (2003)

Erstmals die Nummer 1 der Welt: Nach dem Sieg über Ferrero 2004 in Melbourne

Respekt und Sympathie: Mit dem Australier Tony Roche (2005)

Neuer Rivale:
Nach der Halbfinal-Niederlage in Paris 2005 mit Rafael Nadal

Alles richtig gemacht: Mit den Eltern beim Champions Dinner von Wimbledon 2005

Der Hochgelobte:
Am Morgen nach dem dritten Wimbledonsieg (2005)

»Dieser Pokal ist für euch«: Auf dem Basler Marktplatz 2005

dass Lleyton nicht mehr an den Ball kam. Dann lag ich plötzlich auf dem Rücken, schaute in den Himmel und sah die Lichter des Stadions. Ich dachte: Das ist unglaublich. Und wieder war ich den Tränen nahe.«

Kapitel 25
New York, New York

Mit dem Sieg bei den US Open 2004 beschafft Roger Federer den Statistikern jede Menge Material, um die Rekordbücher zu überarbeiten. Sie finden schnell heraus, dass er erst der zweite ist, der in der 1968 begonnenen Profigeschichte in einem Endspiel eines Grand-Slams zwei Sätze »zu null« gewonnen hat. Der andere war der Argentinier Guillermo Vilas, der 1977 in Roland Garros dem Amerikaner Brian Gottfried beim 6:0, 6:3, 6:0 keine Chance ließ. Um an den amerikanischen Meisterschaften ein Endspiel mit zwei 6:0-Sätzen zu finden, muss man bis in die Zeiten zurückgehen, als die Sportart laufen lernte, ins Jahr 1884.

Resultate von 6:0 werden in Anspielung an die ringförmigen Brötchen in den USA »Bagel« genannt. Ein »Double Bagel« gilt als bitterste Art, wie man eine Partie verlieren kann, wobei damit Resultate von 6:0, 6:0 gemeint sind, die man im deutschsprachigen Raum auch »Fahrrad« nennt. Lleyton Hewitt hat zwar gegen Federer immerhin ein Tiebreak erzwingen können, aber dennoch bleibt ihm neben der Niederlage auch der Spott nicht erspart. »Die größte Demütigung in der Geschichte der Grand-Slam-Finals«, übertreibt die australische Nachrichtenagentur AAP. Ein Reporter erfrecht sich sogar, ihn zu fragen, ob es schwierig sei, einen »Double Bagel« zu schlucken.

Wichtiger für die Statistik ist allerdings, dass Federer erst der vierte Profi der Tennisgeschichte ist, der mit den Australian Open, Wimbledon und den US Open drei der vier Grand-Slam-Titel im gleichen Jahr gewinnen konnte. Vor ihm gelang dies auch dem Schweden Mats Wilander (1988), dem Amerikaner Jimmy Connors (1974) sowie dem Australier Rod Laver (1969). Laver und der Amerikaner Donald Budge gewannen sogar alle vier großen Titel im gleichen Jahr, was als ultimativer Erfolg im Tennis gilt und Grand Slam genannt wird, »großer Schlag«. Der Ausdruck soll erstmals 1938 verwendet worden sein, als der amerikanische Schriftsteller Allison Danzig vorschlug, Don Budge habe wie ein erfolgreicher Bridgespieler einen Grand Slam der Siege an den vier wichtigsten Meisterschaften des Jahres errungen.

Rod Laver, ein Linkshänder mit dem Übernamen »Rockhampton Rocket«, die Rakete aus Rockhampton, schaffte den Grand Slam sogar zweimal: 1962 als Amateur und 1969 als Profi. Zu seinen Zeiten hatte dieser Erfolg allerdings noch einen anderen, viel kleineren Stellenwert als heute. Er war auch einfacher zu erringen, da zu Lavers Zeiten bei den US Open (bis 1974) und bei den Australian Open (bis 1987) noch wie in Wimbledon auf Rasen gespielt wurde.

Von den Frauen haben drei Spielerinnen den Grand Slam geschafft, die Amerikanerin Maureen Connolly (1953), die Australierin Margaret Smith Court (1970) sowie Steffi Graf (1988). Die Deutsche, die nach ihrer Tennis-Karriere Andre Agassi heiratete, gewann im gleichen Jahr auch noch die Olympischen Spiele in Seoul, worauf der Ausdruck »Golden Slam« geprägt wurde. Martina Hingis fehlte 1997 wie Federer nur der Titel in Paris zum Grand Slam, wobei sie erst im Endspiel scheiterte.

Der Gewinn von drei der vier größten Titel in einem Jahr, wie es Hingis und Federer gelungen ist, wird von einigen auch »Kleiner Slam« genannt. Dies sei viel schwieriger als zu seiner Zeit, glaubt Mats Wilander, der 1988 in Melbourne, Paris und New York triumphierte. »Bei den 21 Spielen, die Federer dazu gewinnen musste, wusste er vielleicht vor einem oder zwei, dass er bestimmt gewinnen würde. Ich dagegen wusste schon vor etwa zwölf Partien, dass ich sie unmöglich verlieren konnte. Die Tiefe im Männertennis ist derart viel größer geworden.«

Einmal mehr hat Federer in New York auch seine Steigerungsfähigkeit in den Endphasen großer Turniere bestätigt. Er ist der erste Berufsspieler, der seine ersten vier Grand-Slam-Finals alle gewinnen konnte. Fast ebenso erstaunlich ist, dass er dabei ab den Halbfinals in acht Partien nur einen Satz abgegeben hat. Zudem hat er inzwischen elf Finals hintereinander gewonnen. Endspiele sind für ihn die größtmögliche Motivation. Seine Einstellung ist einfach: Was nützten der ganze Aufwand und alle Siege, wenn man im wichtigsten Moment doch noch verliert? Die Sieger bleiben, die Verlierer gehen.

Der Coup von Flushing Meadows macht aus ihm auch am Broadway einen Sportstar. Die amerikanischen Medien feiern ihn überschwänglich, und einige Journalisten stellen in ihrem Drang zur Superlative die Frage, ob er wohl der Mann sei, der einst die Rekordmarke von Pete Sampras' 14 Grand-Slam-Titeln übertreffen werde.

Federer bleibt auch in der Stunde seines größten Erfolgs in den Vereinigten Staaten auf dem Boden. »Das ist alles, was ich kann«, sagt er an der Siegerehrung zu Alan Schwartz, dem Präsidenten des amerikanischen Tennisverbandes. Danach verblüfft er die Journalisten mit der Aussage: »Ich rechnete ehrlich gesagt nicht damit, die US Open je zu gewinnen. Bis vor einem Jahr hatte ich immer Probleme in den USA. Die Amerikaner spielen in ihrem Heimturnier immer selbstbewusster als anderswo, und auch die Bedingungen sind mit der hohen Luftfeuchtigkeit und der Hitze schwierig.«

Und noch etwas gibt er zu: »Vor dem Spiel hatte ich ein komisches Gefühl, weil alle darüber sprachen, dass schon lange keiner mehr seine ersten vier Grand-Slam-Finals gewonnen hatte. Plötzlich machte ich mir Gedanken. Ich wusste, ich hatte nur diese Chance, es zu schaffen.« Bereits sprechen einige davon, Federer sei in der Lage, den Grand Slam zu erreichen, doch davon lässt er sich nicht beirren. »Ich wäre schon glücklich, wenn ich nächstes Jahr einen der vier großen Titel gewinnen würde«, sagt er auf seinem ausgedehnten Interview-Rundgang.

»Ich weiß, dass ich für jedes Match und für jeden Titel hart arbeiten muss. Was im Moment mit mir passiert, ist verrückt. Das ist nicht mehr von dieser Welt.«

Der US-Open-Titel bringt bereits die Entscheidung im Champions Race: Federer ist in der Jahreswertung derart enteilt, dass er bis zum Jahresende nicht mehr eingeholt werden kann, selbst wenn er keine Partie mehr gewinnen würde. Das bedeutet, dass er das Jahr in der Weltrangliste als Nummer 1 abschließen wird. In den ersten vier Jahren des 2000 eingeführten Champions Race wurde der Jahresbeste immer erst am Masters erkoren. Aber 2004 ist eben kein normales Jahr. In der Weltrangliste wächst Federers Vorsprung dank New York von 1390 auf 2990 Punkte. Das entspricht dem Gegenwert von drei Grand-Slam-Titeln.

Der Montag nach den US Open bringt ihm die Erkenntnis, dass in der amerikanischen Medienwelt die Uhren anders ticken. Er wird schon am frühen Morgen in einer Stretchlimousine von einem Fernsehstudio zum nächsten chauffiert. 7.45 Uhr ESPN, 8.30 Uhr Early Show von CBS, 9.30 Uhr Live with Regis and Kelly, danach folgt ein Fototermin am Times Square, ein Treffen mit der schreibenden Presse im Hard Rock Cafe, um 14.30 Uhr ist er Gast in der Talk-Show von John McEnroe, am Schluss in der Charlie Rose Show… Gleich in zwei der Fernsehstudios muss er seine Geschicklichkeit am Pingpong-Tisch beweisen. In den USA ist zwar vieles möglich – aber Tennisplätze in einem Fernsehstudio aufzustellen, bekommt man auch hier nicht hin.

Kapitel 26
Rekordjagd um die Welt

Für Roger Federer und seine Freundin folgen nach den US Open 2004 aufregende Wochen. Arthur Cohn, der Basler Erfolgsproduzent und mehrfache Oscar-Preisträger, mit dem sie befreundet sind, hat sie nach Los Angeles eingeladen. Die beiden finden sich erstmals in der Glamourwelt Hollywoods wieder, residieren in einer Luxussuite im legendären Beverly Hills Hotel, shoppen am Rodeo Drive, besuchen Sehenswürdigkeiten wie die Walk of Fame und treffen Filmgrößen wie Kirk Douglas oder Danny de Vito, dazwischen gönnt Federer seinem Körper im Spa stundenlang Erholung. Auf dem Programm steht zudem ein Ausflug im Privatjet nach Las Vegas, ins Hotel Bellagio und zur Show des Magiers David Copperfield, den Roger danach persönlich kennen lernt. Zwei Zauberer unter sich, ist man geneigt zu sagen.

Das Jet-Set-Leben geht nahtlos weiter. In Hongkong erledigt Federer bei einem Zwischenstopp nach einem Flug über die Datumsgrenze einen Tag lang Medienanfragen. Und weiter geht es zum Thailand Open nach Bangkok. Auf der Fahrt im Minibus vom Turniergelände in sein Hotel, durch die schwüle, verregnete Millionenstadt und über vielspurige Hochstraßen, erzählt Federer, dass er es genieße, sich in der Welt der Schönen, Reichen und Bekannten zu bewegen. »Wenn ich es nicht wollte, müsste ich es ja nicht machen. Ich finde es spannend, das Showbusiness kennen zu lernen. Früher hatte ich Mühe mit der Welt der roten Teppiche und Galadiners, inzwischen macht es mir Spaß. Es fällt mir auch nicht schwer, mit anderen bekannten Leuten zu sprechen. Zu erzählen gibt es immer etwas.«

An Asien gefällt ihm vor allem die Gastfreundschaft und Begeisterungsfähigkeit der Leute, und auch die asiatische Küche hat es ihm angetan. Im Gegensatz zu den anderen Spielern wohnt er nicht im Turnierhotel Dusit Thani, sondern in dem im Kolonialstil erbauten, traditionsreichen Oriental Hotel am Chao Phraya Fluss, dem besten Haus der Stadt. Federer vermeidet inzwischen die offiziellen Hotels bewusst. Er hat gemerkt, dass er schneller zur Ruhe kommt, wenn er abseits vom Turniertross logiert. Hotelzimmer sind seine Refugien, in denen er Kraft schöpft. Deshalb gibt er dafür gerne etwas mehr Geld aus – wobei er oft zu Sonderkonditionen in den besten Suiten wohnen kann. In Paris darf es auch mal das edle Hotel du Crillon sein, in Dubai das Siebensternehotel Burj al Arab oder in New York das Peninsula.

Federer gewinnt das Thailand Open in der mit 10000 Zuschauern ausverkauften Halle, in die Hunderte keinen Einlass mehr finden, gegen Andy Roddick 6:4, 6:0. Es ist sein zwölfter Endspielsieg in Folge, womit er den über zwanzig Jahre alten Rekord von Björn Borg und John McEnroe eingestellt hat. An der Siegerehrung erhält er von Prinzessin Ubolratana Rajakanya den »Pokal des Königs« und bedankt sich im Stil des Landes, mit vor der Brust gefalteten Händen und einer leichten Verneigung. »Ich war überrascht, wie attraktiv die Prinzessin war. Die sah aus wie 35«, sagt er später, nach einem langen Fußmarsch durch viele Gänge, begleitet von fünf Bodyguards, als er in seine fenster- und schmucklose Einzelgarderobe zurückkehrt. »Und dabei soll sie schon fast 55 sein!«

Seine Weltreise dauert nun schon sechs Wochen, doch auch von Bangkok aus geht es nicht direkt nach Hause. Bereits zum dritten Mal reist Federer dieses Jahr nach Dubai. Was noch keiner weiß: Am Arabischen Golf trifft er den australischen Coach Tony Roche, um mit ihm während einiger Tage zu trainieren.

Roger Federer hat 2004 nun schon zehn Titel gewonnen, seine Matchbilanz ist bei 69:6 angelangt, und noch immer stehen vier Turniere auf seinem Programm. Damit bietet sich ihm die Chance, den Rekord der meisten Siege (86) und der meisten Titel (12) auf der ATP-Tour zu brechen, die beide der zähe österreichische Sandspezialist und Linkshänder Thomas Muster 1995 aufgestellt hat. Doch es kommt anders. Madrid lässt Federer aus, weil er sich nach seiner Weltreise noch nicht ausreichend erholt fühlt. Er konzentriert sich lieber auf jenes Turnier, dessen Titel in seiner Wunschliste zusammen mit den French Open zuoberst steht: die Swiss Indoors. Am Montag der Auslosung präsentiert er sich im Basler Rathaus in glänzender Laune und erklärt allen, wie gut vorbereitet er ist. Doch nur Stunden später ereilt ihn im Training, was der Fluch von Basel sein muss:

Plötzlich spürt er ungewöhnliche Schmerzen im linken Oberschenkel. Am Dienstag, beim Abschlusstraining, sind die Beschwerden wieder da. Hastig wird eine Magnetresonanz-Untersuchung angesetzt. Sie bringt einen Muskelfaserriss zu Tage, wie ihn Tennisspieler öfter erleiden.

Statt des lange ersehnten Triumphs bringt ihm Basel einige der bittersten Stunden seiner Karriere. In Zivilkleidern erscheint er am Dienstagabend in der St.-Jakobs-Halle und erklärt dem konsternierten Publikum, was passiert ist. »Ich hätte nie gedacht, dass es so herauskommen würde. Ich hatte die perfekte Vorbereitung und eine gute Chance, das Turnier zu gewinnen.«

Als Federer im November 2004 nach Houston kommt, wo erneut das Masters stattfindet, ist alles anders als vor einem Jahr. »Matratzen-Mäck« Jim McIngvale hat sich die letztjährige Kritik von Federer und anderen Spielern zu Herzen genommen und dem Anlass jenen Feinschliff verpasst, der vor einem Jahr gefehlt hat. Jeder der acht Teilnehmer verfügt nun über eine eigene Garderobe. Auch die Differenzen zwischen Federer und McIngvale sind ausgeräumt, der Weltranglistenerste wird vom Turnierpromoter und seiner Frau herzlich begrüßt und zu seinen starken Resultaten beglückwünscht. Er fühlt sich in Texas endlich willkommen und ernst genommen. Während des Turniers trifft er sich mit dem ehemaligen Präsidenten George Bush senior, einem erklärten Tennisfan, und dessen Frau zum Lunch. Doch da gibt es etwas, das Jim McIngvale mit seinen Millionen nicht kaufen kann: gutes Wetter. Ausgerechnet in dieser Novemberwoche zieht eine Schlechtwetterfront über die Stadt am Golf von Mexiko, drückt auf die Stimmung und sorgt für stundenlange Verzögerungen.

Wenigstens ist Federers Oberschenkelverletzung ausgeheilt. Sechs Wochen sind seit seinem letzten Turniereinsatz in Bangkok vergangen, doch er hat keine Mühe, seinen Rhythmus zu finden. Die Halbfinals bringen den Höhepunkt des Turniers: das Tiebreak im zweiten Satz zwischen Federer und Marat Safin, der inzwischen von Peter Lundgren betreut wird. Es dauert 27 Minuten und endet 20:18 für Federer. Die 38 Punkte egalisieren den Rekord der längsten Kurzentscheidung im Profitennis. »Schade, dass wir den Rekord nicht gebrochen haben«, scherzt Federer, »wir hätten uns absprechen sollen.«

Kein Wunder, ist er vergnügt. Er hat im Tiebreak zwar sieben Matchbälle vergeben, aber auch sechs Satzbälle abgewehrt und die Partie 6:3, 7:6 gewonnen. Allerdings bestätigen Zeitlupenaufnahmen, dass bereits sein dritter Matchball beim Stand von 10:9 das Spiel eigentlich beendet hatte, Federer aber das Opfer eines Linienrichterfehlers wurde. »Ich sah sogar den Abdruck von Safins Schlag, und er war im Aus«, bestätigt er nun. Die Journalisten sind verblüfft: Ein anderer hätte an seiner Stelle nicht weitergespielt und reklamiert, doch er reagierte, als ob nichts geschehen wäre. Dabei hatte er diese Partie doch schon gewonnen, und so war alles wieder offen! Er habe sich bewusst eingeredet, Safins Schlag sei wahrscheinlich doch korrekt gewesen, erklärt Federer, »denn sonst wäre ich verrückt geworden.«

Gesprächsstoff liefert auch die zweite Halbfinalpartie: Roddick erlebt gegen Hewitt einen sportlichen Kollaps und verliert beim 3:6, 2:6 die letzten zwanzig Punkte in Serie. Zyniker spotten, dem Amerikaner sei die Niederlage ganz recht gewesen, weil er nicht zum vierten Mal im gleichen Jahr ein Finale gegen Federer habe verlieren wollen. Dafür heißt es schon zum sechsten Mal Federer gegen Hewitt, und zum sechsten Mal verliert der Australier. Dies bedeutet für den Schweizer den 13. Finalsieg in Serie, womit ihm dieser Rekord nun allein gehört.

Als Federer nach den Interviews in der Players Lounge mit Champagner anstößt, wirkt er wie einer, der eine normale Arbeitswoche hinter sich hat. Dabei geht für ihn an diesem Tag ein Traumjahr zu Ende, in dem er elf Turniere gewonnen und mit 74:6 die beste Saisonbilanz eines Profis seit 1984 aufgestellt hat. Sein Lohn ist reichlich. Allein in dieser Woche hat er – wie vor einem Jahr in Houston – sein persönliches Rekordpreisgeld von 1,52 Millionen Dollar eingespielt und sein Saisontotal auf 6 357 547 Dollar gesteigert. Einzig Pete Sampras gewann einmal noch mehr, 1997, als er allein am inzwischen im Masters aufgegangenen Grand Slam Cup zwei Millionen Dollar abholen durfte.

Einen Wunsch hat der seit den Olympischen Spielen ungeschlagene vierfache Grand-Slam-Turniersieger doch noch, bevor er mit Mirka Vavrinec auf die Malediven in die Ferien fliegt: »Ich würde gern die Uhr anhalten und diesen Moment einfach genießen.« Diesen Wunsch allerdings kann ihm niemand erfüllen.

Kapitel 27
Der andere Australier

Durch seine Erfolge im Jahr 2004 hat sich Roger Federer in eine schwierige Lage manövriert, was die Coachingfrage betrifft. Seit Anfang des Jahres ist er allein unterwegs, womit er die große Ausnahme ist auf der Profitour. Und dabei spielt er erfolgreicher denn je, erfolgreicher als alle anderen. Doch er ist auf der Suche nach neuen Impulsen. Er will sich weiter verbessern, sieht noch ungenutztes Potenzial, vor allem in seinem Aufschlag, in der Rückhand und im Spiel am Netz. Er weiß, dass Stillstand auf diesem hohen Niveau Rückschritt bedeutet. Aber er kennt auch die Gefahren, die die Verpflichtung eines neuen Mannes birgt, für beide Seiten.

»Für einen Coach ist es schwierig, wenn er eine Nummer 1 übernimmt. Wenn die ein paarmal verliert, heißt es schon, das sei der Fehler des Coaches«, sagt er in Bangkok. »Solange ich keinen Coach habe, überlege ich nicht zu viel, und so lange ich gut spiele, brauche ich auch nichts zu verändern. Das ist jetzt der Fall. Aber ich bin mir bewusst, dass es Zeiten geben wird, in denen es nicht mehr so gut laufen wird. Dann wäre es besser, einen Coach zu haben.«

Schon Anfang 2004 ist das Gerücht herumgegeistert, er sei hinter Darren Cahill her, einem Jugendfreund des verstorbenen Peter Carter. Der frühere Coach von Lleyton Hewitt arbeitet inzwischen mit Andre Agassi. Federer dementiert sofort. Er hat zwar tatsächlich einen Australier ins Auge gefasst, aber einen anderen, Tony Roche. Der Mann mit der von Wind und Sonne gegerbten, ledernen Haut, der scheinbar durch nichts zu beeindrucken ist, wurde 1945 in Wagga Wagga geboren – was »Stadt der vielen Krähen« bedeutet und auf halbem Weg zwischen Melbourne und Sydney liegt. Er ist einer der Großen der Tennisgeschichte, obwohl er im Einzel meistens im Schatten seiner legendär gewordenen Landsleute Rod Laver, Roy Emerson, Ken Rosewall und John Newcombe stand.

Der Linkshänder überzeugte einst mit perfiden Aufschlägen und brillantem Netzspiel und erreichte in seiner Karriere sechs Grand-Slam-Endspiele. Sein einziges gewann er 1966 auf den langsamen Sandplätzen in Roland Garros, wo Offensivspieler normalerweise eher im Nachteil sind. Roche ist ein Gentleman, und wenn man ihn auf jenen Erfolg in Paris anspricht, streicht er als Erstes heraus, dass er das Turnier nur dank der Fairness seines Gegners gewinnen konnte, einem Ungarn namens Istvan Gulyas. »Ich hatte mich am Knöchel verletzt und hätte das Endspiel unmöglich bestreiten können, wenn er mir nicht einen zusätzlichen Ruhetag zugestanden hätte. Dass er das tat, war eine große sportliche Geste.«

Roche gilt als einer der kompetentesten Fachmänner Australiens und als einer, der viel Wert auf die Taktik legt. Er ist ein höflicher, sehr zurückhaltender und diskreter Mann, von dem selbst die australischen Journalisten nicht viel wissen. »Er arbeitet am liebsten im Hintergrund mit den Spielern«, erzählt der australische Radioreporter Craig Gabriel. Das Rampenlicht überließ Roche schon in seinen großen Zeiten gerne seinem Doppelkollegen und langjährigen Weggefährten John Newcombe, dem Mann mit dem prägnanten Schnauz. Mit »Newk« gewann Roche 12 seiner 13 Grand-Slam-Doppeltitel – fünf in Wimbledon, vier in Melbourne, zwei in Paris und einen in New York. Ende der 90er Jahre führten die beiden eine Weile gemeinsam das australische Davis-Cup-Team.

Nicht immer konnte sich Tony Roche allerdings aus den Schlagzeilen halten. Mit 29 Jahren ließ er gravierende Schulter- und Ellbogenprobleme nach verschiedenen erfolglosen Kuren bei einem Wunderheiler auf den Philippinen durch Akupunktur behandeln – und feierte danach wieder spektakuläre Erfolge. Drei Jahre später schlug er 1977 im Davis-Cup-Endspiel in Sydney den starken Italiener Adriano Panatta. Es war sein größter Auftritt in den neun Jahren, in denen er als Spieler zum Team gehörte.

Roche führte 1983 den Neuseeländer Chris Lewis ins Wimbledonendspiel und arbeitete ab 1985 mit Ivan Lendl, der unter ihm sieben seiner acht Grand-Slam-Titel gewann – allerdings nie Wimbledon, das Turnier seiner Träume. Nach Lendls Rücktritt kümmerte er sich um den Australier Patrick Rafter, der zweimal die US Open gewann und 1999 die Nummer 1 wurde. Roche hatte auch ein Angebot, Pete Sampras zu betreuen, nachdem 1996 dessen Coach Tim Gullikson gestorben war, lehnte aber ab. Nach Rafters Rücktritt arbeitete er vornehmlich in Australien, unter anderem mit dem Fed-Cup-Team der Frauen und Nachwuchsspielern. Lendl und Rafter schwärmen beide noch heute, wenn sie auf Roche angesprochen werden. Als Rafter einmal gefragt wird, welches die wichtigste Person seiner Karriere sei, antwortet er: »Rochey ist mein Held, und zwar vor allem als Mensch, nicht nur als Tenniscoach.«

Roche ist im Oktober 2004 bereit, mit Federer in Dubai probehalber zu trainieren. Doch er denkt nicht, dass er der richtige Mann ist, um den Weltranglistenersten zu betreuen. Er geht bereits auf seinen 60. Geburtstag zu und will nicht mehr viel reisen. Trotzdem offeriert er Federer, ihm in der Vorbereitung der neuen Saison zu helfen. Vor Weihnachten 2004 reist der Schweizer nach Australien, um mit Roche in dessen Wohnort Turramurra, einem Vorort von Sydney, zu trainieren. Er geht davon aus, dass dies das letzte gemeinsame Training sein wird, was er bedauert: »Roche wäre einer gewesen, der mein Spiel weiterbringen könnte.«

Während des zehntägigen Trainingslagers, an dem auch Fitnesstrainer Pierre Paganini teilnimmt, entwickeln sich die Dinge aber anders. Federer und Roche verstehen sich trotz des Altersunterschieds von 36 Jahren hervorragend. Der Schweizer startet einen letzten Versuch: Egal, wie viel oder wenig Zeit er ihm als Coach widmen könne, er wäre zufrieden, sagt er zu Roche. Der Australier ist beeindruckt von der Beharrlichkeit Federers, der die lange Reise auf sich genommen hat und Weihnachten erstmals fern von Zuhause verbringt, um mit ihm zu trainieren, und gibt nach. Es kommt zu einem Handschlagvertrag, ohne detaillierte Planung und mit der Absicht, 2005 etwa zehn Wochen gemeinsam zu arbeiten.

Federer fliegt von Sydney zurück nach Doha, wo er in der ersten Januarwoche die Katar Open bestreitet. Hier verkündet er die Neuigkeit. »Ich bin froh, dass Tony seine Meinung geändert hat. Ich habe nun jemanden, auf den ich zurückgreifen kann, wenn es nötig ist«, sagt er. »Roche war in seiner Zeit ein großartiger Flugballspieler. Er wird nicht mein ganzes Grundlinienspiel umstellen, sondern mir in bestimmten Domänen zu helfen versuchen. Wir schätzen uns gegenseitig enorm.«

»Wenn ich zehn Jahre jünger wäre, hätte ich die Chance sofort gepackt«, erzählt Roche später am Rande der Australian Open, wo er Federer erstmals betreut. »Dass Roger das Opfer erbrachte, vor Weihnachten zu mir nach Australien zu kommen, hat mir gezeigt, dass er mir großen Respekt entgegenbringt. Das hat mich überzeugt.« Respekt ist für Roche die wichtigste Grundlage einer Partnerschaft. Schon mit Ivan Lendl und Patrick Rafter ging er jeweils nur Handschlagverträge für ein Jahr ein.

Der Australier hat eine Vision, wie Federer noch stärker und effizienter werden kann: Indem er seine Flugbälle verbessert und mehr ans Netz vorstößt, womit er die Ballwechsel schneller abschließen und Energien sparen kann. »Er ist ein guter Athlet und ein guter Flugballspieler mit guten Reflexen, und er kann noch besser werden«, sagt Roche. »Das sollte er mehr ausnützen. Ich sehe nicht ein, wieso er am Netz nicht so dominant sein sollte wie von der Grundlinie aus.«

Dass Federer auf Roche gekommen ist, zeigt die hohe Wertschätzung, die er der Tennisgeschichte entgegenbringt. Er weiß, dass es für den Australier technisch und taktisch keine Geheimnisse gibt und er einen großen Wissensschatz besitzt, was die vergangenen vierzig Jahre im Welttennis betrifft. Federer ist, wie früher John McEnroe, fasziniert von der reichen Vergangenheit seines Sports und bringt den ehemaligen Champions Anerkennung entgegen. Und wer wäre besser in der Lage, ihm von den Stärken eines Lavers und Emersons, eines Borgs, Lendls oder Rafters zu erzählen als einer, der so nahe dabei war wie Roche?

Umgekehrt wird der Australier immer wieder auf die vielen Gemeinsamkeiten zwischen Federer und Rod Laver hinweisen, als Mensch und Spieler. Er sei ein lockerer, entspannter Typ, der gerne lache und den scheinbar nichts stören könne. Das sei ein wichtiger Grund für den Erfolg. Die beiden werden in ihrer Zusammenarbeit neue Wege gehen: Zwischen Hamburg und Wimbledon 2005 werden sie während acht Wochen praktisch täglich zusammen sein, daneben wird es Phasen geben, in denen sie wochenlang kaum miteinander telefonieren.

Der Start der Partnerschaft verläuft viel versprechend. Federer eröffnet die Saison 2005 in Doha mit seinem vierten Turniersieg in Folge. Auch dieser Titel bei den Katar Open ist ein besonderer: Zum ersten Mal kann ihm kein Gegner ein Aufschlagspiel abnehmen. »Ich dachte oft an diese Premiere und konzentrierte mich, um ja nicht noch ein Servicegame zu verlieren«, sagt er nach dem Endspiel gegen den Kroaten Ivan Ljubicic.

Zurück in Australien gewinnt er auch die Kooyong Classic, ein hochklassig besetztes Schauturnier in Melbourne, wo früher die Australian Open ausgetragen wurden. Vor dem ersten Grand-Slam-Turnier gilt Federer, der seit fünf Monaten und in 21 Partien ungeschlagen ist, als haushoher Favorit. Ein australischer

Sportwettenanbieter senkt seine Quote auf 1,8, nachdem einer 10 000 Dollar auf ihn gesetzt hat. Eine derart tiefe Quote erreichte nicht einmal Pete Sampras in seinen besten Zeiten. Rund zwei Drittel aller Wettenden setzen auf den Schweizer.

Federer rechtfertigt seine Favoritenposition mit fünf Siegen ohne Satzverlust, wobei er auch dem vierfachen Australian-Open-Champion Andre Agassi keine Chance lässt. In den Halbfinals trifft er auf den bärenstarken Russen Marat Safin, der sich unter seinem ehemaligen Coach Peter Lundgren unter die besten Fünf der Welt zurückgekämpft hat. Die Partie entwickelt sich zu einem epischen Abnützungskampf, der in vielen Rückschauen als Match des Jahres bezeichnet werden wird.

Als Federer mit 2:1 Sätzen und im Tiebreak des vierten Satzes 5:2 führt, scheint die Partie kurz vor dem Ende. Überraschend verliert er jedoch das Tiebreak nach einem vergebenen Matchball, und es kommt zum Satzausgleich. Im Gegensatz zu den US Open werden in den anderen drei Grand-Slam-Turnieren die fünften Sätze nicht im Tiebreak entschieden, es wird gespielt, bis einer zwei Games mehr gewonnen hat als sein Gegner. Federer lässt sich vor dem Entscheidungssatz am Fuß behandeln. Das Spiel wird noch weitere 80 Minuten und damit fast so lange wie eine Fußballpartie dauern. Und das Unerwartete geschieht: Nach 4 Stunden 28 Minuten hat Federer auch seinen vierten Fünfsätzer im Melbourne Park verloren, mit einem bitteren 7:5, 4:6, 7:5, 6:7 (6:8), 7:9.

Mitternacht ist längst vorbei, als die Fans dem 25 Jahre alt gewordenen Russen ein »Happy Birthday« singen und Federer sich mit dem Ende mehrerer Serien abfinden muss. Seine längste Erfolgsstrecke ist nach 26 Erfolgen beendet worden, zum ersten Mal nach 24 Siegen hat er wieder gegen einen Top-Ten-Spieler verloren und hat zum ersten Mal seit Madrid 2003 ein Turnier nicht gewonnen, bei dem er die Halbfinals erreichte.

Dennoch wirkt Federer gefasst, als er gegen 1.30 Uhr morgens zum Interview erscheint. »Ich muss mir keinen Vorwurf machen, ich habe alles gegeben. Es war ein guter Kampf zwischen zwei fairen Männern, und am Schluss hat der Bessere gewonnen.« Er verschweigt, dass er mit Schmerzen im linken Fuß ins Spiel ging, die während der Partie immer stärker wurden. Weil er versuchte, den Fuß zu entlasten, entstand eine Verspannung im Rücken. Im vierten Satz, als er die Partie hätte beenden können, strahlte ein Nerv bis in den Zeigefinger der rechten Hand aus und beeinträchtigte seine Vorhand.

Die Auswirkungen der verpassten Titelverteidigung sind spürbar: Federers Punktetotal in der Weltrangliste ist um 550 gesunken und sein Vorsprung gegenüber der Nummer 2 sogar um über 1000. Er beträgt zwar noch immer fast den Gegenwert von zwei Grand-Slam-Titeln – aber das Jahr ist noch jung, vieles kann passieren. Obwohl Federer sein zweitbestes Resultat bei den Australian Open erreichte und das Endspiel nur knapp verpasst hat, werden bereits grundsätzliche Fragen gestellt: Ist Tony Roche als Coach der falsche Mann? Kann Marat Safin ihn als Nummer 1 bald stürzen? Hat Roger Federer den Nimbus der Unschlagbarkeit verloren?

Kapitel 28
Ein wahrer Champion

Die Verteidigung der Nummer-1-Position steht für Federer im Jahr 2005 über allem. Er verzichtet deswegen, schweren Herzens, erstmals auf eine Davis-Cup-Partie, das Achtelfinale gegen Holland. Nicht alle Fans haben für diesen Schritt Verständnis. Immerhin wird es für die Schweiz ein Heimspiel, und Federer gilt als bekennender Anhänger dieses Wettbewerbs. »Die hässlichste Salatschüssel der Welt« erstmals in die Schweiz zu bringen, gehöre zu seinen großen Zielen, hat er mehrmals gesagt. Zudem ist mit dem 1985 geborenen Westschweizer Stanislas Wawrinka in der Schweiz eine Nummer 2 am Heranwachsen, die dem Team neue Perspektiven gibt. Der French-Open-Juniorensieger von 2003 wird sich in diesem Jahr von Rang 162 auf 55 verbessern und zu den großen Aufsteigern gehören. Obwohl er und Federers Jugendfreund Marco Chiudinelli Anfang März in Neuenburg gegen die Holländer alles geben, können sie die Niederlage nicht abwenden.

Durch den Verzicht auf den Davis-Cup kann sich Federer im Frühjahr voll auf seine Einzelkarriere konzentrieren, was ihm durchschlagende Erfolge bringt. Seine Reaktion auf die Niederlage in Melbourne ist die eines Champions. Schon im nächsten Turnier eröffnet er eine weitere Siegesserie, die ihn innerhalb von sieben Wochen in Rotterdam, Dubai, Indian Wells und Miami zu seinen Titeln 24, 25, 26 und 27 führen wird, wobei die ersten zwei Titel umso bemerkenswerter sind, als die Turniere in Holland und den Vereinigten Arabischen Emiraten in aufeinanderfolgen Wochen unter komplett konträren Bedingungen stattfinden – das erste im europäischen Winter in einer Halle, das zweite am Persischen Golf unter freiem Himmel.

In Dubai steht Federer in kurzer Zeit gleich zweimal Andre Agassi gegenüber. In einer geheim geplanten Werbeaktion und als Gegenleistung für die netten Antrittsprämien haben sich die beiden zu einem speziellen Auftritt bereit erklärt: Sie spielen miteinander einige Bälle auf der 211 m über dem Meeresspiegel gelegenen Helikopterplattform des Siebensterne-Luxushotels Burj al Arab, das höher ist als der Eiffelturm. Der temporäre Tennisplatz hat zwar nicht die Originalmaße, bietet dafür aber atemraubende Ausblicke auf Land und Meer. Die Bilder sind spektakulär und gehen um die Welt. »Das wird ein Highlight in meiner Karriere bleiben«, sagt Federer.

Die zwei Stars stehen sich auch in den Halbfinals des regulären Turniers gegenüber. Doch inzwischen hat Federer Agassis Nummer, wie es einige ausdrücken, wenn einer einen Gegner regelmäßig dominiert. Er schlägt den Amerikaner zum sechsten Mal in Folge, überlässt ihm dabei nur vier Games. Agassi verliert seinen Humor nicht. »Vielleicht sollten wir das nächste Spiel auf dem Burj al Arab austragen«, bemerkt er.

Federer schafft es damit erstmals, ein Turnier drei Mal in Folge zu gewinnen. Das sportverliebte und leicht zu erreichende Dubai mit seinen Extravaganzen ist für ihn zu einer Art zweiten Heimat geworden. Er verrät lokalen Journalisten, dass er erwägt, hier eine Ferienresidenz zu erwerben. »Ich schaue mich um, ob ich etwas Passendes finde. Ich fühle mich hier sehr willkommen.«

Nach seinem Finalsieg im kalifornischen Indian Wells gegen den Weltranglistenzweiten Lleyton Hewitt trifft Federer im Endspiel von Miami auf den jungen Mallorquiner Rafael Nadal, der ihn hier vor einem Jahr klar besiegte. Das Turnier auf der Palmeninsel Key Biscayne war das erste in den USA, an dem Federer zu brillieren vermochte, doch gewinnen konnte er es noch nie.

Nadal hat sich in der Jahreswertung auf leisen Sohlen auf den sechsten Platz herangepirscht, eben gewann er Turniere im brasilianischen Costa do Sauipe und im mexikanischen Acapulco und ist seit 15 Partien ungeschlagen. Der kraftstrotzende Linkshänder spielt auch in seinem ersten großen Finale auf einem Hartplatz unbeeindruckt auf und führt gegen Federer nach zwei Stunden zur allgemeinen Verwunderung 6:2, 7:6, 4:1. »Ich schaute zum Skoreboard hoch und hoffte nur, dass dort nicht zehn Minuten später ein 6:1 erscheinen würde«, erzählt Federer. »Ich hatte eine Möglichkeit nach der anderen vergeben und dachte: Das gibt's doch gar nicht.« Früher hätte er in einer solchen Situation »den Bettel hingeschmissen« – doch diese Tage sind vorbei. Er schafft es tatsächlich, die Partie gegen den müde werdenden Mallorquiner herumzureißen und in fünf Sätzen zu gewinnen.

Das Double Indian Wells/Miami, das vor ihm schon Jim Courier, Michael Chang, Pete Sampras, Marcelo Rios und Andre Agassi glückte, bringt Federer 1000 Weltranglistenpunkte und damit gleich viel wie ein Grand-Slam-Titel. Er liegt nun wieder 2245 Punkte vor Hewitt und die Diskussionen, er könne in einer Krise stecken, verstummen. »Das ist ein großer Moment in meiner Karriere«, sagt Federer nach dem spektakulären Sieg über Nadal. »Gegen einen Spieler dieses Kalibers einen Zweisatzrückstand aufzuholen und zu gewinnen, ist auch für mich nicht normal.«

Erstmals seit drei Jahren reist Federer im April zum Masters-Serie-Turnier nach Monaco – wo seine neueste Siegesserie in den Viertelfinals eine Ende findet. Nach 25 Erfolgen unterliegt er einem weiteren 18-jährigen Newcomer, dem Franzosen Richard Gasquet. Und wie bei seiner ersten Saisonniederlage gegen Safin fehlt ihm wieder nur ein Punkt zum Sieg – er vergibt dieses Mal sogar drei Matchbälle. Turniersieger wird Rafael Nadal, und spätestens jetzt ist klar, dass der 18-jährige Spanier zum Spitzenspieler geworden ist. Nach seinem dritten Titel des Jahres ist er bereits die Nummer 2 der Jahreswertung.

In den folgenden drei Wochen pausiert Federer, um Sehnenentzündungen an beiden Füßen zu kurieren, die ihm seit den Australian Open zu schaffen machen. Gemäß seinem Fitnessbetreuer Pierre Paganini handelt es sich um eine reine Vorsichtsmaßnahme. »Roger ist so professionell, dass er nicht wartet, bis die Probleme so gravierend sind, dass er länger pausieren muss.«

Während Federers Auszeit gewinnt Nadal auch die Turniere in Barcelona und Rom. Er ringt im Foro Italico im mit 5:14 Stunden längsten Endspiel der ATP-Tour den Argentinier Guillermo Coria nieder und liegt im Champions Race plötzlich nur noch zehn Punkte hinter dem Schweizer. Ein Nichts. Endlich hat Federer wieder einen gleichwertigen Herausforderer. Anfang des Jahres hatten die meisten Experten noch spekuliert, dass Hewitt, Safin und Roddick seine gefährlichsten Verfolger sein würden. Doch Spitzensport ist ein schnelllebiges Geschäft, was gestern stimmte, ist heute überholt. Plötzlich sprechen alle nur noch von Nadal, der die Sandsaison dominiert wie schon lange keiner mehr und schon fünf Turniere gewonnen hat.

Federer kehrt in Hamburg auf die Tour zurück, wo sich Nadal wegen einer Blase an der Hand verletzt abmeldet. »Endlich war ich wieder einmal etwas länger zu Hause und konnte mich vollständig erholen«, sagt er. Mit ihm weilt Tony Roche in der Hansestadt, im Hinblick auf die French Open, die er als einziges Grand-Slam-Turnier noch nicht gewonnen hat. Das will er nun nachholen. Wieder einmal spielt Federer am Rothenbaum zur Gala auf. Auf dem Weg zum dritten Titel innerhalb von vier Jahren gibt er keinen Satz ab und kann zwei offene Rechnungen begleichen. In der zweiten Runde revanchiert er sich beim Tschechen Tomas Berdych mit einem 6:2, 6:1 für die Niederlage bei den Olympischen Spielen von Athen, danach kann Richard Gasquet, sein Bezwinger von Monte Carlo, nicht verhindern, dass er sein 19. Endspiel in Folge als Sieger beendet. Federer hat damit sechs der letzten zehn Masters-Serie-Turniere gewonnen – das schaffte vor ihm noch keiner.

Von Hamburg fliegt er direkt nach Estoril, einem portugiesischen Bade- und Ferienort bei Lissabon, wo an diesem Pfingstmontag die Auszeichnungsfeier der Weltsportler des Jahres stattfindet. Nach seinem phänomenalen Jahr 2004 mit drei Grand-Slam-Titeln ist Federer mit Ehrungen überschüttet worden. Zum »Sportler des Jahres« wählten ihn unter anderem die Schweiz, die europäische Sportjournalistenvereinigung, die Weltagentur »Reuters« und das amerikanische Magazin »Sports Illustrated«. Für den britischen Sender BBC war er die »Sportpersönlichkeit des Jahres«, für die Vereinigung der internationalen Tennisjournalisten ITWA zum zweiten Mal der »Spieler des Jahres«.

Die »Laureus-Awards«, um die es in Estoril geht, haben sich in der kurzen Zeit ihres Bestehens den Ruf als Sport-Oscars erworben. Die Laureus-Stiftung – von laurus = Lorbeer – wurde 1999 von zwei Konzernen ins Leben gerufen, um die besten Athleten zu ehren und durch den Sport soziale Verbesserungen zu erreichen. Weltweit werden um die drei Dutzend Kinder-Hilfsprojekte unterstützt.

Die hohe Akzeptanz und Glaubwürdigkeit haben die in neun Kategorien vergebenen Auszeichnungen unter anderem auch ihrer Jury zu verdanken. Dieses 40-köpfige Gremium wird vom ehemaligen Hürdenlauf-Seriensieger Ed Moses präsidiert und liest sich wie ein Who is Who des Sports: Giacomo Agostini, Severiano Ballesteros, Franz Beckenbauer, Bobby Charlton, Sebastian Coe, Emerson Fittipaldi, Michael Johnson, Michael Jordan, Jack Nicklaus, Pele ... Auch der Tennissport ist mit Boris Becker als Vizepräsident, John McEnroe, Ilie Nastase und Martina Navratilova gut vertreten.

Der Titel »Weltsportler des Jahres« gilt als ultimative Krönung für einen Athleten, weil er ausdrückt, dass einer nicht nur in seiner Sportart Außergewöhnliches geleistet hat, sondern seine Erfolge auch jene der Besten aller anderen Sportarten überragen. Erst drei Männer durften die kleine, von Cartier geschaffene Statue bisher entgegennehmen, je zweimal der Formel-1-Fahrer und siebenfache Weltmeister Michael Schumacher und der Golfer Tiger Woods sowie einmal der Tour-de-France-Seriensieger Lance Armstrong. Schumacher und Armstrong gehören neben Motorrad-Weltmeister Valentino Rossi, dem sechsfachen Schwimmolympiasieger von Athen Michael Phelps und dem zweifachen Olympiasieger und Mittelstreckenläufer Hicham El Guerrouj auch dieses Jahr zu den Kandidaten, die wie auch Federer von Hunderten von Journalisten ermittelt worden waren.

Federer weilt als einziger der sechs Nominierten in Portugal – aber ob er die Auszeichnung erhalten wird, ist nicht mit Sicherheit herauszubekommen. Als er am Abend im Smoking ins Casino schreitet, erinnert die Szene tatsächlich an eine richtige Oscar-Verleihung. Unzählige Limousinen fahren vor, und die geladenen Gäste prozessieren auf einem riesigen roten Teppich in Richtung Eingang, vorbei an einer Medientribüne mit Hunderten von Fotografen. Die kommen nicht zu kurz, denn der Strom der VIPs aus aller Welt will einfach nicht abreißen. Es kommen Sportstars wie David Beckham mit seiner Frau, Filmstars wie Jackie Chan und sogar König Juan Carlos von Spanien. Roger Federer ist als Ehrengast mittendrin. Er behauptet immer noch, das Wahlresultat nicht zu kennen. »Sie könnten ja eine Videoaufzeichnung einspielen, wenn ein anderer als ich Weltsportler geworden sein sollte«, sagt er im Blitzlichtgewitter.

Wenig später kann er aus den Händen von Filmschauspieler Cuba Gooding Junior und Tennis-Legende Martina Navratilova tatsächlich die kleine Cartier-Trophäe als Weltsportler 2005 entgegennehmen, als Würdigung seiner Erfolge zwischen Februar 2004 und Januar 2005. »Ich bin sehr geehrt«, sagt Federer in seiner Ansprache vor dem Publikum im Saal und etwa einer halben Milliarde Fernsehzuschauer. »Ich habe schon viele Auszeichnungen erhalten, aber diese, das ist die eine.« Einen besonderen Applaus erhält er, als er darauf hinweist, dass er, wie die Laureus-Stiftung, etwas von dem zurückgeben möchte, was ihm der Sport eingebracht habe.

»Wimbledon zu gewinnen, Titel oder Preisgeld, ist schön. Aber solche Auszeichnungen sind anders«, sagt er später im Medienrummel des Kongresszentrums. »Und diese ist diejenige, welche ich immer im Hinterkopf hatte. Sie lässt mich zurückschauen und realisieren, dass ich wirklich ein außergewöhnliches Jahr hatte.«

Kapitel 29
Frische Spuren im Sand

Die Chance auf den Grand Slam hat Roger Federer im Jahr 2005 mit der Niederlage gegen Safin bei den Australian Open schon bei der ersten Gelegenheit vergeben. Dennoch bietet sich ihm bei den French Open die nächste Möglichkeit, einen Markstein in seiner Karriere zu setzen. Einen, an dem bisher allerdings fast alle Tennisspieler gescheitert sind: den »Karriere-Grand-Slam«. Der Begriff steht für den Gewinn aller vier großen Titel, wobei der Zeitraum nicht auf ein Kalenderjahr begrenzt ist. Wie schwierig dies ist, zeigt sich daran, dass nur fünf es je geschafft haben: Rod Laver und Don Budge, die den »richtigen« Grand Slam holten, der Brite Fred Perry, der zwischen den Weltkriegen aktiv war, der Australier Roy Emerson, der sein Quartett 1964 in Wimbledon als 27-Jähriger vollendete, sowie, als einziger Profi neben Laver, Andre Agassi.

Wie für viele andere erwies sich auch für Agassi das Turnier in Roland Garros als härtester Brocken. Der Amerikaner benötigte elf Anläufe und drei Endspiele, bis er die French Open endlich gewonnen hatte. Und bevor es 1999 so weit war, musste er hart kämpfen: Er lag im Endspiel gegen den ungesetzten Ukrainer Alexander Medwedew 1:6, 2:6 zurück, ehe er die folgenden Sätze für sich entscheiden konnte. Agassi war damals schon 29 Jahre alt, und seit seinem ersten Grand-Slam-Titel waren fast sieben Jahre vergangen.

Sand ist neben Rasen der extremste Belag auf der Profitour. Er verlangt eine andere Fußarbeit, ein In-die-Bälle-Hineinrutschen. Die Sandkörner bremsen die Bälle genügend ab, um Spielern in der Defensive jenen Sekundenbruchteil mehr Zeit zu gewähren, der es ihnen erlaubt, einen rettenden Passierball oder Lob anzubringen, wenn sie auf schnelleren Belägen bereits ausgespielt wären. Temperaturwechsel und die unterschiedliche Feuchtigkeit der Luft sorgen dafür, dass sich die Spielbedingungen immer wieder ändern. Dabei gilt die Grundregel, dass schönes, warmes Wetter den Belag austrocknet und beschleunigt und dadurch für die meisten Angriffsspieler günstiger ist als Kälte und hohe Luftfeuchtigkeit.

Diese speziellen Bedingungen sind der Grund dafür, dass auf Sand die Zahl der Spezialisten und damit in Paris der Kreis der möglichen Sieger größer ist als anderswo. Regelmäßig mussten die stärksten Offensivspieler der Geschichte aus Paris als Verlierer abreisen, und noch immer scheint es wie ein kleines Wunder, dass Yannick Noah 1983 die defensive Mauer des Schweden Mats Wilander am Netz zu Fall bringen konnte.

Bei den französischen Meisterschaften scheiterte mehr als die Hälfte der 23 Spieler, die in der Weltrangliste die Nummer 1 werden konnten. Dazu gehören Boris Becker, der drei Mal bis in die Halbfinals kam, Pete Sampras, der bei 13 Anläufen nur einmal die Halbfinals erreichte, John McEnroe, der 1984 ein schicksalhaftes Endspiel gegen Ivan Lendl verlor, und Stefan Edberg, der 1989 gegen Michael Chang im Endspiel eine 2:1-Satzführung aus den Händen gab. Und dazu gehören auch Jimmy Connors, der das Turnier während Jahren boykottierte, John Newcombe, Arthur Ashe, Patrick Rafter, Marat Safin und Lleyton Hewitt.

Obwohl Federers Profikarriere auf Sand einst mit elf Niederlagen in Folge begann, hatte er sich nie entmutigen lassen. Immer wieder wies er darauf hin, dass er selber auch auf Sandplätzen groß geworden sei, dass dies auch »sein« Belag sei. Inzwischen gewann er schon dreimal die German Open und bewies im Davis-Cup mehrfach, dass er es auch auf Sandplätzen mit allen aufnehmen kann. Doch bei den French Open konnte er bisher noch nicht einmal unter die letzten Vier vordringen.

Federer kommt zwar mit einer Saisonbilanz von 41:2 nach Paris, äußert sich aber vor seinen siebten French Open zurückhaltend. »Die ersten Runden hier sind immer tückisch, an den Turniersieg denke ich nicht«, sagt er in einer Bescheidenheit, die man bei ihm in früheren Jahren manchmal vermisste. Er kommt direkt von der Auszeichnungsfeier zum Weltsportler und hat das Privileg, täglich auf dem Court Philippe Chatrier trainieren zu können, auf dem er schon einige Enttäuschungen einstecken musste. Die gute Vorbereitung und die Hilfe von Tony Roche, der in dieser Woche seinen 60. Geburtstag feiert, zahlen sich aus: Ohne Satzverlust gewinnt er seine ersten fünf Spiele und erreicht erstmals die Halbfinals. »Es geht mir fast ein bisschen zu schnell«, sagt er daraufhin.

Doch nun steht Federer, erstmals auf Sand, Rafael Nadal gegenüber – es ist das vorweggenommene Endspiel. Der junge Spanier ist voller Selbstvertrauen und seit 22 Partien ungeschlagen. Wegen Regenverzögerungen und einer Fünfsatzpartie zwischen dem Argentinier Mariano Puerta und dem Russen Nikolai Dawidenko kommen die beiden erst um 18.20 Uhr auf den Court. Federer beginnt fehlerhaft. Er hat Mühe mit der Vorhand und dem extremen Topspin des Linkshänders. Er fällt 1:4 zurück, verliert den Satz und muss dem Mallorquiner dabei vier Breaks zugestehen. Er schafft zwar den Satzausgleich, bleibt aber ungewohnt unruhig und produziert fast doppelt so viele Fehler wie Nadal, der auch den dritten Satz gewinnt. Federer wehrt sich mit allem, was er hat. Er schafft es, im vierten Durchgang mit einem Break in Führung zu gehen.

Über Paris bricht bereits die Dunkelheit herein, und dies scheint Federer zu irritieren. Er wirkt hektisch, verlangt beim Schiedsrichter eine Vertagung. Vergeblich. Er hat die Lage nicht mehr unter Kontrolle, verliert vier Games in Folge und so auch die Partie. »Ich habe schlecht begonnen und schlecht aufgehört«, fasst er zusammen. »Dazwischen war ich gut, aber das war insgesamt nicht gut genug.«

Wie im Januar in Melbourne, als Roger Federers Bezwinger Marat Safin 25 Jahre alt wurde, feiert auch in Paris sein Kontrahent Geburtstag. Rafael Nadal wird an diesem Freitag 19 Jahre alt, und wie Safin gewinnt er danach auch das Turnier. In einem begeisternden Endspiel zweier Linkshänder schlägt er Mariano Puerta, der, wie sich Monate später herausstellen wird, am Finaltag eine positive Dopingprobe abgibt und jahrelang gesperrt wird.

Je weiter die Niederlage zurückliegt, desto mehr Positives kann ihr Federer abgewinnen. Erstmals hat er bewiesen, dass er auch um den French-Open-Titel mitkämpfen kann. Dabei ist für ihn klar, dass er gegen Nadal seine bisher schlechteste Leistung in den Halbfinals eines Grand-Slams zeigte. Er ist überzeugt, dass ihm dieses Turnier helfen wird, den einzigen großen

Titel, der ihm noch fehlt, zu gewinnen und die Lücke in seinem Ruhmesblatt zu schließen.

Weil Federer sein Vorjahresergebnis bei den French Open klar übertroffen hat, steigt die Zahl seiner Weltranglistenpunkte auf die Rekordhöhe von 6980 – womit sie fast doppelt so hoch ist wie die des Zweiten, Lleyton Hewitt. Und noch etwas stimmt Federer milde: die Reaktionen des Pariser Publikums. »Es war fantastisch, wie es hinter mir gestanden ist. Das ist fast wie ein Sieg für mich, denn hier in Paris ist es nicht einfach, die Gunst der Zuschauer zu bekommen.«

Dennoch hat sich Federer in eine ungemütliche Lage manövriert: Er hat zwar in diesem Jahr erst drei Partien verloren, aber steht trotzdem mit leeren Händen da, was die Grand-Slam-Titel betrifft. Sollte er nun auch in Wimbledon scheitern, bliebe ihm nur noch die unberechenbaren US Open, um das Jahr zu krönen. Seine Aussage vom vergangenen Herbst, er wäre 2005 schon mit einem Grand-Slam-Titel zufrieden, erhält plötzlich neues Gewicht.

Kapitel 30
Drei Männer beim Champions Dinner

»Rate mal, wer zum Essen kommt«: Der Titel über einem Porträt von Roger Federer signalisiert im offiziellen Programmheft der All England Championships in Wimbledon 2005 auf verschlüsselte Art, wer der erklärte Favorit ist. Alles andere als ein Sieg des Schweizers und damit eine weitere Einladung für ihn zum Champions Dinner wäre eine Überraschung. Nachdem er dank eines Sieges über Marat Safin im westfälischen Halle auf Rasen nun fünf Turniere und 29 Einzel hintereinander gewonnen hat, ist er, einmal mehr, als großer Favorit nach London gereist. Der zweifache Titelverteidiger spürt den Druck. Aber er hat sich vorgenommen, das Turnier diesmal bewusst zu genießen.

Er zieht sich in sein Réduit zurück, eine Wohnung unweit des Centre Courts, wo er sich mit seinem engsten Umfeld abschottet. Erstmals in Wimbledon gehört auch Tony Roche dazu. Entgegen der ursprünglichen Planung hat der Australier beschlossen, Federer auch während der Rasensaison zu begleiten; inzwischen ist ihm seine Frau aus Australien nach Europa gefolgt. Die beiden Männer diskutieren viel, und Roche weiht Federer in die Geheimnisse des australischen Nationalsports Cricket ein.

Federer spielt – wie die Russin Maria Scharapowa – als Werbegag in Schuhen mit einer goldenen Verzierung. Sie passen zur Art, wie er das Turnier beginnt. Nach zwei lockeren Siegen gerät er erst gegen den Deutschen Nicolas Kiefer in Schwierigkeiten. Federer verliert den zweiten Satz im Tiebreak, fällt im vierten 3:5 zurück, kann dann aber doch noch einen fünften Durchgang abwenden, indem er vier Games in Folge gewinnt.

Mit Siegen über Juan Carlos Ferrero und Fernando Gonzalez erreicht Federer die Halbfinals, wo ihm wieder einmal Lleyton Hewitt gegenüber steht. Der Australier hat monatelang pausieren müssen, zuerst wegen einer Fußoperation, dann wegen Rippenbrüchen, die er sich bei einem Treppensturz zu Hause zugezogen hat. Hewitt ist immer noch Weltranglistenzweiter, aber hinter Federer und Roddick nur an Nummer 3 gesetzt, weil Wimbledon die Ergebnisse auf Rasen stärker wertet als die anderen Turniere. Und Hewitt ist chancenlos. Federer erreicht das Endspiel mit nur einem Satzverlust.

Wimbledonendspiele haben Federers Coach Tony Roche im Einzel bisher noch kein Glück gebracht. Schon sechs Mal war er an einem beteiligt, noch nie durfte er einen Sieg feiern. 1968 verlor er selber in drei Sätzen gegen Rod Laver, und 1983 musste sich der Neuseeländer und große Turnieraußenseiter Chris Lewis, den er damals betreute, gegen John McEnroe geschlagen geben. Der am Netz hölzern wirkende Ivan Lendl, für den ein Sieg in Wimbledon das Traumziel war, konnte 1986 gegen Boris Becker und 1987 gegen Pat Cash ebenfalls keinen Satz gewinnen. Und schließlich verlor auch der von Roche gecoachte Patrick Rafter

2000 gegen Pete Sampras und 2001 gegen Goran Ivanisevic zwei Endspiele.

Federer beginnt gegen Roddick entfesselt. Nach 22 Minuten hat er den ersten Satz gewonnen – ein krasser Gegensatz zum Vorjahr, als ihn der Amerikaner zu Beginn dominierte. Im zweiten Durchgang muss Federer einen Aufschlagverlust zum 1:2 hinnehmen, kann aber zum 3:3 kontern und das Tiebreak 7:2 gewinnen. Obwohl es nur ganz leicht tröpfelt, verordnen die Funktionäre nach dem zweiten Satz eine Pause, die eigentlich überflüssig wäre. Die meisten Zuschauer bleiben auf den Sitzen. Auch Robert Federer, der erstmals ein Grand-Slam-Endspiel seines Sohnes live erlebt. Er verfolgt die Partie auf der gegenüberliegenden Seite der Players Box, wo neben Tony Roche und Mirka Vavrinec auch seine Frau Lynette sitzt.

Robert Federer hat keine guten Erinnerungen an Wimbledon und hat Mut gebraucht, um sich an diesem Tag auf den Centre Court zu wagen. Nur zu gut erinnert er sich an den Nachmittag im Jahr 2002, als er an gleicher Stelle einen Pflichtsieg gegen den Kroaten Mario Ancic miterleben wollte und sein »Rotschi« eine der bittersten Niederlagen seiner Karriere hinnehmen musste. Seither betrachtet er sich als Pechbringer. Sein Sohn hatte ihm gut zureden müssen, damit er überhaupt kam. »Vergiss es: Wenn ich verliere, dann sicher nicht wegen dir«, hatte er zu ihm gesagt.

Die ersten beiden Wimbledonsiege seines Sohnes verfolgte Robert Federer von der Schweiz aus. Als ihn britische Reporter ausfindig machten, erzählte er, einer müsse schließlich auf die Katzen aufpassen. Dieses Jahr war er schon zu Turnierbeginn hier, sozusagen als Test. Die meisten britischen Reporter, die nur ein paar Meter neben ihm sitzen, erkennen ihn nicht hinter seiner Sonnenbrille. Die »Sun« brachte zwar eine Geschichte über ihn – aber der Mann, der darin abgebildet wurde, war nicht er, sondern Pavel Kovac, der Physiotherapeut.

Robert Federer ist während der Regenunterbrechung noch immer nervös, auch wenn die Zweisatzführung seine Nerven beruhigt. Sein Gefühl ist gut: »Sogar die Punkte, die Roger verliert, spielt er richtig«, sagt er mir während der Pause. »Ich habe ihm früher immer gesagt, er müsse aggressiv spielen, die Schläge durchziehen, alles andere bringt nichts.«

Weder die kurze Pause noch die Anwesenheit seines Vaters können Federers dritten Wimbledonsieg verhindern. Nach 101 Minuten punktet er mit einem Aufschlagwinner zum 6:2, 7:6, 6:4, fällt auf den Boden, auch dieses Mal fließen die Tränen. Er hat den Wimbledon-Hattrick geschafft, als achter Spieler insgesamt, als dritter seit dem zweiten Weltkrieg. Die anderen waren Björn Borg und Pete Sampras, doch mit denen will er sich nicht vergleichen. Immerhin hat der Schwede Wimbledon fünf Mal in Folge gewonnen und Pete Sampras sieben Mal innerhalb von acht Jahren. Was Federer nicht sagt und vielleicht auch nicht weiß: Er hat seine ersten drei Wimbledontitel viel souveräner errungen als diese beiden Spieler. Borg gab auf dem Weg dorthin neun Sätze ab, Sampras elf, Federer dagegen nur vier.

Was im Endspiel passiert ist, kann er kaum erklären. »Heute spielte ich makellos, alles funktionierte. Ich erinnere mich, dass ich das Gefühl hatte, als ob ich gar nicht selber spielte, als ob ich alles gar nicht wirklich erlebte. Es war ein sehr komisches Gefühl, und ich werde lange brauchen, um alles zu realisieren.« Doch eines weiß er genau: »Mir gelang ein fantastisches Match, wahrscheinlich das beste, das ich je gespielt habe.«

Andy Roddick hat auf Rasen in den vergangenen drei Jahren von 35 Spielen nur drei verloren, immer in Wimbledon und immer gegen Federer. Er kann dem alten und neuen Sieger nur zustimmen. »Seine Leistung war deutlich besser als die im vergangenen Jahr. Wenn ich letztes Jahr so gut gespielt hätte wie heute, hätte ich wahrscheinlich gewonnen.«

Als Federer an diesem Abend zum Champions Dinner kommt, wird er von Tony Roche und Robert Federer begleitet. Auch für die beiden welterfahrenen Männer wird dieser 3. Juli zu einem besonderen Tag. »Wimbledon ist für mich das größte Turnier der Welt«, sagt Roche. Er ist froh, dass er für die Rasensaison in Europa geblieben ist. »In einem Wimbledonendspiel gegen einen so hervorragenden Spieler wie Roddick eine solche Leistung zu bieten, das ist nicht mehr zu übertreffen«, lobt er. »Auf einer Skala von 1 bis 10 war das eine 10.«

Der Sieger ist froh, dass sein Vater dabei sein kann. »Er ärgert sich zwar immer noch, wenn ich eine Rückhand oder eine Vorhand verschlage«, sagt er am nächsten Morgen zu den Journalisten. »Aber inzwischen kann ich damit umgehen. Denn nun weiß ich, dass er nicht so viel vom Tennis versteht, wie ich früher dachte.«

Kapitel 31
Ein Abend in Flushing Meadows

Zum ersten Mal kehrt Roger Federer im Juli 2005 von einem Grand-Slam-Triumph direkt in seine Heimatstadt Basel zurück. Für den dreifachen Wimbledonsieger ist ein Empfang auf dem Marktplatz in der Innenstadt organisiert worden, und er ist überwältigt von der Menschenmasse, die dort auf ihn wartet. Mehrere Tausend Leute füllen den pittoresken Platz, was sonst nur bei Feiern für die Fußballer des FC Basel der Fall ist. Federer steht mit der Kopie seines Wimbledon-Pokals auf dem kleinen Balkon des Rathauses, winkt in die Menge und ruft: »Der ist für euch.«

Vor den Ferien lässt er seine Füße, die ihn seit Monaten immer wieder schmerzen, durch eine Magnetresonanztomographie untersuchen. Auf ärztlichen Rat entschließt er sich, seinen Titel in Montreal nicht zu verteidigen und sich mehr Zeit zur Erholung zu lassen. Er zieht sich nach Asien in die Wärme zurück und bereitet das letzte Saisondrittel in Dubai vor. Dorthin folgt ihm zuerst sein Fitnesstrainer Pierre Paganini, danach auch Tony Roche.

Als er in Cincinnati im Spätsommer 2005 auf die Tour zurückkehrt, ist sein Vorsprung in der Weltrangliste um über 1000 Punkte geschmolzen. Sein erster Verfolger heißt jetzt nicht mehr Lleyton Hewitt, sondern Rafael Nadal. Während Federer pausierte, gewann der Spanier Sandturniere im schwedischen Bastad und in Stuttgart und in Montreal auch sein erstes Hartplatzturnier, dank eines Finalsiegs über Andre Agassi. Mit 65 Saisonerfolgen liegt Nadal nun klar vor Federer mit 58, und auch im Champions Race ist ihm der Spanier wieder nahe gerückt.

In Cincinnati geschieht für den Weltranglistenersten aber Ungewöhnliches: In dem Turnier, in dem er in vier Anläufen zuvor nur einen einzigen Gegner bezwang, erreicht er das Endspiel, aus dem sich Andy Roddick einmal mehr als Verlierer verabschieden muss. Damit hat Federer einen weiteren Rekord aufgestellt – vier Turniere der Masters-Serie gewann in der gleichen Saison vor ihm noch keiner. Beruhigt kann er zu den US Open nach New York weiterreisen.

Während Andy Roddick und Rafael Nadal dort früh ausscheiden, zieht Federer mit einem klaren Dreisatzsieg über David Nalbandian in seine vierten Grand-Slam-Halbfinals des Jahres ein. Auch dies ist eine Notiz wert, denn von den Profis gelang dies bisher nur Rod Laver, Ivan Lendl und seinem Coach Tony Roche, der das Turnier aus der Ferne verfolgt.

Entgegen den Erwartungen wird Federers Spiel am »Super Saturday« als zweites ausgetragen – ein Entgegekommen für Agassi, der um diesen Vorteil ersucht hatte. Für den 35-jährigen Amerikaner hat längst die Finalvorbereitung begonnen, als Federer von Lleyton Hewitt in eine dreistündige Partie verwickelt wird. Im zweiten Satz muss er fünf Satzbälle abwehren, ehe er das Tiebreak und darauf die Partie gewinnen kann. Federers Blick richtet sich sogleich nach vorn, auf die Partie gegen Agassi: »Das wird ein Highlight in meiner Karriere.«

Es liegt etwas in der Luft an diesem späten Sonntagnachmittag in Flushing Meadows. In Massen strömen die Zuschauer in das 58 Meter hohe Arthur Ashe Stadium, die größte Tennisarena der Welt. Sie fasst 23352 Zuschauer und wirkt, bis auf den letzten Platz gefüllt, noch imposanter als sonst. Immer wieder fangen Kameras bekannte Gesichter ein: Robin Williams, Dustin Hoffmann, Lance Armstrong, Donald Trump – sie alle wollen sich die Partie der Giganten nicht entgehen lassen. US-Flaggen wehen im Wind, ein riesiges Sternenbanner wird über den Court gezogen. Es ist der 11. September, der vierte Jahrestag der Anschläge auf die Twin Towers in Manhattan, was die patriotische Stimmung noch verstärkt. Es ist der Tag, an dem der 35-jährige Andre Agassi noch einmal die US Open gewinnen soll.

»Es kann nicht besser werden für mich«, sagt der Familienvater zum Fernsehsender CBS, nachdem er sich von seinen Kindern verabschiedet hat und siegesgewiss in die Arena schreitet. Es geht auf fünf Uhr zu, die Sonne steht schon tief, Schatten ziehen über den Platz. Bald werden die Flutlichter angehen.

Roger Federer muss sich vorkommen wie ein Sklave, der im römischen Kolosseum den Löwen zum Fraß vorgeworfen wird. Aber er lässt sich nichts anmerken. Es gelingt ihm, das Spiel sofort in die Hand zu nehmen, 5:2 in Führung zu gehen und die aufgeheizte Stimmung damit zu dämpfen. Dann kann er jedoch drei Satzbälle zum 6:2 nicht verwerten, und es ist unübersehbar, dass Agassi stärker wird. Erst der achte Satzball bringt Federer das 6:3. Im zweiten Abschnitt kippt die Partie plötzlich vollends. Agassi breakt zum 3:0 und 6:2. So klar hat Federer während des ganzen Sommers keinen Satz abgegeben, und in der TV-Kommentatorenbox hoch oben sagt John McEnroe: »Besser kann Agassi nicht spielen.« Der Weltranglistensiebte zieht auch im dritten Satz 4:2 davon.

Agassi sieht seinen ersten großen Titel seit fast drei Jahren am Horizont auftauchen, Federers Niederlage scheint unabwendbar. Der Amerikaner führt 4:2 und 30:0, als sich Federer seiner magischen Fähigkeiten erinnert. Beim nächsten Punkt trifft er die Linie und schafft aus heiterem Himmel das Rebreak. Und schon hat sich das Blatt wieder gewendet. Vier Breakchancen kann Agassi im elften Game noch abwehren – doch das Tiebreak wird für ihn zum Alptraum. Vom 1:1 zum 7:1 gelingt Federer alles, und Agassi ist mit seinem Latein am Ende. Wenig später leuchtet auf der Tafel das Endresultat auf: 6:3, 2:6, 7:6, 6:1. Hektisch schreibe ich die Version Niederlage, die ich angesichts des nahenden Redaktionsschlusses in der Schweiz bereits fertig gestellt hatte, auf Sieg um.

Während der Verlierer Tränen in sein Handtuch weint und danach Federer als besten Spieler bezeichnet, gegen den er je gespielt hat, weiß dieser nicht, wie ihm geschehen ist. »Ich bin verblüfft, dass ich das geschafft habe und es schon vorbei ist«, sagt er kurz nach der Partie. »Agassi war wie ein Fisch, der mir entglitten war.« Im dritten Satz habe er gedacht, dass er verlieren würde. Agassi sei die einzige noch aktive Legende im Tennis neben Martina Navratilova. »Gegen ihn zu spielen, während ich auf dem Höhepunkt stehe und er dem Karrierenende zugeht, und erst noch in New York, im Endspiel der US Open – das war vielleicht die wichtigste Partie in meinem Leben.«

Dem parteiischen Publikum macht Federer keinen Vorwurf, auch wenn er sagt: »Ich war zwar auf das Schlimmste gefasst, doch es war noch härter, als ich erwartet hatte. Ich hätte gehofft, dass bei meinen schönen Punkten etwas mehr applaudiert würde. Aber ich verstehe das Publikum: Die Sterne standen gut, dass Agassi seine Karriere wie Sampras oder Ivanisevic mit einem späten Grand-Slam-Titel krönen konnte.«

Federer ist mit sechs Grand-Slam-Titeln nun bei seinen Jugendidolen Boris Becker und Stefan Edberg angelangt und hat als erster Tennisspieler seit 72 Jahren alle seine ersten sechs Grand-Slam-Endspiele gewonnen. In der Tennisgeschichte glückte dies vor ihm nur vier Spielern, und das unter ganz anderen, nicht zu vergleichenden Voraussetzungen. Der Amerikaner Richard Sears und der Brite William Renshaw, der als jener Spieler gilt, der Tennis von einem Hobby in einen Sport verwandelte, mussten in den 1880er Jahren dafür erheblich weniger Partien bestreiten. Ebenso der umjubelte Neuseeländer Tony Wilding, der für seine Wimbledonsiege in den Jahren 1911 bis 1913 insgesamt nur drei Gegner zu bezwingen hatte. Der vierte im Bund war der Australier John Herbert »Jack« Crawford, dem 1933 in New York nur ein Satzgewinn fehlte, um als Erster der Tennisgeschichte den Grand Slam zu schaffen.

Bei einem guten Essen und einem Glas Wein lässt Roger Federer im Hotel Peninsula in Manhattan den Weg zum US-Open-Titel 2005 am Sonntagabend noch einmal an sich vorbeiziehen. Er kann, wie oft nach großen Erfolgen, nicht einschlafen. Morgens um fünf Uhr liest er die Zeitungen und betrachtet im Fernsehen erste Bilder seines Finalsiegs. Er hat es nicht eilig, New York zu verlassen. Am Montagmorgen dreht er wieder eine Runde durch die Medienwelt New Yorks – wobei diese kleiner ausfällt als die letztjährige, weil er die Frühstückssendungen auslässt. Er hat es nicht mehr nötig, alle Einladungen amerikanischer Fernsehsender anzunehmen. Selbst David Letterman, der große Talk-Master, muss sich dieses Jahr gedulden.

Federer ist seit vier Turnieren ungeschlagen und hat in den USA nun schon sechs Titel und 36 Siege aneinander gereiht. Er ist erst der dritte Spieler, der zwei Jahre hintereinander die Meisterschaften Englands und der USA gewann, nach den Amerikanern Bill Tilden (1920/21) und Don Budge (1937/38) – und der erste seit Rod Laver, der innerhalb von zwei Jahren fünf der acht Grand-Slam-Turniere für sich entschied.

Kapitel 32
Der Retter von Shanghai

Die Grand-Slam-Saison 2005 ist zwar nun vorbei, doch die Ziele gehen Federer nicht aus. Er will seinem Davis-Cup-Team im Kampf gegen den Abstieg helfen, die Nummer 1 in der Jahresendrangliste möglichst bald sicherstellen, den Titel in Bangkok verteidigen, endlich das Turnier in Basel gewinnen, zum dritten Mal eine Saison mit dem Masterssieg abschließen – und warum nicht erstmals auch Madrid und/oder Paris-Bercy gewinnen?

Zunächst läuft alles nach Plan. Die Rückkehr ins Davis-Cup-Team, in dem Marc Rosset auf Druck der Mannschaft als Captain abgesetzt und durch Severin Lüthi ersetzt worden ist, gestaltet sich problemlos. Federer besiegt in Genf mühelos den Schotten Alan Mackin, und schon nach dem Doppel sind die Briten geschlagen. Die Schweizer bleiben so ein weiteres Jahr in der Weltgruppe, wo sie sich seit 1995 behaupten. Und bereits eine Woche später erzwingt Federer in Bangkok über den hochgelobten schottischen Teenager Andrew Murray, der ihm in Genf gerade noch im Doppel gegenüberstand, seinen 24. Endspielsieg in Folge und damit die Entscheidung im Champions Race. Er wird zum fünften Spieler, der während eines Jahres die Führung in der Weltrangliste nie abgegeben hat, nach Jimmy Connors, Ivan Lendl, Pete Sampras und Lleyton Hewitt. Zur Belohnung gönnen Mirka und er sich ein paar Ferientage in Bangkok, wo sie Tempel und Buddha-Statuen besichtigen und die Thai-Küche genießen.

Seine Stärke und Konstanz sind besonders bitter für Rafael Nadal, der im Jahr 2005 elf Turniere gewinnt, darunter die French Open und die Masters-Serie-Titel in Monte Carlo, Rom, Montreal und Madrid. Der Spanier sammelt damit zwar mehr Punkte als die ersten vier Sieger des Champions Race – Gustavo Kuerten (2000), Lleyton Hewitt (2001/02) und Andy Roddick (2003) –, ist aber trotzdem nur die Nummer 2 des Jahres.

Am 11. Oktober ist Roger Federer im Tenniszentrum »Paradies« in Allschwil mit Michael Lammer am Trainieren, als ihn erneut der »Fluch von Basel« trifft. Am gleichen Ort, wo er vor einem Jahr einen Muskelfaserriss im Oberschenkel erlitt, spürt er plötzlich wieder einen stechenden Schmerz, dieses Mal im rechten Knöchel. Er fällt zu Boden und bleibt liegen. »Zuerst befürchtete ich, dass etwas gebrochen sein könnte«, erzählt er. Die Diagnose ist weniger schlimm, aber schlimm genug: Bänderriss. Eine Operation ist nicht nötig, aber die Starts in Madrid, Basel und Paris muss er absagen. Ob es für das Masters in Shanghai reicht, das in viereinhalb Wochen beginnt, ist fraglich.

Federers Fuß wird eingegipst, er geht zwei Wochen an Krücken. Aber er tut alles, um die Therapie zu beschleunigen und am Masters starten zu können: Ultraschall, Lymphdrainagen,

Massagen, Beine hoch lagern, spezielle Übungen … Und er ist nicht der Einzige, der mit einer Verletzung zu kämpfen hat, die Top Ten der Weltrangliste erinnern in diesem November an ein Lazarett. Schon vor dem Turnier haben sich drei ehemalige Grand-Slam-Champions abgemeldet: Marat Safin wegen des linken Knies und Andy Roddick wegen des Rückens. Und Lleyton Hewitt zieht es vor, bei seiner schwangeren Frau Bec Cartwright zu bleiben.

Andre Agassi hat sich fast gleichzeitig mit Federer verletzt: Beim Raquetball überdehnte er sich drei Bänder im linken Knöchel. Er kommt zwar nach China, überlässt seinen Platz aber nach der Niederlage im ersten Spiel einem Ersatzmann. Auch Rafael Nadal hat seit dem Turnier in Madrid Sorgen mit dem linken Fuß und die Turniere in Basel und Paris ausgelassen. Er entscheidet sich, obwohl nach China angereist, kurz vor seinem ersten Gruppenspiel zum Verzicht. Innerhalb weniger Stunden hat das Masters damit zwei der letzten verbliebenen Topspieler verloren, und auch Federers Start ist gefährdet. Er ist zwar früh angereist, weiß aber bis zwei Tage vor dem Turnier noch nicht, ob er überhaupt antreten kann.

Das Stadion in Shanghai ist taifunsicher und fast ausverkauft – doch für die erwartungsfrohen chinesischen Organisatoren ist die Situation schlimmer als ein Taifun. Die Behörden der chinesischen Wirtschaftsmetropole haben das Masters nach dem großen Erfolg 2002 für drei Jahre zurückholen können und im Minhang-Distrikt im Südwesten von Shanghai das prachtvolle, 15000 Zuschauer fassende Stadion Qi Zhong gebaut. Dessen Dach ist in acht tonnenschwere Teile untergliedert, die sich öffnen und schließen lassen. Das Ganze erinnert an eine erblühende Magnolie, das Wahrzeichen der Stadt.

Die Acht ist Federers Lieblingszahl, auch wegen seines Geburtstags, dem 8.8., und er fühlt sich mit dem Turnier verbunden. Anfang Oktober ist er sogar von Bangkok aus extra nach China geflogen, um an der Stadioneröffnung teilzunehmen. Und tatsächlich: Federer gewinnt das Wettrennen mit der Zeit und kann beim Masters starten. Doch er ist nach seiner bisher schwersten Verletzung schlecht vorbereitet und schließt nicht aus, dass er alle drei Gruppenspiele verliert. Umso größer ist sein Jubel, als er im Startspiel David Nalbandian bezwingt. Federer spricht sogar von einem der schönsten Momente seiner Karriere.

Die Partie gegen Ivan Ljubicic, den besten Indoorspieler des Jahres, wird zu einem Höhepunkt des Turniers. Federer jagt den Fans zunächst einen Schrecken ein, als er vor dem dritten Satz den Physiotherapeuten kommen lässt, gewinnt aber dann im Tiebreak des dritten Satzes, nachdem er schon vorher drei Matchbälle vergeben hat, und steht auch bei seinem vierten Masters vorzeitig als Gruppensieger fest.

Als Federer mit einem 6:0, 6:0 über den Argentinier Gaston Gaudio ins Endspiel einzieht, steht seine Saisonbilanz bei 81:3. Damit bietet sich ihm die Chance, John McEnroes Rekord zu egalisieren, dem 1984 mit 82:3 die statistisch beste Saison eines Profis gelang. Ihm steht Nalbandian gegenüber, den er im Startspiel geschlagen hat. Doch das Endspiel führt über drei Gewinnsätze, was Federers Aufgabe deutlich schwieriger macht. Er gewinnt die ersten zwei Sätze im Tiebreak, benötigt dafür aber über zwei Stunden. Zu lange. Ab dem dritten Satz wirkt er angeschlagen, seine Beine sind schwer. Federer verliert zehn Games in Serie und liegt im fünften Satz 0:4 und 0:30 zurück, als das Unwahrscheinliche geschieht: Getrieben von »Roger, Roger«-Rufen sowie vom eigenen Willen und Stolz kämpft er sich zurück. Bei 6:5 schlägt er zum Sieg auf, bei 30:0 trennen ihn nur noch zwei Punkte vom Titel, doch Nalbandian kann das Spiel tatsächlich noch einmal herumreißen. Später wird Federer sagen: »Ich spielte nicht mehr, um zu gewinnen, sondern nur noch, um es ihm so schwer wie möglich zu machen.«

Nach viereinhalb Stunden verliert Federer 7:6 (7:4), 7:6 (13:11), 2:6, 1:6, 6:7 (3:7) und muss zusehen, wie David Nalbandian nach seinem größten Erfolg als erster argentinischer Masters-Sieger nach 31 Jahren zu Boden fällt. Doch auch er fühlt sich als Sieger. »Ich bin viel näher an den Turniersieg gekommen, als ich gedacht hätte«, sagt er. »Unter diesen Umständen ist dies eines der besten Resultate meiner Karriere. Das Turnier hat mir vielleicht die stärksten Emotionen des Jahres beschert.«

Trotzdem muss er das Ende einiger Serien hinnehmen. Er hat erstmals seit den French-Open-Halbfinals Anfang Juni und nach 35 Siegen verloren, womit er die fünftlängste Siegesserie im Profitennis aufgestellt hat (die längste gelang mit 46 Siegen Guillermo Vilas). Und, vor allem: Es ist seine erste Niederlage in einem Endspiel seit Juli 2003 und nach 24 Finalsiegen. Obwohl er insgesamt nur vier Partien verloren hat, stuft er 2005 etwas schlechter ein als 2004. »Aber auch diese Saison war unglaublich. Phasenweise fühlte ich mich unschlagbar.«

Dank Federer ist das Masters für die Chinesen nicht zum kompletten Desaster geworden und hat für die aufbrechende Tennisbewegung Asiens keinen Rückschlag bedeutet. Einige Monate später wird der Vertrag sogar verlängert, und Shanghai übernimmt auch die Organisation des Masters 2008. »Wenn das Turnier durch die vielen Forfaits Schaden erlitt, so wurde das durch eines der begeisterndsten Spiele des Jahres kompensiert«, schreibt am Montag die Zeitung »Shanghai Daily«. Und auch John McEnroe ist zufrieden. »Es war nett zu sehen, wie hart Federer kämpfte, um meinen Rekord zu brechen«, meldet sich der Amerikaner aus der Ferne. »Vielleicht realisieren die Leute jetzt, dass es nicht so einfach ist, eine 82:3-Bilanz zu schaffen.«

Kapitel 33
Auf der Jagd nach Phantomen

Rod Laver ist ein derart bescheidener Mensch, dass man ihn gerne übersieht. Selbst die Organisatoren der Australian Open kamen erst im Jahr 2000, zwölf Jahre nach der Eröffnung ihrer Anlage, darauf, den Centre Court nach ihrem großen Landsmann in Rod Laver Arena umzutaufen. Laver ist immerhin der einzige Mann, der zweimal den Grand Slam schaffte, 1962 und 1969 gewann er alle vier großen Turniere im gleichen Jahr. Der kleine, rothaarige Linkshänder gilt unter den Tennisspielern als Maß der Dinge. Doch in seiner Bescheidenheit sagte er einmal: »Ich wäre geehrt, wenn man mich nur schon mit Roger vergleichen würde. Roger könnte der größte Tennisspieler aller Zeiten werden.«

Vor den Australian Open 2006 geht »the Rockhampton rocket« in einem Interview sogar noch weiter. »Ich glaube fest daran, dass Roger fähig ist, in dieser Saison den Grand Slam zu schaffen. Er ist ein derart wunderbarer Spieler und ein so unglaubliches Talent ... Von allen Spielern, die ich gesehen habe, seit ich den Grand Slam holte, ist er wahrscheinlich der einzige, der das Talent dazu hat.«

Für den in Kalifornien lebenden Australier ist klar, dass der Grand Slam heute wertvoller ist als zu seiner Zeit. »Die Leistungsdichte ist viel höher als damals, als ich spielte. Die Gegner sind stärker und schneller, und die Rackets erlauben es, den Ball unheimlich hart zu schlagen. Wir hatten nur Holzschläger. Und es gibt so viele wunderbare junge Spieler auf der Tour, die keine Angst haben vor denen an der Spitze.« Die Aussagen Lavers gehen um die Welt. Die nett gemeinten Worte des 67-Jährigen werden für Federer aber zum Bumerang: Sie erhöhen den Druck auf ihn noch, der ohnehin schon groß ist.

Wie in China fehlen auch in Melbourne Marat Safin, der Titelverteidiger, Rafael Nadal sowie Andre Agassi. Federer dagegen hat sich von seinem Bänderriss erholt, auch wenn der rechte Fuß teilweise noch etwas steif ist und er einen Stützverband trägt. Die Folge der Absagen ist, dass Federer vor den Australian Open klarer favorisiert wird als je ein Profi zuvor, geht man nach den Wettquoten der Buchmacher. Wer auf ihn setzt, dem wird lediglich eine Quote um 1,5 angeboten.

Federer startet denn auch mit drei lockeren Siegen, in denen er keinen Satz und nur 22 Games abgibt. Doch schon in den

Achtelfinals gerät er in Schwierigkeiten. Nachdem er die ersten beiden Sätze noch klar gewonnen hat, findet er sich gegen den Deutschen Tommy Haas – der ihn in Australien schon drei Mal geschlagen hat – plötzlich im fünften Satz wieder. Er besteht die Prüfung und gewinnt in der Rod Laver Arena im fünften Anlauf seinen ersten Fünfsatzkampf. Auch gegen den Russen Nikolai Dawidenko hat Federer mehr Mühe als gewöhnlich. Er kann nur mit Glück und nach fünf abgewehrten Satzbällen einen 1:2-Satzrückstand verhindern, ehe er doch noch in vier Sätzen gewinnt. Dagegen ist das darauf folgende Spiel gegen Nicolas Kiefer trotz eines weiteren Satzverlustes fast eine Erholung.

Federer hat damit insgesamt vier Sätze abgegeben, so viele wie nie zuvor auf dem Weg in ein Grand-Slam-Endspiel. Doch an seiner Rolle als Favorit hat sich nichts geändert, als er auf den 200:1-Außenseiter Marcos Baghdatis trifft. Der 20-jährige, bärtige Himmelsstürmer kommt von der Insel Zypern, auf der in diesen Tagen das Tennisfieber grassiert. Viele Leute bleiben der Arbeit fern und Kinder schwänzen die Schule, um seine Partien verfolgen zu können. Baghdatis hat als Ungesetzter die Top-Ten-Spieler Andy Roddick, Ivan Ljubicic und David Nalbandian eliminiert. Doch er hat noch nie ein Turnier gewonnen, ist nur die Nummer 54 der Weltrangliste und hat gegen Federer schon dreimal verloren. Zudem ist noch nie eine Nummer 1 der Welt im Endspiel eines Grand-Slams einem Ungesetzten unterlegen gewesen.

»Der Zauberer und der Lehrling«, titelt die Zeitung »Melbourne Age« vor dem Spiel. Doch als die Partie beginnt, fragt man sich, wer da der Zauberer und wer der Lehrling ist: Baghdatis wird getragen von den vielen Griechen in Melbourne, die eine Atmosphäre wie in einem Fußballstadion entstehen lassen. Er spielt frech, aggressiv und offensiv, während Federer immer wieder seine Vorhand verzieht. Der Favorit verliert den ersten Satz 5:7 und muss nach einer Stunde im zweiten Satz zwei Breakbälle zum 0:3 abwehren.

Doch während sich die Nacht über Melbourne senkt, gelingt es Federer wieder einmal, sich aus einer bedrohlichen Lage zu befreien. Er schafft das 2:2 und hat wenig später Glück: Ein Linienrichterfehler wird zu seinen Gunsten korrigiert, und das bei seinem ersten Satzball zum 7:5. Nach dem Satzausgleich ändert sich die Partie komplett. Federer gewinnt die Sätze drei und vier 6:0, 6:2 – und hat damit auch seinen siebten Grand-Slam-Titel gewonnen, genau wie einst Richard Sears und William Renshaw, die Helden der 1880er Jahre. Mit sieben dieser Trophäen ist er bereits auf der Höhe von John McEnroe, John Newcombe, Mats Wilander und den französischen Musketieren Henri Cochet und René Lacoste angelangt. Nur zehn Spieler konnten in ihrer Karriere mehr Grand-Slam-Titel erringen.

Federer zeigt keine überschäumende Freude, während die Siegerehrung vorbereitet wird. Erst als er von Rod Laver, den er inzwischen persönlich kennen gelernt hat, den versilberten Pokal erhält, überkommen ihn die Emotionen. »Ich weiß nicht, was ich sagen soll«, bemerkt er bei seiner Siegesansprache – und schweigt tatsächlich. Er schafft es gerade noch, Baghdatis zu gratulieren, seinem Umfeld und den Sponsoren zu danken. Doch als er Laver erwähnt und sagt, dass ihm dieser Titel sehr viel bedeute, überschlägt sich seine Stimme, genau wie nach seinem ersten Wimbledonsieg, und er kann seine Tränen nicht mehr zurückhalten.

»Ich war unheimlich nervös. Es war eine riesige Last, so klar Favorit zu sein gegen einen Newcomer«, sagt er zum Schweizer Fernsehkommentator Heinz Günthardt, als er vom Platz kommt. Doch Federer hat inzwischen nicht nur gegen die Spieler hinter dem Netz, sondern auch gegen Phantome aus früheren Zeiten zu kämpfen. Phantome wie Pete Sampras oder Rod Laver, der an diesem Tag neben ihm steht. Sampras hat die Rekordmarke von 14 Grand-Slam-Titeln vorgegeben, Laver den zweimaligen Gewinn des Grand Slam.

Weil Federer fast auf den Tag zehn Jahre jünger ist als Sampras, lassen sich die Erfolge der beiden gut vergleichen, und die Parallelen sind verblüffend: Als Sampras so alt war wie Federer jetzt, war er ebenfalls bei sieben Grand-Slam-Titeln angelangt. Den achten holte Sampras im Jahr 1996 bei den US Open, nachdem er zum ersten Mal nach drei Erfolgen in Wimbledon verloren hatte. Das bedeutet, dass Federer ihn im Jahr 2006 sogar überholen kann. Die Bilanz, die der Schweizer vorzuweisen hat, ist atemraubend. Er hat sieben der letzten elf Grand-Slam-Turniere für sich entschieden und ist erst der dritte Profi nach Laver und Sampras, der mindestens drei dieser Titel in Folge gewonnen hat.

Im Februar 2006 steht der Name Federer schon seit zwei Jahren ununterbrochen zuoberst auf der Weltrangliste – nur Jimmy Connors (160 Wochen) und Ivan Lendl (157 Wochen) schafften noch längere Serien. Doch auch in der Weltrangliste hat Sampras eine Marke vorgegeben, die für Federer nur schwer zu übertreffen sein wird: Insgesamt war er 286 Wochen lang die Nummer 1. Federer erscheint im Frühling des Jahres 2006 bereits auf der fünften Position dieser Liste, außer Sampras liegen nur noch Ivan Lendl (insgesamt 270 Wochen), Jimmy Connors (268 Wochen) und John McEnroe (170 Wochen) vor ihm.

Für Federer ist nach dem Sieg in Melbourne klar, dass er alles tun muss, um sich optimal für die French Open vorzubereiten. Während er Wimbledon schon dreimal und die US Open und Australian Open je zweimal gewonnen hat, fehlt ihm dieser Titel noch immer. Er pausiert im Februar, lässt wie im Vorjahr die erste Davis-Cup-Runde aus und ordnet mit Tony Roche und Pierre Paganini alles einer optimalen Vorbereitung für Paris unter. Mit einem Sieg in Roland Garros hätte er die vier größten Turniere hintereinander gewonnen – und dies auf vier verschiedenen Belägen, was noch keinem Mann gelang. Damit hätte er den »Karriere-Grand-Slam« geschafft. Das wäre zwar nicht der echte Grand Slam, aber immerhin der »Roger Slam« – in Anlehnung an den »Serena Slam«, von dem gesprochen wurde, als

Serena Williams 2002/03 alle vier großen Turniere hintereinander gewann.

Federer hat erkannt, dass er alles tun muss, um die Chancen zu packen, die sich ihm bieten. Er hat aus der Tennisgeschichte gelernt, dass selbst Phasen scheinbar unbedrohter Dominanz abrupt enden können, wie etwa die Beispiele von Björn Borg oder John McEnroe dokumentieren. Man wisse nie, welches der letzte Grand-Slam-Titel sei, schrieb Mats Wilander einmal. Er habe damals nicht gedacht, dass sein Total schon bei 8 anhalten würde, und für John McEnroe hätte er mindestens 15 dieser Trophäen erwartet, nicht nur 8. »Das größte Problem ist nicht das Alter, sondern die Motivation«, ist für Rod Laver klar. »Mental wird man ausgelaugt, und der Siegeswille lässt nach.«

Bei Roger Federer deutet nichts darauf hin, dass dieser Prozess bald einsetzen könnte. Er steht in seinem 25. Lebensjahr und dürfte noch ein paar gute Jahre vor sich haben. Sein Blick ist bereits ins Jahr 2012 gerichtet. Dann finden in London die olympischen Sommerspiele statt, wobei das Tennisturnier in Wimbledon ausgetragen wird – dem Ort seiner größten Erfolge.

TEIL 2

ALLES ROGER

Der Spieler: Wie ein Chamäleon

Die Anforderungen, die im modernen Profitennis gestellt werden, sind unbarmherzig. Wer große Turniere gewinnen und ein Spitzenspieler sein will, muss schnell sein wie ein Sprinter, ausdauernd wie ein Marathonläufer, einstecken können wie ein Boxer und vollstrecken wie ein Fußballstürmer. Er braucht die Übersicht und Schlauheit eines Schach-Großmeisters, die Nerven eines Bergsteigers, die Kraft eines Zehnkämpfers, die ruhige Handführung eines Malers, die Geduld eines Seglers bei Windstille und den Mut und die Kaltblütigkeit eines Matadors. Von Vorteil ist es zudem, wenn man einigermaßen gut aussieht und, wenn möglich, einen Hang zur Show besitzt, denn die Leute wollen schließlich unterhalten werden.

»Ich bin müde vom Tennis, es hat mich ausgelaugt«, sagte Pete Sampras in einem Interview, als er zurückgetreten war. »In meiner ganzen Karriere habe ich keine einzige Nacht gut geschlafen. Erst als es vorbei war, konnte ich wieder ohne Sorge durchschlafen.« Der 14-fache Grand-Slam-Turniersieger, der sechs Jahre als Nummer 1 der Weltrangliste beendete, nahm nach seinem Rücktritt monatelang keinen Schläger mehr in die Hand.

Roger Federer besitzt alle Qualitäten, die einen Tennischampion ausmachen, darüber sind sich die Experten einig. Auch sein Coach Tony Roche sieht es so. »Er ist eine Mischung von Ivan Lendl, dem harten Arbeiter an der Grundlinie, und Patrick Rafter, dem explosiven Angriffsspieler«, sagt der Australier, dem in den vergangenen vierzig Jahren im Tennis nicht viel entgangen ist und der mit den erwähnten Spielern lange arbeitete. Federer erinnert Roche aufgrund seines Variantenreichtums außerdem an Rod Laver, den einzigen Spieler der Geschichte, der zweimal den Grand Slam geschafft hat. »Einige der Dinge, die er macht, sind schlicht unglaublich, die beherrscht niemand anders. Manchmal denke ich: Wie hat er denn das wieder gemacht?«

Federer besitzt nicht nur die Gabe, das Spiel zu diktieren, das Tempo zu bestimmen und Gewinnschläge aus allen Lagen anzubringen, er kann sich auch verteidigen wie die besten Defensivkünstler. Noch in größter Bedrängnis kommt er dank seinen schnellen Beinen und seiner Antizipation an Bälle, die gegen viele andere Spieler zum Punktgewinn reichen würden – und kann sie, mit letztem Handgelenkeinsatz, auf eine Flugbahn lenken, die den Unterschied ausmacht zwischen einem unerreichbaren Passierball oder einem mühelos verwertbaren Rettungsschlag.

Immer wieder erwächst beim Verfolgen seiner Spiele der Eindruck, dass die Uhr für ihn anders ticken muss als für die anderen. Langsamer. Die Zeitspanne zwischen einem Schlag des Gegners und seiner Antwort scheint ihm mehr Optionen zu eröffnen als seinen Kontrahenten. So als würde er alles in Zeitlupe erleben, sich selber aber im normalen Tempo bewegen. Keiner ist so reaktionsschnell, keiner muss so wenig Asse hinnehmen. Keiner kann den Ball im letzten Moment noch ein paar Zentimeter weiter hinten oder weiter vorne treffen, je nachdem, ob er das Spiel beschleunigen oder sich etwas mehr Zeit lassen will, um der Filzkugel einen extremeren Drall mit auf den Weg zu geben. Oder auch nur, um zu beobachten, auf welche Aktion sich sein Gegenüber einstellt, und den Ball daraufhin gegen die Laufrichtung zu spielen. Und wenn er seine Vorhand mit vollem Risiko durchzieht, dann fragt man sich, ob man schon je eine so schnelle Hand gesehen hat und wie es physikalisch überhaupt möglich ist, ein solches Tempo zu generieren. »Er ist nie gehetzt«, sagt Tony Roche. »Es macht Champions in allen Sportarten aus, dass sie mehr Zeit haben als andere.«

Auffällig an Roger Federer sind auch sein Pokerface, das an Björn Borg erinnert, seine Eleganz, Virtuosität, Unberechenbarkeit, seine Spielfreude, Kreativität und ein faszinierender Variantentreichtum. Heinz Günthardt, einst auch ein feiner Techniker und inzwischen ein Analytiker mit scharfem Auge, beschrieb es in einer seiner Kolumnen in der »SonntagsZeitung« einmal so: »Er spielt, wie es ihm passt. Er läuft ans Netz, spielt von der Grundlinie aus; er verteidigt, greift an, spielt schnell, spielt mit Gefühl, mit Topspin, mit Slice. Ein geniales Durcheinander. Wer sein Spiel betrachtet, kommt irgendwann zum Schluss, dass er wie alle Großen der letzten zwanzig Jahre spielt – und genau deshalb wie keiner.«

Günthardt wies schon früh darauf hin, dass diese Vielseitigkeit die Qual der Wahl mit sich bringe und dadurch die Gefahr berge, dass sich Federer mehr als andere verzetteln könne. Die »Kunst der Verknappung« beherrscht er nicht wie beispielsweise früher Jimmy Connors. Der Amerikaner bezeichnete es als Stärke, nur eine Hand voll Schläge in seinem Repertoire zu wissen. Weil ihm andere Optionen fehlten, konnte er spielen, ohne überlegen zu müssen. Eine modernere Version dieses Spielertyps ist Lleyton Hewitt.

Der Federer der frühen Profijahre war ein Blender, der sich oft damit begnügte, für Spektakel zu sorgen – und deswegen immer wieder Partien verlor, die er hätte gewinnen müssen. »Früher wollte ich allen zeigen, wozu ich fähig bin, welche schwierigen Schläge ich beherrsche«, gab er einmal zu. »Aber irgendwann ist mir bewusst geworden, dass man mir mehr Aufmerksamkeit schenken würde, wenn ich zu den besten Spielern der Welt gehören und auf den großen Centre Courts spielen würde.«

Er musste lernen, das Schauspiel zu dosieren, nicht für die Zuschauer, sondern für die Resultattafel zu spielen. Das Ungestüme, die hohe Risikobereitschaft und kompromisslose Aggressivität wichen immer mehr einer berechnenderen Taktik, die auch die Schwächen des Gegners einbezieht und deshalb heute oft weniger einzigartig wirkt, dafür umso effizienter ist. Ohne diese Umstellung wäre Federer wohl nie die Nummer 1 geworden.

Seine phänomenalen Erfolge auf sein einzigartiges Talent zu reduzieren, wäre indessen viel zu einfach und ungerecht. »Ich denke, dass mich das Talent etwa auf den zehnten Rang der Welt gebracht hat, wobei ich vorher schon gearbeitet habe«, sagte er Ende 2005 zur Zeitung »L'Equipe«, nachdem diese ihn als »Champion der Champions« ausgezeichnet hatte. »Danach musste ich einige zusätzliche Schritte unternehmen. Denn heute sind die Partien körperlich und mental so hart, dass Talent allein nicht mehr reicht.«

Der Tennischampion Federer ist ein Puzzle aus vielen Teilen. Es mussten Jahre vergehen, bis alles zusammenpasste. Dafür sieht es heute umso eindrücklicher aus: Alles ist an seinem Ort, alles spielt ineinander: Talent, Athletik, mentale Stärke, Selbstvertrauen, Konzentrationsfähigkeit, Kampfkraft, taktische Schlauheit, Professionalität, Ehrgeiz, Stolz ... Oder, wie Andy Roddick einst nach einer Niederlage resigniert fragte: »Wie schlägt man einen Spieler, der keine Schwächen hat?«

Ein zentraler Punkt in Federers Entwicklung war es, das richtige Maß an Emotionalität zu finden. Die innere Unruhe und Aggressivität, die ihn als Junior kennzeichneten, sind inzwischen einer unerschütterlichen Ruhe und Zuversicht gewichen, welche die meisten Gegner verzweifeln lässt. Der Prozess, den Federer bis dahin durchlaufen musste, war allerdings schwierig und langwierig und fand auf mehreren Ebenen statt.

Die erste große Verbesserung trat ein, als Federer von den Juniorenturnieren auf die Profitour wechselte. Je wichtiger die Partien und je größer die Zuschauerzahlen wurden, desto weniger gestattete er sich, auf dem Platz den Schläger zu werfen, sich gehen zu lassen oder fortwährend zu schimpfen. Und je höher er in der Weltrangliste kletterte und je besser er wurde, desto weniger Grund hatte er, sich aufzuregen. Aber natürlich ging es ihm nie schnell genug aufwärts. Noch lange kam es in seinem Verhalten zu Rückfällen, speziell in frühen Runden und auf kleinen Plätzen mit wenigen Zuschauern.

Zwischen 1998 und Frühling 2000 arbeitete Federer mit dem Sportpsychologen Chris Marcolli, der unter anderem auch Eishockeyklubs betreute. Es war die Phase, in der er neben einigen starken Turnieren sehr viele Enttäuschungen und nicht zwingende Niederlagen hinnehmen musste. Die Arbeit auf der mentalen Ebene führte bei ihm auch zu ungewollten Ergebnissen: Er wurde phasenweise sogar zu ruhig. In Miami beispielsweise kam er 1999 nach einer Startniederlage gegen den schlechter klassierten Dänen Kenneth Carlsen vom Platz und erklärte, er sei nicht motiviert gewesen und habe keine Lust gehabt. »Auf dem Platz war mir fast langweilig. Ich habe keine Emotionen mehr gezeigt und musste herausfinden, was für mein Spiel am besten ist. Nun weiß ich, wie ich mich verhalten muss, um gut zu spielen«, sagte er Anfang 2003, kurz vor seinem Durchbruch in Wimbledon. Am meisten verbessert habe er sich mental.

Parallel dazu erfolgte eine entscheidende Verbesserung im konditionellen Bereich, an der der Fitnessexperte Pierre Paganini großen Anteil hat, mit dem Federer im Dezember 2000 auf privater Basis zu arbeiten begann. Dieser stellte einen weitsichtigen Dreijahresplan auf, der darauf abzielte, dass Federer seine körperlichen Leistungen optimierte und sie über eine längere Zeitdauer erbringen konnte. Schon bald zeigten sich die Früchte dieser Arbeit. »Ich habe viel weniger Mühe in langen Matches«, sagte er Anfang 2003. »Das heißt auch, dass ich länger in einem Turnier spielen kann oder vier Turniere hintereinander, ohne dass ich durchdrehe. Ich bleibe ruhig, sage mir, müde sein ist normal. Am Ende ist plötzlich die Möglichkeit eines Turniersiegs da.«

Manchmal erscheint es Federer selber unglaublich, wie sehr er sich verändert hat. »Früher, wenn mein Coach mir sagte, ich solle mich beruhigen, schien mir das unmöglich«, erzählte er 2004. »Ich musste diese Spannung und diese Dämonen in meinem Kopf einfach loswerden. Niemand konnte mir helfen, es musste von mir kommen.«

Ohne verbesserte Physis wäre Federer an dem Bestreben, seine Emotionen ins Lot zu bringen, wohl noch lange gescheitert. Die Mehrarbeit, die er unter Paganini in seine Karriere investierte, stärkte auch sein Selbstbewusstsein, und seine Ansprüche wuchsen. Bei den US Open 2005 gab er zu, dass er in Junioren-

und frühen Profijahren manchmal Partien verlor, in denen er nicht alles gegeben oder nicht so gespielt hatte, wie er es hätte tun sollen. Manchmal habe er das schreckliche Gefühl gehabt, der Gegner verdiene den Sieg mehr als er. Weshalb? »Weil ich den Eindruck hatte, dass er härter trainierte als ich. Ich hatte ja das Glück, aus der Schweiz zu kommen.«

Dieses Gefühl verschwand, als er es schaffte, sein inneres Feuer zu entfachen, und daraufhin versuchte, immer das Beste zu geben. »Ich wollte es genießen, ob ich gewinne oder verliere. Es ist ja kein Krieg, den wir dort draußen führen. Wenn die Partie vorbei ist, geht das Leben weiter.«

Wie spielt er denn nun konkret, Roger Federer? Gegenüber der »New York Times« bezeichnete er sein Tennis im Sommer 2005 als »Retrostil«, als eine moderne Art der Rückkehr zu den Wurzeln. Tatsächlich führt er das Tennis zurück in eine Ära, als es ein von Taktik, Artistik und Athletik geprägtes Spiel war und es die schweren Holzrackets auch noch gar nicht erlaubten, so viel Power zu generieren wie im Zeitalter des Karbons, Titaniums und der Nanotechnologie, in dem jeder Hobbyspieler Asse und Winner schlagen kann.

»Ich bin ein sehr guter Allroundspieler, und die Gegner kennen meine Waffen«, sagte er zur »Times«. »Sie wissen, dass es vorbei ist, wenn sie mir einen kurzen Ball geben, auch wenn es nicht so dramatisch aussieht. Mein Spiel ist flüssig, ohne Kratzer, rund, und das macht es umso gefährlicher. Meine Begabung ist vielleicht, wie ein Chamäleon zu sein.« Im Jahr 2004 beschrieb er sein besonderes Talent einmal so: »Ich habe den Eindruck, dass ich spüre, auf welche Art der Ball kommt, und meine Reaktionen sind automatisch, ich musste daran nicht arbeiten.«

Vieles, das Federer so stark macht, ist für den Durchschnittszuschauer kaum erkennbar. Vielleicht, weil es nicht so spektakulär oder aufsehenerregend wirkt wie ein von einem lauten

Stöhnen begleiteter Vorhandkracher oder ein Ass mit 230 km/h. Jeder kann erkennen, dass Federer langsamer aufschlägt als Andy Roddick oder Ivan Ljubicic – aber nur die Gegner merken, bis zu welchem Grad er in der Lage ist, Geschwindigkeit, Platzierung, Drall und damit Flugbahn der Bälle zu variieren, und zwar sehr oft so, wie es sein Gegenspieler am wenigsten erwartet oder am unangenehmsten empfindet. Immer und immer wieder anders. Er kann einen hoch abspringenden Kickaufschlag vortäuschen – und im letzten Moment die Hand derart verlangsamen, dass sein irritiertes Gegenüber nicht mehr weiß, wie ihm geschieht. Er kann einem Vorhandschlag so viel Vorwärtsdrall mitgeben, dass ihn die Linienrichter schon im Aus sehen, bevor die Kugel doch noch wie ein Stein ins Feld plumpst. Er kann die Rückhand derart unterschneiden, dass daraus ein hart gespielter Stoppball entsteht, der kaum abspringt und aus dem Feld hinausdreht, so dass ihn der Gegner, wenn überhaupt, meist nur noch hilflos über das Netz schaufeln kann und der Punktgewinn zur Formsache wird.

»Er erfindet Schläge und versucht Sachen, bei denen du dir sagst, die gibt es gar nicht«, sagt Marc Rosset. »Ich kenne keinen, der das Spiel so gut spürt wie er.«

Dabei zermürbt Federer seine Gegner mit einer Lockerheit, die Tennis als Kinderspiel erscheinen lässt. »Er ist wie ein Artist, ein Maler oder Skulpteur, die den Eindruck entstehen lassen, dass alles einfach ist«, bemerkt Yves Allegro, ein häufiger Doppelpartner. Philippe Bouin von der Zeitung »L'Equipe«, weltweit einer der größten Tennisexperten, bezeichnete Federers Spiel einst als »permanentes Wunder«. Er wies aber auch auf die Kehrseite hin: »Sein Pech ist, dass sein Talent ihm erlaubt, die schwierigsten Schläge einfach erscheinen zu lassen. Man ist deshalb umso enttäuschter, wenn der Tag kommt, an dem der Zauberer seine Hand in den Hut steckt – und selber von seinen weißen Hasen gebissen wird.«

Federers Talent liegt aber nicht nur in seiner Hand. Auch sein Körper und sein Geist scheinen wie geschaffen für diesen Sport.

Fitnesstrainer Paganini attestiert ihm eine ungewöhnliche Aufnahmefähigkeit, wenn es um das körperliche Training geht. »Es ist schwer zu erklären, aber wenn ich von ihm verlange, seine Beinarbeit mit einem physischen Hilfsmittel zu trainieren und ihn beobachte, habe ich manchmal den Eindruck, als ob er meine Arbeit neu erfinde.«

Auch die mentale Stärke dürfte zum großen Teil angeboren sein. Schon früh besaß Roger Federer die Gabe, über sich hinauszuwachsen, wenn es ernst galt. Er war bereits in seiner Anfangszeit als Tennisspieler auf ausgeprägte Art ein Wettkampftyp, der im entscheidenden Moment seine beste Leistung abrufen konnte und dessen Trainingsleistungen seine wahre Spielstärke nicht richtig widergaben. Die Begriffe Wettkampftyp und mentale Stärke sind ohnehin Brüder: Im entscheidenden Moment das volle Potenzial ausschöpfen kann nur, wer auch mental und psychisch optimal eingestellt ist und das nötige Selbstvertrauen mitbringt.

Dabei laufen gerade Einzelsportler Gefahr, sich selber durch störende Gedanken zu verunsichern und zu schwächen, wobei die Konsequenzen meist größer sind als in Mannschaftssportarten. »Wir Tennisspieler haben die Tendenz, zerbrechlich zu sein. Ein einziges Sandkorn im Getriebe reicht, um nicht mehr spielen zu können«, sagte Federer im Jahr 2004. »Ich habe immer versucht, die Kontrolle zu behalten und autonom zu sein. Deshalb habe ich auch weniger die Tendenz, zu meinem Clan zu schauen, als andere Spieler.«

Federer schafft es auf exemplarische Weise, störende Faktoren auszuklammern, sie wie an einem unsichtbaren Mantel abperlen zu lassen. Dazu gehört, dass er sich selber nicht über- und die Gegner nicht unterschätzt, wie schlecht sie auch klassiert sein mögen. Er ist stets auf alles gefasst – weshalb ihn nichts überraschen oder aus der Bahn werfen kann. Selbst in den Perioden seiner ausgedehntesten Siegesserien sagte er Sätze wie: »Ich bin weit davon entfernt, eine Legende zu sein«; »Ich stelle mich immer auf das Schlimmste ein«; »Ich bin immer überrascht, wenn ich so einfach gewinne«; »Die Zeiten, als ich Gegner unterschätzte, sind vorbei.«

Aus seinem Status als Nummer 1 der Welt, den viele als große Last empfinden, bezieht er zusätzliche Stärke und Motivation. »Ich genieße es, der Favorit zu sein. Nicht nur der Favorit, sondern der große Favorit«, sagte er im Jahr 2005. »Am Herausforderer liegt es schließlich, die Arbeit zu machen, während der Favorit erst mal schauen kann, was die anderen tun. Natürlich muss ich dafür sorgen, dass ich meine Partien gewinne. Aber ich bin mental so stark, dass ich mit dieser Situation kein Problem habe.«

Während sich andere Spieler durch den Fehlentscheid eines Linienrichters aus der Bahn werfen lassen, schüttelt Federer in einem solchen Moment kurz den Kopf und spielt weiter, als ob nichts geschehen wäre. Wenn, wie etwa im Endspiel der US-Open 2005 gegen Andre Agassi, etwa 23 000 von 24 000 Zuschauern dem Gegner helfen und ihn einige durch Zwischenrufe provozieren, gelingt es ihm, seinen Tunnelblick einzuschalten und sich auf das Wesentliche zu konzentrieren – den Ball einmal mehr über das Netz zu bringen als der Gegner, egal wie.

Über allem steht bei ihm dabei eines: die Faszination, die er für das Tennis empfindet. Sie ist es, die ihm erlaubt, seiner Passion alles unterzuordnen und alles dafür zu tun, um zwischen Grundlinie und Netz der Maestro zu bleiben.

Der Gegner: Einmal in seinen Schuhen stecken

Die Tennistour der Profis ist ein großes Dorf und die Turniere ein Bazar, wo sich Neuigkeiten schnell herumsprechen. Roger Federer galt schon nach wenigen Einsätzen als neuer Pete Sampras, als kommender gefährlicher Rivale, auf den es zu achten galt. Der verspielte Neuling, der vor dem Aufschlag den Ball mit der linken Hand von vorne nach hinten zwischen seinen Beinen durchspielte, erinnerte, wenn man nur oberflächlich hinschaute, auch schon früh stark an Sampras, den großen amerikanischen Dominator griechischer Herkunft: Wilson-Racket, Nike-Kleider, starker Aufschlag, brillante Vorhand, einhändige, oft überrissen gespielte Rückhand.

Einer der Experten, die Federers Potenzial schnell richtig einschätzten, war Boris Becker. Anfang 2000, als Federer als Profi noch mehr verloren als gewonnen hatte, sagte der dreifache Wimbledonsieger: »Roger ist eines der größten Talente, die das Welttennis je hervorgebracht hat.« Dank seines unvergleichlichen Stils und seinen grenzenlosen Möglichkeiten wurde Federer bald überall mit Vorschusslorbeeren überhäuft, die seine Entwicklung indessen nicht vereinfachten. Man sah sich an den Bibelspruch erinnert: »Wem viel gegeben wurde, von dem wird viel gefordert werden.«

Der Druck, von dem Federer als Junior in der Schweiz weit gehend verschont geblieben war, erfasste ihn auf der freien Wildbahn des Profitennis erbarmungslos. Er hatte Mühe, mit den überschwänglichen Komplimenten umzugehen, weil er das Gefühl hatte, noch nichts bewiesen zu haben. Doch selbst die Tatsache, dass sein Durchbruch jahrelang auf sich warten ließ, brachte die Lobeshymnen nicht zum Verstummen. Zwar mischte sich zunehmend Ungeduld, Bedauern, manchmal auch Ärger oder Mitleid in die Kommentare. Es wurde immer klarer, dass nicht nur in der Schweiz, sondern in der ganzen Tenniswelt viele darauf hofften, dass dieser Roger Federer endlich sein unübersehbares Potenzial in große Siege umsetzen würde.

Das Profitennis benötigte neuen Glanz an der Spitze, eine attraktive Leitfigur, die ihm neue Aufmerksamkeit verschaffen und helfen würde, sich im harten Verdrängungswettbewerb mit immer neuen publikumswirksamen Sportarten und im breiter werdenden Unterhaltungsangebot zu behaupten, neue Zuschauer, Sponsoren und eine breitere mediale Abdeckung zu generieren – wie sie das Golf in Tiger Woods gefunden hatte.

Dem Tennis fehlte nach Pete Sampras' Abgang einer, der die Maßstäbe setzte, wie vorher Jimmy Connors, Björn Borg, John McEnroe, Ivan Lendl, Boris Becker oder Andre Agassi. Als Sampras im Jahr 1999 beschloss, dass ihn die Weltrangliste nach sechs Jahren an der Spitze nicht mehr interessierte, entstand dort ein Vakuum, das etliche zufällige Leader hervorbrachte. Die Liste der Nummer-1-Spieler wurde in dieser ausgedehnten Übergangsphase in einer nie dagewesenen, ungesunden Kadenz erweitert. Innerhalb von fünf Jahren tauchten neun neue Namen zuoberst auf, was mehr verwirrte, als dass es faszinieren konnte.

Kein Zweifel: Die Tenniswelt war bereit für den Champion Federer, bevor er selber bereit war, ein Champion zu sein. Dafür benötigte er erst eine lange Lernphase. Umso gewaltiger waren die Reaktionen, als er in Wimbledon 2003 seinen ersten Grand-Slam-Titel gewann – und dies noch auf die erhoffte magistrale Art. »Er ist vom Spieler mit Weltklasseformat in die Liga der Grand-Slam-Champions aufgestiegen, und das ist eine völlig andere Dimension«, feierte ihn Boris Becker und orakelte, dass Federer über Jahre zum dominierenden Spieler werden könnte, falls er mit der neuen Situation zurechtkommen würde. »Für den Tennissport ist er schon jetzt ein Glücksfall, speziell hier in Europa. Endlich wieder ein charismatischer Spieler aus Europa, zudem aus der neutralen Schweiz, der die Turnierszene auf dem alten Kontinent beleben wird. Mit Federers Sieg in Wimbledon haben wir alle ein bisschen mitgewonnen. Endlich verfügt das Tennis wieder über einen Spieler mit der alten Technik, der alles kann, nicht nur mit 220 km/h aufschlagen.« Beckers Sohn Noah schien von seinem Papa angesteckt worden zu sein: Er bezeichnete Federer einmal als »Tennisgott«.

Mit John McEnroe outete sich ein anderer dreifacher Wimbledonsieger frühzeitig als Federer-Fan. Das frühere »enfant terrible«, inzwischen als Fernsehkommentator im Tennis so unterhaltsam und überzeugend wie einst als Ballkünstler, bezeichnete ihn als »perfektesten Spieler, der je gelebt hat«. In Frankreich sagte der virtuose Angriffsspieler, der Björn Borg einst in den frühen Ruhestand getrieben hatte, im Herbst 2003: »Ich hätte davon geträumt, so zu spielen wie Federer. Ihm zuzuschauen, ist für mich das größte Geschenk. Wenn er in den nächsten drei oder vier Jahren so weitermacht, wird er der größte Champion, den ich in meinem Leben je gesehen habe.« Federer sei der »Sampras des 21. Jahrhunderts«, und jedes Kind, das mit Tennis beginne, sollte sich ihn als Vorbild nehmen.

Mit Mats Wilander gesellte sich ein weiterer Seriensieger aus den 80er Jahren in die rasant wachsende Schar seiner Bewunderer. »Wie gerne würde ich Roger in Paris siegen sehen«, schrieb er in einer Kolumne vor den French Open 2004. »In Wahrheit würde ich ihn am liebsten überall siegen sehen. Federer schwebt über allen anderen, dabei hat er noch nicht einmal seine beste Phase erreicht.« Ein Jahr später doppelte Wilander nach: »Ich würde gerne einmal in seinen Schuhen stecken, um zu sehen, wie man sich fühlt, wenn man so spielt.«

Ende 2004 äußerte sich auch Pete Sampras, der sich inzwischen vom Profitennis verabschiedet und mit seiner Familie nach Kalifornien zurückgezogen hatte, über seinen Nachfolger. Obwohl er nur einmal gegen Federer gespielt hatte, bei jener denkwürdigen Niederlage in Wimbledon 2001, war ihm nicht entgangen, wie eindrucksvoll sich dieser entfaltet hatte. Neidlos sagte er in einem Interview in Frankreich: »Er überragt alle anderen um Kopf und Schultern. Er ist auch der beste Athlet, bewegt sich am besten von allen.« Es sei beeindruckend zu sehen, wie Federer sich auf höchstem Niveau behaupte, ohne übermäßig viel Energie zu verschwenden. »Deshalb kann er praktisch die ganze Saison seine Bestleistung erbringen, während den anderen längst die Zunge heraushängt.«

Zwischen ihm und Federer gebe es tatsächlich viele Ähnlichkeiten, fuhr Sampras fort. »Wir haben das gleiche Temperament, und er hat die gleiche leichte Art zu spielen wie ich. Er dominiert die anderen, wie es mir während einiger Jahre gelungen ist.« In einem späteren Interview wurde der Amerikaner konkreter:

»Federer ist von der Grundlinie besser als ich, seine Rückhand ist besser als meine und seine Vorhand gleich gut. Für die nächsten vier, fünf Jahre werden die Rekordbücher seine größte Herausforderung sein.«

Selbst aus der Frauentour meldeten sich euphorische Stimmen – was bemerkenswert ist, da dort der Eindruck dominiert, ungerechterweise im Schatten der Männer zu stehen und zu wenig Aufmerksamkeit zu erhalten. »Roger hat diesen natürlichen Instinkt, um besser zu werden«, sagte Martina Hingis. »Ich hatte immer jemanden, der mir erklärte, warum etwas nicht funktionierte. Er aber fühlt das von allein.« Und auch Serena Williams, die das Frauentennis wie Hingis lange dominierte, schwärmte: »Ich wünschte, ich könnte so spielen wie er.«

In regelmäßigen Abständen stimmten andere Größen vergangener Tage in die Lobesgesänge ein. »Nichts erschüttert ihn dort draußen. Ich frage mich manchmal, ob er überhaupt einen Puls hat«, sagte Jimmy Connors, als er 2005 für BBC aus Wimbledon kommentierte. Ivan Lendl, der mit Tony Roche jahrelang dem gleichen Coach vertraut hatte, verglich Federer am Rand der US Open desselben Jahres mit Tiger Woods, dem dominierenden Golfer. »Bei Roger ist es das Gleiche wie bei Tiger: Beide haben enorm viel Talent und stecken enorm viel Arbeit in ihre Karriere, deshalb sind so so schwer zu bezwingen.« Der gebürtige Tscheche und spätere Wahlamerikaner schloss aber nicht aus, dass er schon ebenso große Talente wie Federer gesehen hatte: »Es gab auch andere extrem talentierte Spieler, aber die schafften es nicht, jene Resultate zu produzieren, die er momentan produziert.«

Zwar gab es einige Spieler, die sich gegen Federer lange erstaunlich gut behaupten konnten, insbesondere Tim Henman, David Nalbandian und Lleyton Hewitt. Hewitt gewann sieben der ersten neun Duelle gegen ihn, Henman und Nalbandian sechs der ersten zehn. Doch irgendwann fand Federer auch gegen seine einstigen »Angstgegner« den Schlüssel zum Sieg, und das Gesicht dieser Duelle änderte sich radikal.

Henman bemerkte nach der Niederlage gegen Federer in den US-Open-Halbfinals 2004: »Nimmt man Roddicks Aufschlag, Agassis Return, meinen Volley und Hewitts Schnelligkeit und Zähigkeit, hat man eine gute Chance gegen Federer. Aber dazu müsste man ziemlich viele Spieler aufbieten.« Als Gaston Gaudio gefragt wurde, was der Unterschied zwischen seinem argentinischen Kollegen Nalbandian und dem dreifachen Wimbledonsieger sei, bemerkte er trocken: »Wie Federer ist auch Nalbandian ein kompletter Spieler. Aber Federer ist auch ein Genie.«

Und wie reagieren die Spitzenspieler, die das Pech haben, dass ihre besten Karrierejahre mit denen Federers zusammenfallen? Lleyton Hewitt, einige Monate lang selber die dominierende Nummer 1, verlor in den Jahren 2004 und 2005 alle neun Duelle gegen Federer, wobei er fünf Sätze mit 0:6 abgeben musste. Fünf dieser Niederlagen kamen in Grand-Slam-Turnieren zustande, davon eine bei den US Open, zwei im Masters in Houston und zwei in Turnieren der Masters-Serie.

Der Australier wurde nicht müde, darauf hinzuweisen, dass Federer das Tennis auf eine neue Stufe geführt habe, gab aber die Hoffnung nicht auf, ihm dorthin zu folgen. »Jeder braucht eine Weile, um ihn wieder einzuholen. Aber das ist es, was einen motiviert und auch der Grund ist, warum einer wie Agassi mit 35 Jahren noch immer besser werden will.« Natürlich sei es frustrierend, bemerkte Hewitt bei den US Open 2005, nach der neunten Niederlage in Folge, »aber man muss das Gesamtbild betrachten. Und ich bin überzeugt, dass ich der bessere Spieler bin als zu meinen Zeiten als Nummer 1.«

Nicht besser als Hewitt erging es Andy Roddick, Federers Vorgänger an der Weltranglistenspitze. Der Amerikaner lag Ende 2005 im direkten Vergleich 1:10 zurück. Die fünf letzten dieser Begegnungen hatten alle in Endspielen stattgefunden, davon zwei in Wimbledon. Roddick, ein Jahr jünger als Federer, versprach tapfer, sich nicht entmutigen zu lassen. »Ich möchte wieder und wieder gegen ihn spielen, bis meine Bilanz 1:31 lautet«, sagte er nach dem Wimbledonendspiel 2005. Wer behaupte,

Federerer sei der beste Spieler aller Zeiten, übertreibe wahrscheinlich nicht. »Er ist körperlich der talentierteste, gegen den ich je gespielt habe, und dazu ist er auch mental zum Riesen geworden.« Federer gelinge es sogar, Punkte zu gewinnen, wenn er, Roddick, der Meinung sei, dass er nichts hätte besser machen können. »Damit pumpt er dir die Luft aus den Lungen und setzt dich unter Druck. Weil man denkt, man muss etwas noch besser machen, aber nicht sicher ist, ob man das überhaupt kann.« Da bleibe einem nur eines übrig: »Den Hut heben«.

Andre Agassi, der letzte Vertreter einer mittlerweile abgetretenen Spielergeneration, hatte Federer in den drei ersten Begegnungen noch weit gehend dominiert. Seine Bilanz stand jedoch nach acht Niederlagen in Folge Ende 2005 plötzlich bei 3:8, und wie Hewitt hatte auch er gegen Federer ein US-Open- und ein Masters-Endspiel verloren. Vom Amerikaner aus Las Vegas stammen einige der eindrücklichsten Zitate zu Federer. Schon beim Masters in Houston 2003, wo er innerhalb von sechs Tagen seine ersten beiden Niederlagen hinnehmen musste, schwelgte er: »Er macht alles großartig, bewegt sich großartig, spielt von beiden Seiten großartig, von der Grundlinie und auch am Netz. Sein Aufschlag ist sehr effektiv und präzis, und er kennt das Spiel wirklich gut. Er ist so gut, wie man nur sein kann.« Es klang wie eine Liebeserklärung, als Agassi auf dem Centre Court bei der Siegerehrung sagte: »Mann, du bist eine Inspiration für mich.«

Gut ein Jahr später, in den Viertelfinals der Australian Open 2005, bemerkte Agassi bei Federer weitere Fortschritte, was den Aufschlag und die Beinarbeit betraf. Noch aber weigerte er sich, Federer früheren Stars wie Sampras gegenüberzustellen. »Es ist nicht fair, solche Größen miteinander zu vergleichen. Jeder hat andere Stärken und Schwächen.« Nach dem mitreißenden Spiel bei den US Open 2005, in dem Agassi im dritten Satz wie der kommende Sieger ausgesehen hatte, änderte er seine Meinung. Der allseits respektierte Altmeister setzte im vollen Interviewraum von Flushing Meadows zu einem Monolog an, bei dem eine andächtige Stille entstand, wie sie auf der Profitour selten zu erleben ist. Jeder im Saal spürte, dass Agassi aus einer tiefen Überzeugung und mit einer Ehrfurcht sprach, als ob er gerade eine Begegnung mit einem Außerirdischen gehabt hätte.

Und das ist es, was Andre Agassi nach dem spektakulären Endspiel sagte: »Es ist zwar enttäuschend, zu verlieren. Aber du musst dir bewusst werden, warum es dazu gekommen ist. Irgendwann kann man es einfach nicht mehr abstreiten: Er ist der Beste, gegen den ich je gespielt habe. Er lässt dir einfach keine Möglichkeiten. Du kannst nicht mehr tun als versuchen, alles richtig zu machen. Aber du fühlst dich bei jedem Schlag in Bedrängnis, weil er jederzeit ein Match entscheiden kann. Dabei hätte ich mich gegen alle favorisiert, wenn ich so gut spiele wie heute.

Ich bin in all den Jahren gegen viele angetreten, und gegen alle gab es eine Sicherheitszone, auf die man sich konzentrieren konnte. Er aber hat für alles, das man versucht, eine Antwort. Irgendwann drückt er auf den Knopf und sorgt dafür, dass man seinen Plan wieder ändern muss. Er spielt dieses Spiel auf eine ganz spezielle Art, die ich vorher noch nie gesehen habe.

Der Standard, den er setzt, die Optionen, die er hat, die Art, wie er sein Talent umsetzt in all den größten Partien – es ist einfach verrückt. Pete (Sampras) war großartig, keine Frage. Aber gegen ihn wusste man immer, was man zu tun hatte, um eine Partie zu kontrollieren. Das gibt es gegen Roger nicht. Er ist der Beste, gegen den ich je gespielt habe. Es ist der Einzige, gegen den du aufatmest, wenn es dir gelingt, ein Aufschlagspiel zum 1:0 zu halten. Und das meine ich ernst. Er kann dich bei jedem Punkt schmerzen und unter Druck setzen, es ist eine unglaubliche Herausforderung. Er spielt einen kurzen Chip, holt dich nach vorne, bewegt dich wieder nach hinten. Er nützt deinen Druck gegen dich aus. Und wenn du Druck wegnimmst, um dies zu vermeiden, umläuft er seine Vorhand und verletzt dich damit. Die Anzahl der Möglichkeiten, die er in jeder Phase einer Partie hat, ist endlos. Seine Erfolge sind der Spiegel von allem, wozu er fähig ist.

Um ihn zu schlagen, müsste bei ihm etwas nicht funktionieren, und dir müsste das verrückteste Tennis gelingen, das du je gespielt hast. Doch selbst wenn du ihn mit dem Rücken gegen die Wand hast, besitzt er bessere Optionen als die meisten. Doch man darf nicht nur von seinem Talent sprechen. Man muss ihn auch respektieren für die harte Arbeit, die Disziplin, Hingabe und Einstellung, die er mit auf den Court bringt. Immer und immer wieder. Er hat einen Haufen guter Entscheidungen getroffen und optimiert dadurch seine Stärken noch. Es ist einfach verblüffend.«

Der Mensch: Nett, aber bestimmt

Federer war noch ein Teenager und erst ansatzweise als kommender Spitzenspieler zu erkennen, als ich von ihm erstmals den Satz hörte, der zu seinem Lebensmotto werden sollte: »Es ist nett, wichtig zu sein – aber wichtiger, nett zu sein.« Ich hatte diese Lebensweisheit einmal in einem Buch des Philantropen Robert Dedman gelesen, einem Amerikaner, dem in Texas eine Tellerwäscher-wird-Millionär-Karriere im Aufbau von Ressorts und Privatklubs gelungen war. Dedman hatte sie zu einer seiner zehn goldenen Regeln erhoben und merkte dazu an: »Es ist einfach, nett zu sein, wenn das Leben gut zu einem ist und alles nach Wunsch läuft. Die größere Herausforderung ist es, wenn es dir schlecht geht. Es braucht eine große Persönlichkeit, nett zu sein, wenn man versucht ist, das Gegenteil davon zu sein.«

Roger Federer hat inzwischen längst bewiesen, dass er auch dazu fähig ist. Der Satz ist für ihn kein Lippenbekenntnis, sondern ein Lebensmotto und Leitmotiv. Er bleibt auch in schwierigen Situationen freundlich und respektvoll – und schwierige Situationen gibt es viele für eine Nummer 1 im Welttennis, von der oft alle gleichzeitig etwas wollen. Hat je einer Roger Federer als unangenehm empfunden, als Aufschneider, als arroganten Wichtigtuer? Selbst wenn es ihm schlecht geht, wenn er bittere Niederlagen verarbeiten muss, wenn er zum zwölften Mal am gleichen Tag die gleiche Frage beantworten muss, obwohl er müde ist, Schmerzen hat und am liebsten ins Hotel gehen würde – er bleibt freundlich. Auch unangenehme Fragen beantwortet er ohne Gereiztheit und Argwohn, wie sie in den Antworten anderer Spieler immer wieder festzustellen sind.

In Shanghai fragte ihn eine der vielen chinesischen Tennisreporterinnnen vor dem Masters 2005 bei den Round-Table-Interviews, wo die Spieler eine Stunde lang an einem Tisch sitzen und jeder Medienvertreter Fragen stellen darf: »Roger, Sie werden von so vielen Fans gejagt, und trotzdem sind Sie immer freundlich. Wie können Sie mit allen so freundlich sein?« Sie musste in ihrem schlechten Englisch die Frage zweimal stellen, bis er sie verstand, doch Federer hörte geduldig zu und antwortete spontan, es schien für ihn die einfachste Frage des Tages zu sein: »Warum soll ich unangenehm sein, wenn ich auch nett sein kann? So einfach ist das für mich.«

Andy Roddick, sein Vorgänger als Nummer 1, sagte zu Federer nach dessen Wimbledonsieg 2005: »Ich würde dich gerne hassen, aber du bist einfach wirklich nett.« Rafael Nadal erhielt von Federer eine SMS mit Gratulationen, nachdem er das Turnier in Madrid 2005 gewonnen und damit Federers Rekord von vier Masters-Serie-Titeln im gleichen Jahr dupliziert hatte. Als Nadal kurz darauf nach Basel kam, um sich wegen einer Verletzung von den Swiss Indoors abzumelden, besuchte ihn Federer im Hotel. Die beiden besten Tennisspieler des Jahres, die sich eben noch ein Duell um die Nummer 1 geliefert hatten, sprachen zwanzig Minuten miteinander, fernab von allen Fotokameras. »Wir haben auch schon einige Male telefoniert«, sagte Nadal. »Federer ist nicht nur eine gute Nummer 1 und eine großartige

Person, er ist auch ein ruhiger, stiller und guter Mensch. Und das wichtigste: Er ist nett.«

Es gibt kaum etwas Einfacheres für einen Biografen, als positive Eigenschaften des Menschen Roger Federer zu finden. Er ist geduldig, entgegenkommend, hilfsbereit und aufmerksam. Er hat ein großes Herz für Arme und Schwache und eine eigene karitative Stiftung. Er ist fair und glaubwürdig und spielt ohne Tricks. Wenn er sagt, der Ball war im Aus, glaubt ihm das jeder sofort. Er ist welterfahren, kosmopolitisch, vielsprachig, drückt sich gepflegt aus und überlegt, bevor er spricht. Er ist bescheiden, anspruchslos, treu, ausgeglichen, verlässlich und anteilnehmend. Kein Vergleich mit jenen Sportlerinnen und Sportlern, die derart auf sich fixiert sind, dass sie auch in Gesellschaft anderer einen ganzen Abend lang nur von sich selber sprechen wollen – und davon gibt es viele.

Für Roger Federer ist nichts zu unwichtig, um ihn zu interessieren. Immer wieder verblüfft er Leute durch seine Anteilnahme an ihrem Leben, und er ist bemüht, sich Namen zu merken und Leute damit anzusprechen.

Dabei lebt er nach festen Grundsätzen und Werten, von denen er die meisten zweifellos von seinen Eltern mit auf den Weg bekommen hat. Dazu gehören Aufrichtigkeit, Ehrlichkeit, Authentizität, Bescheidenheit und Loyalität. Wem er vertraut, der hat in ihm einen Freund fürs Leben. Noch immer gehören ehemalige Schulkollegen, die nichts mit der Tenniswelt zu tun haben, zum engsten Freundeskreis. »Man konnte sich immer auf ihn verlassen, mit ihm reden und auf ihn zählen«, sagt Marco Chiudinelli, »er konnte etwas für sich behalten.«

Einer dieser Grundsätze lautet: Roger Federer macht entweder etwas richtig – oder gar nicht. »Wenn er sich für etwas entschieden hat, ist er mit vollem Herzen dabei«, sagt Yves Allegro. Der Walliser, der regelmäßig mit ihm in Kontakt steht, ist immer wieder von neuem beeindruckt, mit welcher Kompromisslosigkeit und Professionalität Federer seine Karriere managt. »Tennis ist sein Leben, die Karriere hat Priorität vor allem. Er macht alles, um noch besser zu werden. Und er genießt dieses Leben aus vollen Zügen, kostet es aus. Er liebt Tennis und alles, was es mit sich bringt. Dabei ist es für ihn nicht immer einfach. Wenn ich sehe, was er alles machen muss, denke ich manchmal: Zum Glück bin nicht ich die Nummer 1.«

Federer ist sich bewusst, dass seine Tenniskarriere zeitlich begrenzt ist, ein Abschnitt in seinem Leben. Er weiß, dass ihm noch genügend Zeit bleiben wird, um Sachen nachzuholen – Snowboard fahren, Golf spielen, Kinder großziehen, Rasen mähen, Cervelats grillen und mit Freunden ein Bier trinken.

Wie hilfsbereit und verlässlich er ist, erfuhr Allegro im Jahr 2003, als er Federer fragte, ob er etwas zum 25-Jahr-Jubiläum des Tennisklubs Grône im Wallis beitragen wolle. Sein Vater hatte diesen Klub damals gegründet, inzwischen steckte er aber in den roten Zahlen. Federer sagte spontan zu, schlug den 15. Juli vor, und obwohl er unmittelbar vor diesem Datum Wimbledon gewann und in Gstaad das Endspiel erreichte, stand er wie versprochen im Wallis auf dem Platz und spielte vor 3000 Zuschauern einen Showkampf, gratis und franko, wodurch der Klub saniert werden konnte.

Federer hilft anderen Spielern auch sportlich, wo er kann. Als beispielsweise Michael Lammer, einst Federers Wohnpartner in Biel, das Qualifikationsturnier für die US Open 2005 bestritt, war der Weltranglistenerste sofort zur Stelle, ging mit Lammer essen, ließ ihn von seinem Wissen profitieren und erteilte Ratschläge. »Er hat mir von sich aus seine Hilfe angeboten«, sagt Lammer, der die Qualifikation und die erste Runde im Hauptturnier überstand. »Ich glaube, es machte ihm Spaß. Er hat zwar sein eigenes Umfeld, aber nicht hundert Freunde auf der Tour. Wahrscheinlich hätte er es gerne, wenn es mehr starke Schweizer hätte.«

Federers Geselligkeit, verbunden mit einer Prise Patriotismus, ist auch der Grund, weshalb ihm die Zeit mit dem Davis-Cup-Team so viel bedeutet. Diese Tage und Wochen sind für ihn eine willkommene Abwechslung zum Turnieralltag, da wird er vom Einzel- zum Mannschaftsspieler, was ihm umso leichter fällt, als er mit den meisten im Team befreundet ist. »Der Davis-Cup ist für ihn lockerer als andere Turniere«, sagt Allegro. »Die normalen Probleme treten in den Hintergrund. Es wird Karten gespielt, wir haben Spaß, jeder versteht sich mit jedem.« Für Allegro ist klar, dass die gute Atmosphäre ein Grund für Federers hervorragende Bilanz in diesem Wettbewerb ist: »Er spielt gerne für sein Land, und wenn er sich wohl fühlt, ist er ohnehin fast unschlagbar.«

Wäre er nicht Tennisprofi geworden, hätte sein Weg ihn wahrscheinlich in eine Fußballmannschaft geführt. Er pflegt gute Beziehungen zu Spitzenfußballern, wie Benjamin Huggel oder Murat Yakin, verfolgt die Spiele des FC Basel, wo immer er ist, und ärgert sich, wenn er große Siege seines Lieblingsklubs verpasst. Gigi Oeri, die Vizepräsidentin des FC Basel, war schon sein Gast in Wimbledon.

»Manchmal träume ich wie ein Kind davon, Fußballer zu sein und in einem vollen Stadion ein Tor zu schießen«, sagte er noch im Jahr 2003. Ein Jahr später durfte er im Frühling mit der ersten Mannschaft des FC Basel trainieren. Christian Groß, der Trainer, bemerkte danach, sein Ballgefühl sei auch auf dem Fußballplatz sichtbar, »mit etwas Beharrlichkeit hätte er sicher Karriere gemacht«. Worauf sich eine Moderatorin eines Schweizer Radiosenders zu dem Spruch veranlasst sah: »Federer ist ein bisschen wie Lumpi von nebenan: Gib ihm einen Ball, und er ist zufrieden«.

Wie ein echter Fan ist Federer bereit, Opfer zu bringen für seine zweite Leidenschaft, den Fußball. Als die Schweiz im November 2005 in der Türkei das entscheidende Spiel der Qualifikation für die Weltmeisterschaft in Deutschland bestritt, verfolgte er die Partie in Shanghai live am Fernsehen, obwohl sie erst um vier Uhr morgens Lokalzeit zu Ende ging. Dabei hatte er am nächsten Tag im Masters ein Gruppenspiel gegen Guillermo Coria zu bestreiten, in dem es um viel Preisgeld und wertvolle Weltranglistenpunkte ging – und gewann es.

Natürlich ist er enorm ehrgeizig und hasst es zu verlieren – aber wäre er dort, wo er ist, wenn er nicht so ehrgeizig wäre?

Doch er ist immer fair, auch in der Niederlage. Er kann mit Anstand verlieren – wobei das Verlieren zweifellos einfacher wird, je weniger häufig es einem widerfährt.

Leute, die ihn von früher kennen und lange nicht mehr gesehen haben, stellen immer wieder mit einer Mischung von Verwunderung und Freude fest, er habe sich ja gar nicht verändert. Federer ist der lebende Beweis, dass einer, der reich und berühmt wird, normal bleiben kann. Er hat längst gemerkt, dass er am besten fährt, wenn er er selber bleibt, auch im größten Rummel.

Obwohl er nicht das Auftreten eines Stars hat – oder vielleicht gerade deshalb – genießt Federer weltweit eine sehr große Popularität und hat eine umfangreiche Fangemeinde. Zu Beginn des Jahres 2006 überstieg die Zahl der registrierten Mitglieder auf seiner offiziellen Website www.rogerfederer.com bereits die Marke von 60 000. Er ist zwar keiner, bei dem junge Mädchen weinen, kreischen oder in Ohnmacht fallen, kein David Beckham oder Robbie Williams. Doch Federer hat auch unter den Frauen eine große Anhängerschaft, die weniger am Tennisspieler und mehr am Menschen interessiert sind. Er taugt sehr wohl als Vorzeigemann für große Magazine, gibt auch für Vogue oder GQ nette Geschichten und spezielle Fotos her. Im Jahr 2005 wurde er vom amerikanischen People-Magazin sogar in die Kategorie der internationalen Sexsymbole aufgenommen. Das schien ihn persönlich in erster Linie zu amüsieren, doch er gab zu, dass er sich auch geschmeichelt fühlte.

Federer ist zwar kein Trendsetter wie David Beckham oder Brad Pitt. Aber er ist durchaus modebewusst und empfänglich für modische Strömungen. »Früher hatte ich einige Shirts und zwei Paar Hosen im Schrank. Heute ist er übervoll«, erzählte er im Sommer 2005. Mirka habe ihn auf den Geschmack gebracht. Vor wichtigen Anlässen ließen sich die beiden auch schon von einer Stylistin beraten.

Obwohl Federer, wie alle Einzelsportler, gezwungen ist, alles seiner Karriere unterzuordnen, egozentrisch zu leben und mental hart zu sein, kam noch niemand auf die Idee, ihn einen

Macho zu nennen. Zu deutlich ist auch seine andere Seite zu erkennen, die sanfte, verletzliche, emotionale. Oder hat man schon einmal einen Sportler in der Öffentlichkeit so oft weinen sehen? Federer wird dies aber nicht als Schwäche ausgelegt, sondern als Zeichen für seine hohe Empfindsamkeit und den Respekt, den er dem Sport entgegenbringt.

Er ist auch keiner, der Skandalgeschichten liefert und den die Paparazzi verfolgen, wie einst Boris Becker oder John McEnroe. Selbst seine Beziehung mit Mirka Vavrinec hat der Gesellschaftspresse in all den Jahren noch nicht viele Geschichten hergegeben, abgesehen von einigen netten und zuvor abgesprochenen Fotoreportagen, die meisten irgendwo aus den Ferien mit schönen, gestellten Bildern.

Die beiden sind kein Glamour-Paar, das sich in der Freizeit ins Nachtleben stürzt. Ihre Ferien verlaufen oft eher ereignislos. »In den Ferien mache ich das Gegenteil von dem, was ich an Turnieren tue: gar nichts«, sagt Federer. »Ich liege am Strand, schlafe oder gehe schön essen. Und vielleicht ein bisschen shoppen, wenn ich wieder Energie habe.«

Roger Federer und Mirka Vavrinec pflegen eine ruhige, harmonische Beziehung und scheinen sich gut zu ergänzen. »Mirka kocht gerne, und ich esse sehr gerne, das passt perfekt«, sagte er einst, bevor er noch anmerkte: »Ab und zu helfe ich mit, mache die Betten, sauge Staub oder trockne ab. Wir achten schon darauf, dass wir die Arbeit fair aufteilen.« Er weiß, dass seine Freundin viel für ihn opfert und versucht, ihr bei Gelegenheit etwas zurückzugeben. Er geht mit ihr ins Kino, ins Theater, auf Musikkonzerte. Und sagt: »In den Ferien bin ich bereit, die Rollen zu wechseln. Dann steht sie im Mittelpunkt.«

Dass Mirka Vavrinec drei Jahre älter ist und das Profitennis aus eigener Erfahrung kennt, gibt der Partnerschaft eine zusätzliche Stabilität. Tennisjahre haben seit Boris Beckers Karriere den Ruf, Hundejahre zu sein, siebenfach zu zählen. »Manchmal wirkt Roger wie 12, dann aber wieder wie 35. Dass ich drei Jahre älter bin, ist für mich kein Problem«, sagt Mirka.

Sie ist keine, die ihren Freund mit unrealistischen Ansprüchen überfordert, weil sie weiß, was es bedeutet, an der Spitze zu stehen. Sie ist vor allem unheimlich stolz auf ihn und deshalb auch kompromissbereit. »Das Heiraten eilt für mich nicht sehr. Wenn ich denke, dass meine Eltern mit 18 heirateten und mich mit 21 hatten – das könnte ich mir kaum vorstellen«, sagte sie im Sommer 2004. Sie wolle zwar nicht erst mit 40 ein Kind, »aber wenn ich ein Kind habe, will ich, dass ein Vater da ist, der mit ihm Fußball, Eishockey, Tennis spielt und nicht 40 Wochen an Turnieren verbringt.«

Weil Roger Federer mit den Medien so freundlich umgeht, sind die Medien auch freundlich zu ihm. Sie respektieren, dass er die Spielregeln vorgibt, und richten sich danach. So ist Federer eine der wenigen bekannten Persönlichkeiten aus der Schweiz, die noch nie Reporter für eine Homestory zu sich nach Hause ließen. Roger und Mirka in der Badewanne? Undenkbar. Als ihn einst eine Reporterin fragte, wie es in seiner Wohnung aussehe, sagte er mit entwaffnender Offenheit: »Das ist sehr privat, darüber rede ich nicht gern. Die Wohnung dürfen nur meine engsten Freunde und meine Familie sehen.« Thema erledigt, nächste Frage.

Federer ist im Sternzeichen des Löwen geboren, der Löwe ist sein Lieblingstier und jenes, das ihm am besten entspricht. Er ist stolz, hat eine natürliche Autorität und mag es, alles zu kontrollieren. Nicht nur auf dem Tennisplatz. Seine Erfolge und die Professionalität, mit der er seine Karriere führt, machen ihn auch privat und in geschäftlichen Belangen zu einem natürlichen Leader. Zwar scheute er sich lange davor, Entscheidungen zu treffen, fragte anfangs immer die Eltern oder die Trainer um Rat. Diese Zeiten sind jedoch längst vorbei: Roger Federer braucht inzwischen niemanden mehr, der ihm sagt, was er zu tun hat. Selbst während stundenlanger Marathonpartien wirft er keinen Blick zu seinem Coach hoch auf die Tribüne.

Wie ein Löwe kann Federer zwischendurch auch mal die Zähne fletschen und in einer Kompromisslosigkeit auftreten, die nicht zu seiner normalerweise sanften und netten Art passen will. Zum Beispiel, als er als 19-Jähriger Jakob Hlasek aus dem Davis-Cup-Team drängte oder als er für alle überraschend seinen Freund und Coach Peter Lundgren absetzte. Die »Neue Zürcher Zeitung« bezeichnete ihn daraufhin als »Terminator«, der bezüglich »mentaler Exekution seit je mit einem sturen ›Grind‹ und Mut ausgestattet« sei. Er sei ein »Machtmensch, der Marionetten gering schätzt«, formulierte wenig später die »NZZ am Sonntag« ebenso drastisch.

Dabei ist Federer nur einer, der sich nicht vor den Konsequenzen scheut, die Entscheide nach sich ziehen, die er als richtig erachtet. Für ihn sei es selber ein Schock gewesen, Lundgren darüber zu informieren, dass er die Zusammenarbeit beende, sagte er damals. Als ob jemand anders diese Entscheidung getroffen hätte, eine Art Über-Ich. Seine Kompromisslosigkeit, die auch im Kleinen immer wieder spürbar wird, hat zu seiner Autorität beigetragen und ihn zur Respektsperson werden lassen, auch für Leute, die viele Jahre älter sind als er. Die meisten Personen in seinem Umfeld geben beispielsweise erst dann Interviews, wenn es Federer, der Chef, abgesegnet hat.

Wie wollte man es Federer verargen, dass er eine maximale Kontrolle über seine Karriere anstrebt? Immerhin hat er sein Leben lang vornehmlich versucht, ein anspruchsvolles Spiel bestmöglich zu beherrschen, hat dabei gelernt, dass kleinste Details über Sieg und Niederlage entscheiden können – und immer wieder die Bestätigung erhalten, dass ihn seine Instinkte nicht trügen.

Der Botschafter: Auf nobler Mission

Als am 26. Dezember 2004 ein gewaltiges Seebeben vor der Insel Sumatra im Indischen Ozean eine Flutwelle auslöste, die über 200 000 Menschen in den Tod riss, befand sich Roger Federer in

Sydney. Wenig später flog er von Australien aus über das Katastrophengebiet an den Persischen Golf, wo er drei Tage nach dem Unglück eintraf. Die bevorstehenden Katar Open in Doha rückten für ihn sofort in den Hintergrund. Gebannt verfolgte er die Berichterstattung über den Tsunami in seinem Hotel vor dem Fernseher.

»Das Ganze hat ihn mitgenommen wie selten etwas zuvor«, erzählte mir seine Freundin Miroslava Vavrinec damals am Telefon. Erst drei Wochen zuvor hatten sie noch Ferien auf den Malediven gemacht, von wo aus sie nach Colombo auf Sri Lanka geflogen waren. »Wir haben dort gute Bekannte, aber seit Tagen versuche ich vergeblich, sie zu erreichen«, sagte Mirka. Die beiden fühlten sich mittlerweile sehr mit dieser Region verbunden. Sie waren schon auf der thailändischen Insel Phuket in den Ferien gewesen, die vom Tsunami stark verwüstet wurde, und wenige Wochen zuvor hatte Federer das Thailand Open in Bangkok gewonnen. »Das ist ein großer Schock für mich«, schrieb er auf seiner Internet-Website. »Es ist schwer vorstellbar, was die betroffenen Leute durchmachen.« In einer ersten, spontanen Aktion habe er 20 000 Franken an Schweizer Hilfswerke überwiesen, sagte Mirka.

Aber Federer spürte, dass er mehr machen konnte, mehr machen wollte. Zurück in Australien, engagierte er sich in Melbourne in der »Nike Town« zusammen mit anderen Sportlern bei einer Aktion, bei der über 100 000 Franken zusammenkamen. Sein Kleiderausrüster steuerte daraufhin zusätzlich Material im gleichen Wert bei. Federer erklärte am Rande der Australian Open seine Bereitschaft, »jedes beliebige Match zu spielen, um den Opfern zu helfen«. Es reichte ihm nicht, nur seine Unterschrift auf Tennisschläger zu setzen und diese zur Versteigerung freizugeben. Federer ergriff selber die Initiative und rief die Spieler zu einer gemeinsamen Aktion auf. Das Ergebnis konnte sich sehen lassen und war im Profitennis einmalig: Vor dem Turnier im kalifornischen Indian Wells traten am 11. März neun Top-Ten-Spieler zu einer Exhibition an, um Geld für die Tsunami-

Opfer zu sammeln. Auch die besten Frauen waren mit Kim Clijsters, Jelena Dementjewa, Amélie Mauresmo und Daniela Hantuchova gut vertreten.

Federer war der Gastgeber der Veranstaltung, an der Spielerinnen und Spieler auf den Tribünen mit Büchsen Geld sammelten. Allein dadurch kamen 18 282,76 Dollar zusammen, zusätzlich zum Erlös aus dem Ticketverkauf. Das Geld ging via UNICEF an die Opfer des Tsunami. Am gleichen Anlass wurde in Indian Wells ein dreijähriges Kinderhilfsprogramm zwischen der UNICEF und der ATP-Tour lanciert, ein Projekt namens ACE (»assisting children everywhere«). Federer wurde von der UNICEF vor den US Open 2005 stellvertretend für die karitativen Aktionen der Tennistour geehrt. Im April 2006 konnte die UNICEF Federer in New York als »Goodwill-Botschafter« präsentieren.

Was Federer von vielen anderen Sportlern unterscheidet, die bereit sind, etwas an Menschen in Not zurückzugeben, ist die persönliche Hingabe, mit der er diese Einsätze verfolgt. Für ihn ist es nicht damit getan, Geld zu überweisen, sondern er ist, wie das Beispiel von Indian Wells zeigt, auch bereit, sich selber einzubringen. Schon am 24. Dezember 2003, als er erst einen Grand-Slam-Titel gewonnen und finanziell noch längst nicht ausgesorgt hatte, wurde die »Roger Federer Foundation« mit Sitz in Bottmingen gegründet. Ziele waren die Unterstützung bedürftiger Kinder und die Förderung des Jugendsports (so setzt sich Federer unter anderem aktiv für das Projekt »Kidstennis« des Schweizer Verbandes ein).

Im Mai 2004 ging die Stiftung eine Zusammenarbeit mit der Organisation Imbewu ein, einem südafrikanischen Hilfswerk mit einer Niederlassung in der Schweiz. Imbewu heißt in der südafrikanischen Sprache Xhosa Samen, und die Mitarbeiter setzen sich ein für sozial benachteiligte Kinder und Jugendliche in der New Brighton Township bei Port Elizabeth. Dabei handelt es sich um eines der ärmsten und am stärksten übervölkerten Armenviertel in Südafrika, wo Aids, Gewalt und Krankheiten zahllose Leben kosten. Federers Stiftung ermöglicht 30 Kindern an drei verschiedenen Schulen den Besuch des Unterrichts, sie übernimmt die Verpflegung, Schuluniformen und Lernmaterial und finanziert drei Vollzeitstellen von Sozialarbeitern.

»Ich habe in meiner noch kurzen Tenniskarriere bereits viel gewonnen. Mit meiner Stiftung möchte ich etwas zurückgeben, unter anderem denjenigen, die am wenigsten haben«, erklärte Federer den Zweck seiner Foundation. Auf Südafrika sei er gekommen, »weil meine Mutter in diesem Land aufgewachsen ist und ich deshalb immer eine enge Beziehung zu Südafrika hatte. Südafrika ist für mich auch ein Vorbild für einen Staat, der Hass und Unterdrückung überwunden hat.«

Dass es Federer dabei nur um die Sache und nicht um den Effekt geht, zeigt die Art, wie er seinen ersten Besuch in der New Brighton Township organisierte. Sein damaliger Kommunikationsberater Thomas Werder hatte vorgeschlagen, zu dieser Reise mehrere Medienvertreter zuzulassen, doch Federer war dagegen. Ihm ging es nicht darum, eine möglichst große mediale Abdeckung zu erzielen, nach dem verbreiteten Motto: »Tu Gutes und sprich darüber«. Die Meldung, dass er die Township besucht hatte, lief am 2. März 2005 überraschend und erst am späteren Abend über eine Schweizer Agentur, als die meisten Zeitungen nur noch Platz für ein »kurz notiert« hatten.

Begleitet wurde Federer während des bewegenden Besuchs von seiner Freundin, den Eltern und Nicola Arzani, dem europäischen Kommunikationsdirektor der ATP-Tour. »Er wollte keine große Sache daraus machen«, erinnert sich Arzani. »Ich überzeugte ihn, wenigstens einen Fotografen, einen Kameramann und einen lokalen Journalisten zuzulassen.« Federer habe den ganzen Tag in New Brighton verbracht, mit Schülern Fußball und Basketball gespielt, einen Baum gepflanzt und 2500 T-Shirts mit der Aufschrit »I'm tomorrow's future« (Ich bin die Zukunft von morgen) verteilen lassen. Zudem besuchte er Schulen, Spitäler und das Zuhause eines Mädchens, und er nahm zusammen mit Kindern, die für ihn tanzten und sangen, die traditionelle Xhosa-Mahlzeit ein, Maisgrütze mit Bohnen.

»Es war zwar komisch, die einzige weiße Person zu sein, aber ich hatte überhaupt keine Angst«, erzählte er später einem in den USA lebenden Südafrikaner, der für das Magazin »Deuce« eine Geschichte über diesen Besuch schrieb. »Ich wollte die Lage selber sehen und fühlen, wie es ist, so zu leben. Und ich wollte herausfinden, wie viel meine Stiftung für die Leben der Leute dort verändern kann.« Im November 2005 übergaben seine Eltern der Township eine multifunktionelle Sportanlage mit zwei Tennisplätzen und Feldern für Basketball, Korbball und Fußball.

Federer wurde sich schnell bewusst, dass ihm seine Position an der Spitze einer Weltsportart die Möglichkeit bietet, ein Vorbild zu sein, eine Botschafterrolle zu übernehmen und die Aufmerksamkeit auf Sachen zu lenken, die eher unpopulär sind.

»Wenn man mich fragt, war er bisher der beste Botschafter des Tennis, den wir je hatten«, sagt Nicola Arzani. »Es ist so einfach, mit ihm zu arbeiten, weil er perfekt versteht, welches seine Verantwortung ist. Er gibt sich allem, was er macht, voll und ganz hin. Er tut etwas nicht nur, weil er es tun muss, sondern will immer genau wissen, warum er etwas macht, wer davon profitiert, warum ein Turnier etwas tun will oder weshalb er was mit den Medien machen soll. Er ist in allem, was er macht, stark engagiert.«

»Der Enthusiasmus, den er für das Tennis hat, ist unglaublich«, sagt auch Yves Allegro, einer seiner besten Freunde. »Wie er war noch keiner. Das eröffnet dem Tennis eine einzigartige Chance, und zwar in der ganzen Welt.« Ähnliches stellte John McEnroe im Jahr 2005 fest. »Roger sorgt sich um das Tennis. Er umarmt die Verantwortung, die er als Nummer 1 hat«, sagte er zur Zeitung »New York Newsday« und konnte sich einen Seitenhieb auf die Frauentour nicht verkneifen: »Wenn man da die Frauen anschaut – die kümmern sich doch alle nur um sich selber.«

Federer sagte auch sofort zu, als ihn Adolf Ogi, der Schweizer Uno-Sonderbotschafter für Sport, anlässlich der Lancierung des »Internationalen Jahres des Sports und der Erziehung« anfragte. Zusammen mit dem ehemaligen Bundesrat Ogi sowie Uno-Generalsekretär Kofi Annan läutete Federer am 5. November 2004 am Uno-Hauptsitz in New York diese Initiative ein, knapp ein Jahr später legte er im Palais des Nations in Genf einen Zwischenbericht vor. Er erledigte auch diese Auftritte mit voller Hingabe.

»Ich bin der festen Überzeugung, dass Sport helfen kann, Vorurteile zu überwinden und Brücken zwischen Kulturen und Nationen aufzubauen. Wenn ich dazu meinen bescheidenden Beitrag leisten kann, dann mache ich das«, begründete Federer sein Engagement in einem »Fanletter« auf seiner Internet-Homepage. »Als Botschafter für den Sport einen Beitrag zur Hilfe anderer leisten zu können, ist eine sehr noble Mission.«

Die Botschafterrolle scheint ideal zugeschnitten auf den Weltsportler des Jahres 2005. Mark Miles, 16 Jahre lang der Direktor der ATP-Tour, traute seinen Augen nicht, als Federer und seine Freundin von sich aus nach den US Open 2004 einen Medientag in Hongkong organisierten, um die große Nachfrage nach seiner Person zu stillen und gleichzeitig die boomende asiatische Tennisbewegung zu fördern.

Auch unter den Organisatoren des Masters in Shanghai löste Federers Hilfsbereitschaft Verwunderung aus. Sie hatten ihn schüchtern angefragt, ob er bereit wäre, ihr neues Stadion Qi Zhong einzuweihen. Federer war bereit – und nicht nur das: Als er nach dem Turnier in Bangkok 2005 für einen Tag nach Shanghai kam, gab er Interview um Interview, spielte statt einem Satz zwei Sätze auf dem Centre Court und verbrachte viel mehr Zeit mit den Organisatoren, Regierungsmitgliedern, Medien und Fans, als vorgesehen war. Nach dem Abendessen stattete er sogar der Küche einen Besuch ab, um den Köchen zu danken.

Darauf angesprochen, dass dies wohl kein anderer Spieler in dieser Form gemacht hätte, erklärte Federer während des Masters: »Mein Doppelpartner wollte noch einen Satz spielen, und ich sagte okay, kein Problem. Wir gewannen zudem beide Sätze, es machte Spaß. Es war auch interessant, hinter die Kulissen zu blicken. Und überhaupt: Man kann nicht jeden Tag mit Regierungsmitgliedern verbringen, schon gar nicht aus China ...« Bei der gleichen Gelegenheit stellte er klar: »Das Tennis hat mir so viel gegeben, dass ich überzeugt bin, dass ich auch etwas zurückgeben sollte. Es ist kein Müssen für mich, aber ich fühle mich so viel wohler. Ich bin stolz darauf, wenn ich das Tennis oder den Sport fördern kann. Und ich hoffe, die zukünftige Nummer 1 wird das Gleiche tun.«

Lynette Federer konnte mitverfolgen, wie ihr Sohn in diese Botschafterrolle hineinwuchs. Sie stellte eine große Veränderung fest, als er die Nummer 1 wurde. »Roger ist zum Perfektionisten geworden. Er nimmt alles sehr genau«, sagte sie im Jahr 2004. »Früher war das ganz anders. Da war er total verspielt und sehr oft verspätet. Er nimmt seine Rolle als Nummer 1 bestens wahr.« Er stehe für Werte wie Ehrlichkeit, Offenheit, Freundlichkeit, Teamgeist, Verantwortungsbewusstsein, Loyalität und Prinzipientreue.

Längst ist Federer zum Vorbild für viele Fans und ambitionierte Nachwuchsspieler geworden, zu einem, zu dem es sich aufzublicken lohnt. Er dürfte mehr Autogramme geben und nahbarer sein als je eine Nummer 1 vor ihm. »Damit wird für einige vielleicht ein Traum wahr«, sagte er, als er einmal gefragt wurde, weshalb er beim Autogrammverteilen so geduldig sei. »Als ich ein Balljunge war, rannte ich selber allen Spielern hinterher durch die Gänge, um Unterschriften zu erhalten. Zu Hause betrachtete ich jeweils den Fang des Tages. Ich weiß, wie das ist, und habe es nicht vergessen.« Zu seinen Gewohnheiten gehört auch, namenlose Profis oder Junioren während Turnieren zum Training einzuladen, im Wissen, dass er ihnen vielleicht ein unvergessliches Erlebnis bereitet.

Federer weiß, dass seine Meinung mehr Gewicht hat als die anderer, und er bringt sie verantwortungsvoll ein. Er ist keiner, der unüberlegt große Sprüche klopft oder radikale Änderungen fordert. Lieber setzt er sich ein für die Traditionen des Tennis, für das Konventionelle. Er stellt sich gegen die Ablösung der Linienrichter durch elektronische Systeme, gegen Experimente mit neuen Zählweisen, wie sie im Doppel teilweise erfolgen, und verteidigt die Daseinsberechtigung kleinerer Turniere. »Ich finde es falsch, wenn alles nur noch an den Grand Slams gemessen wird, denn dann wäre ja die Bedeutung der anderen Turniere gleich null«, sagt er. Dabei weiß auch Federer, dass er am Ende seiner Karriere hauptsächlich daran gemessen werden wird, wie viele Grand-Slam-Titel er gewonnen hat und wie lange er die Nummer 1 gewesen ist.

Mit seiner Einstellung grenzt sich Federer klar ab von den Hardlinern, die radikale Veränderungen auf der Tour fordern, beispielsweise eine grundsätzliche Neuverteilung der vier Grand-Slam- und neun Masters-Serie-Turiere im Kalender, der tatsächlich viele Schwachstellen aufweist, sowie eine markante Verkürzung der Saison. Er relativiert diese Diskussionen allein schon damit, dass er es schafft, erfolgreich mit den Gegebenheiten fertig zu werden. Er kann heute auf Sand, morgen auf Rasen und übermorgen auf Hartplatz spielen – und gewinnt trotzdem fast immer. Was nicht bedeutet, dass er die Turniere nicht sorgfältig planen und vorbereiten würde.

Federer ist aber nicht nur ein Botschafter für den Sport, sondern auch ein Vertreter Europas und, im Besonderen, der Schweiz. Trotz seiner engen Verbindung zu Südafrika lässt er immer wieder durchscheinen, wie viel ihm die Schweiz bedeutet, etwa im Davis-Cup, den er für seine Einzelkarriere inzwischen etwas zurückstellen musste, oder bei den Olympischen Spielen. Den Moment, als er die Schweizer Olympia-Delegation bei den Spielen in Athen als Fahnenträger ins Olympiastadion führte, bezeichnet er als einen der denkwürdigsten und stolzesten seiner Karriere.

Mehr als andere Schweizer Spitzenspieler ist Roger Federer aber auch ein Vertreter des nationalen Tennisverbandes. Hatte Swiss Tennis die Erfolge von Heinz Günthardt, Jakob Hlasek,

Marc Rosset, Martina Hingis oder Patty Schnyder zumindest wohlwollend zur Kenntnis genommen, so unterstützte der Verband Federer tatkräftig dabei, sein Talent optimal zu entwickeln.

In erster Linie aber ist Roger Federer ein hochbegabter, hart arbeitender Botschafter des Tennis, der seinen Sport in allen Facetten liebt, ihn fördern will und weiß, dass er durch ihn vielen Leuten eine Freude bereiten – und damit vielleicht die Welt ein wenig besser machen kann.

Der Unternehmer: Im Zeichen des Flusspferds

Lynette Federer war erstaunt, als sie vor vielen Jahren in einer Gratiszeitung eines der ersten Interviews mit ihrem Sohn las. »Was würden Sie sich von Ihrem ersten größeren Preisgeld kaufen«, lautete die Frage, und als Antwort stand da tatsächlich: »Einen Mercedes«. Roger ging damals noch zur Schule und hatte nicht einmal einen Führerschein. Die Mutter kannte ihn gut genug, um zu wissen, dass diese Antwort nicht stimmen konnte. Sie rief kurzerhand die Redaktion an, um das Tonband des Gesprächs abzuhören. Sie hatte sich nicht getäuscht, tatsächlich hatte er gesagt: »Mehr CDs.«

Roger Federer war nie verschwenderisch. Geld war für ihn auch noch nie eine Triebfeder, um besser zu werden, eher eine angenehme Begleiterscheinung des Erfolgs, eine Anerkennung seiner Leistungen, die ebenso dazugehört wie Weltranglistenpunkte. Dass die erfolgreichsten Tennisspieler vergoldet werden und zu den best bezahlten Einzelsportlern der Welt gehören, ist bekannt. Die besten Hundert der Weltrangliste kommen in der Regel finanziell sorgenfrei über die Runden. Dabei spielt es eine entscheidende Rolle, aus welchem Land sie stammen. Der beste Spieler aus dem tennisverrückten Japan mit seiner großen Wirtschaftskraft mag in der Weltrangliste lediglich an Position 300 erscheinen, kann aber immer noch deutlich mehr einnehmen als der zehntbeste Spanier, auch wenn dieser 200 Ränge vor ihm klassiert ist. Die Einnahmen aus Werbe- und Ausüsterverträgen sowie weiteren Engagements, die sich den stärksten Spielern vieler Länder eröffnen, übertreffen ihr Preisgeld oft um ein Vielfaches.

Wer einen Tennisprofi fragt, wie viele Dollars oder Euros er in diesem oder jenem Turnier gewonnen hat, wird indessen selten eine genaue Antwort erhalten. Für die meisten ist das Brutto-Preisgeld eine abstrakte Zahl auf dem Papier, und wenn es dann endlich auf dem Konto eingetroffen ist, sieht es ohnehin viel weniger erfreulich aus. Dagegen weiß jeder genau, wie viele ATP-Punkte er gewonnen hat und wie viele es wo zu gewinnen gibt. Sie sind es schließlich, die darüber entscheiden, wo der eigene Name in der Weltrangliste erscheint, was wiederum dafür ausschlaggebend ist, welche Turniere man bestreiten kann – oder eben nicht.

Als Vergleichswert taugt das offizielle Preisgeld aber alleweil, und nach dem Abgang von Direktor Mark Miles bestanden in der ATP-Tour Anfang 2006 konkrete Pläne, für das Champions Race (die Jahreswertung) kein eigenes Punktesystem mehr zu benutzen, sondern den Preisgeldstand. Damit würde das Preisgeld beispielsweise entscheiden, wer am Jahresende das Masters bestreiten darf. Im Golf, einer vergleichbaren Einzelsportart, bestimmen die Preisgeldstände (»order of merit«) schon lange, welche Spieler für welche Turniere zugelassen werden.

Allerdings ist der Begriff Einzelsportler irreführend, zumindest, was den Alltag betrifft. Keiner kommt ohne fremde Hilfe aus, um Trainings zu planen und zu koordinieren, die Technik zu überwachen, Schläger und Saiten, Schuhe und Kleider bereitzustellen, Reisen und Hotels zu buchen, Visa zu beschaffen, Turnierpläne auszuarbeiten, Startgelder auszuhandeln, Anfragen der Medien, Sponsoren und Fans zu erledigen, Termine zu arrangieren, die Internet-Website zu betreuen, das Finanzielle und Rechtliche zu regeln, für den richtigen Fitnessstand zu sorgen, kleinere oder größere Blessuren zu behandeln, die Nahrungsaufnahme zu optimieren und – immer wichtiger – sicherzustellen, dass nichts Verbotenes zu sich genommen wird.

Tennisprofessionals werden dadurch genötigt, um sich herum eine Organisation aufzubauen, die an kleinere Unternehmen erinnert – mit dem Unterschied, dass sie auf den verschiedensten Sachgebieten und in unterschiedlichen Ländern hochwertige Leistungen erbringen sollte. Diese Anforderungen entstehen teilweise schon in Juniorenjahren, wobei viele Nachwuchsspieler in diversen Bereichen auf die Hilfe ihrer Landesverbände zählen können (wie es auch bei Federer der Fall war). Was den Rest der Aktivitäten betrifft, bieten unzählige größere oder kleinere Sportagenturen und Manager ihre Hilfe an. Nicht ganz selbstlos: Der Ruf der Branche ist nicht der Beste, und tatsächlich profitieren etliche dieser Agenten von ihren Klienten mehr als umgekehrt.

Die »International Management Group«, die größte Sportagentur der Welt, hatte Martina Hingis schon als Zwölfjährige unter Vertrag genommen. Die Talentspäher des amerikanischen Konzerns wurden auch schon früh auf Roger Federer aufmerksam. IMG schloss mit der Familie Federer einen Vertrag ab, als Roger 15 Jahre alt war. Er bekam mit Régis Brunet den gleichen Manager zur Seite wie schon Marc Rosset, der im Welttennis etablierte Olympiasieger von 1992. Lynette und Robert Federer investierten zwar viel Zeit und auch Geld in die Karriere ihres Sohnes, sie waren aber in einer vergleichsweise privilegierten Situation, denn Roger konnte schon früh die Hilfe lokaler und nationaler Strukturen in Anspruch nehmen. Swiss Tennis übernahm während Jahren bei vielen seiner Einsätze einen großen Teil der Reise- und Übernachtungskosten und stellte zudem die Trainingsmöglichkeiten und sportliche Betreuung sicher.

Zudem begann Federer viel früher als die meisten seiner Kollegen, mit dem Sport Geld einzunehmen. Als er 18 Jahre alt wurde, hatte er auf der Profitour schon 110 000 Dollar Preisgeld eingespielt, mit 19 Jahren eine halbe Million, mit 20 Jahren 1,5 Millionen. Mit 23 Jahren übertraf sein offizielles Preisgeld die Grenze von 10 Millionen, mit 24 Jahren die von 20 Millionen Dollar. Damit belegte er Ende 2005 in der Allzeit-Preisgeldrangliste des Männertennis bereits den siebten Rang und war fast bei der Hälfte der 43 Millionen Dollar angelangt, dic Pete Sampras als Topverdiener bis zu seinem Rücktritt erspielt hatte.

Schon mit 17 Jahren stand Federer bei den Sportartikelgiganten Nike (Kleider und Schuhe) und Wilson (Rackets) unter Vertrag, denen er jahrelang treu bleiben sollte. Babolat lieferte ihm hundert Bespannungen Darmsaiten pro Jahr, und die Swisscom übernahm seine Handy-Rechnungen. Das empfand der Teenager als ziemlich cool, angesichts der vielen Gespräche, die er führte. »Ob es von Head und Wilson auch Geld gibt oder nur Material, will ich gar nicht wissen, denn das könnte meine Einstellung zum Tennis ändern, und das will ich nicht«, sagte er damals in einem Interview. »Das Preisgeld kommt auf ein Konto und wird später gebraucht, wenn ich noch mehr herumreise.« Und er fügte etwas voreilig an: »Ich werde mir nie etwas Größeres kaufen. Ich lebe sehr sparsam.«

Federer gehörte nie zu jener Sorte Spieler, die versuchen, jeden Dollar mitzunehmen. Er ließ sich auch nicht – wie so viele Tennisprofis, unter anderem auch die Schweizer Marc Rosset, Jakob Hlasek und Heinz Günthardt – in Monte Carlo nieder, um Steuern zu sparen. Im Jahr 2002 sagte er zur »Schweizer Illustrierten«: »Was soll ich dort? Monaco gefällt mir nicht, ich bleibe in der Schweiz!«

Er geriet weniger in Versuchung als andere, dem schnellen Dollar nachzujagen, und zwar aus drei Gründen: Erstens verdiente er schon viel früher deutlich mehr Preisgeld als die meisten seiner gleichaltrigen Berufskollegen, zweitens boten sich ihm als Schweizer weniger Gelegenheiten dazu als Spielern aus anderen Ländern, wie etwa den USA oder Deutschland. Und drittens lautete sein Credo schon früh, Qualität vor Quantität zu setzen und sich auf seine spielerische Entwicklung zu konzentrieren – in der Hoffnung, dass die Zeit für ihn arbeiten würde.

Federer war sich seines Marktwertes aber immer bewusst. Er war langsam in die Szene hineingewachsen und hatte mitverfolgen können, welche Möglichkeiten sich Spitzenspielern eröffnen. Als ich ihn im Herbst 2004 in Bangkok fragte, ob die Versuchung groß sei, in möglichst kurzer Zeit möglichst viel einzunehmen, sagte er: »Ich bin jetzt in der besten Phase meines Lebens, und die will ich nicht verschlafen. Es gibt viele Anfragen, aber meine Partner müssen ins Konzept passen. Sie dürfen mich nicht zu stark beanspruchen, und auch ihre Werbekampagnen müssten stimmen.« Er bekräftige: »Ich bin keiner, der dem Geld nachrennt. Ich könnte beispielsweise viel mehr kleinere Turniere spielen, an denen es Garantien gibt. Aber davon lasse ich mich nicht verrückt machen. Jetzt ist für mich das Wichtigste, dass meine Leistungen stimmen und ich meine Karriere gut im Griff habe.«

Tatsächlich bestritt er in den Jahren 2004 und 2005 auf der ATP-Tour nur zehn Turniere der »International Series«, der zweiten Kategorie, in der Spieler mit Startgagen geködert werden dürfen (bei den Masters-Serie- und Grand-Slam-Turnieren ist dies verboten). Dabei kann der Tarif für Stars vom Kaliber eines Federer oder Agassi hohe sechsstellige Beträge erreichen. Federer gilt als einer, der diese Honorare wert ist, da er Zuschauer und lokale Sponsoren anzieht und Gewähr bietet für sportliche Höchstleistungen. Zwischen März 2004 und Januar 2006 gewann er alle zehn Turniere der »International Series«, die er bestritt – eine schier unglaubliche Konstanz.

Federers Strategie dürfte aufgegangen sein. Nur weil er sich nicht auf Nebenschauplätzen verzettelte und alles dem Ziel unterordnete, seine Leistung zu optimieren, konnte er sich zu jenem Champion entwickeln, der er nun ist. Die sportlichen Erfolge und sein Ruf als Champion mit hoher Glaubwürdigkeit erhöhten seinen Marktwert über die Jahre derart, dass er das Geld, das er früher vielleicht verschmäht hatte, im Handumdrehen und gut verzinst wieder zurückholen konnte.

Die Zahl seiner Werbeverträge war immer überschaubar – im Gegensatz etwa zu Björn Borg, der in seinen besten Zeiten um

Flinker Verteidigungskünstler: Im kalifornischen Indian Wells (2005)

Virtuoser Angreifer: Bei einem Rückhandsmash in Melbourne (2005)

Immer Zeit für die Fans: Mit Autogrammjägern bei den US Open (2005)

Fotogen auch neben den Courts:
In der kalifornischen Wüste (2004)

Jet-Set-Leben
rund um die
Welt: Mit Mirka
beim Champions
Dinner (2005)

© Siggi Bucher

Spielen, um zu helfen:
Bei einer Wohltätigkeits-Show mit Tim Henman (2005)

© RF Management

Ein Herz für Südafrika und Kinder in Not:
In der New Brighton Township (2005)

die 40 Vertragspartner gleichzeitig zufrieden stellen musste. Mit 20 Jahren hatte Federer einen Vertrag mit der Nobeluhrenmarke Rolex, die auch mit Wimbledon stark verbunden ist. Die Firma wurde im Juni 2004 abgelöst, und Federer schloss einen Fünfjahresvertrag als »Botschafter« der Schweizer Uhrenmarke Maurice Lacroix. Dieses Engagement bringt ihm gemäß zuverlässiger Schätzungen jährlich um die zwei Millionen Franken ein, abhängig von persönlichen Leistungen und den Absatzzahlen. Zudem ging er Verträge mit dem Luzerner Milchkonzern Emmi ein (was für den Besitzer einer eigenen Kuh ziemlich passend schien), mit der Berner Vermögensverwaltungsfirma Atag Asset Management (bis Juli 2004) und mit der Fluglinie Swiss. Alle Kontrakte wurden in der Regel stark leistungsabhängig abgefasst und durch Federers große Erfolge deutlich wertvoller.

Bei den Ausrüsterverträgen mit Wilson (Rackets) und Nike (Bekleidung und Schuhe) setzt Federer auf Kontinuität. Die Zusammenarbeit mit Nike wurde im März 2003 für fünf Jahre erneuert, nachdem der Kontrakt im Herbst 2002 ausgelaufen war. Der neue Vertrag galt damals als der bestdotierte, den je ein Schweizer Sportler abgeschlossen hatte. Er beinhaltete wie fast alle Nike-Abschlüsse das Verbot der Fremdwerbung auf der Kleidung, was von der amerikanischen Firma zusätzlich abgegolten wird.

Die Neuverhandlungen hatten sich lange hingezogen und mühsam gestaltet. Dies war mit ein Grund, weshalb Federer die Zusammenarbeit mit IMG per Ende Juni 2003 auflöste. Im Frühling jenes Jahres sagte er: »Das eine oder andere kam bei IMG zusammen. Das sind Dinge, die kann und darf ich gar nicht erklären.« Dabei sei es auch um Geld gegangen, aber nicht nur. »Es gab zu viele Sachen, die mir nicht passten.«

Federer wollte fortan nur noch mit Personen arbeiten, denen er zu 100 Prozent vertraute. Er hatte gemerkt, dass die beste Kontrolle nichts nützt, wenn das Vertrauen fehlt. Er verpasste seinem Umfeld eine neue Struktur, die als Inhouse-Management bekannt wurde und auf seiner Überzeugung basiert, dass Familienunternehmen die besten Unternehmen sind. Schon John McEnroe hatte einst viele Geschäftsangelegenheiten in der Familie geregelt und war damit gut gefahren. Ins Zentrum seines Managements rückten die Eltern, die die Firma Hippo Gmbh mit Sitz in Bottmingen gründeten, wobei Hippo (Flusspferd) in Assoziation zu Südafrika gewählt wurde. »Meine Frau und ich haben diese Tiere oft in unseren Ferien in Südafrika beobachtet und lieb gewonnen«, erklärt Robert Federer einmal. Seine Frau verließ im Herbst 2003 die Firma Ciba nach 33 Jahren und wurde vollzeitliche Managerin ihres Sohns. »Wir sind mit hineingewachsen in dieses Geschäft«, sagte sie einige Monate später. »Wenn wir für spezifische Fragen eine Expertenmeinung benötigen, scheuen wir uns nicht, Fachleute zu beauftragen.« Ihre zwei Hauptziele formulierte sie mit »Roger zur Weltmarke aufbauen« und »die Einnahmen über den Lebenszyklus optimieren«.

Die gebürtige Südafrikanerin, die im Unterschied zu Mirka Vavrinec nur gelegentlich zu den Turnieren reist, tritt als Managerin zurückhaltend auf, was ganz im Sinn des Sohnes ist. Es sei ihm ein Anliegen, dass seine Eltern trotz der geschäftlichen Verbindung mit ihm ein ungestörtes Privatleben führen können, sagte er im Jahr 2005. »Ich möchte nicht, dass sie unter meinem Ruhm zu leiden haben. Ich achte deshalb auch sehr darauf, dass sie nicht allzu oft im Mittelpunkt des Medieninteresses stehen und nur selten Interviews geben.«

Robert Federer arbeitete weiter bei Ciba, bis er sich im Sommer 2006 mit 60 Jahren frühpensionieren ließ, gehört aber seit Jahren zum Kern des Managements seines Sohns. »Ich sehe mich eher in einer beratenden Funktion und versuche, Roger zu entlasten, wo es möglich ist«, sagte er im Sommer 2003. »Aber auch wenn wir ein tolles Verhältnis haben, das auf Respekt und Vertrauen basiert, kann es manchmal unter uns ›chlöpfe‹«, gab er zu.

Ebenfalls seit Jahren zum Team gehören der Basler Anwalt Bernhard Christen, der für die rechtlichen Angelegenheiten zuständig ist, sowie, natürlich, Mirka Vavrinec. Federers Freundin übernahm 2003 offiziell die Koordination seiner Reisen und Termine, insbesondere mit den Medien und Sponsoren. Sie erhielt durch diese Verantwortlichkeit einen neuen Lebensinhalt nach dem verletzungsbedingten Abbruch ihrer eigenen Profikarriere. Die Trennung zwischen Geschäftlichem und Privatem fiel den beiden dabei leichter, als sie hatten befürchten müssen.

Die Thurgauerin interpretiert ihre Rolle eigenwillig und entschied sich im wachsenden Rummel um ihren Freund und Geschäftspartner schon bald, sich »nicht mehr stressen zu lassen«, eine Anfrage nach der anderen zu erledigen. »Mittlerweile habe ich die meisten so erzogen, dass sie wissen, dass sie lange im Voraus ihre Wünsche anmelden müssen, und das funktioniert super«, sagte sie im Sommer 2004. Sie bietet ihrem Freund die Gewähr, dass wichtige Anliegen rasch zu ihm vordringen, er aber nicht übermäßig mit Dingen belästigt wird, die sie als nichtig einstuft.

Nicola Arzani, der europäische Kommunikationsdirektor der ATP-Tour, lobt die Zusammenarbeit mit ihr ausdrücklich. »Ich arbeite regelmäßig mit Mirka, und es klappt hervorragend. Wir koordinieren alle Anfragen und stellen Rogers Terminplan gemäß den Prioritäten meistens lange im Voraus auf.« Für die Medienbelange während der Turniere stehen Federer wie allen Spielern die Kommunikationsprofis der ATP-Tour oder des internationalen Tennisverbands zur Seite.

Besondere Aktivitäten entwickelte Mirka im Jahr 2003, als sie treibende Kraft einer Kosmetik-Pflegelinie war, die während der Swiss Indoors in Basel vorgestellt wurde. Zu diesem Zweck wurde zusammen mit dem Thurgauer Geschäftsführer Joachim Benke die RF Cosmetics AG gegründet. Federer half intensiv mit, den Duft seines Parfüms namens »Feel the touch« herauszuarbeiten. Auch wenn dieser Duft im Allgemeinen sehr gut ankam, beurteilten Branchenexperten die Lancierung dieser Kosmetiklinie als hochgradig risikant und angesichts Federers jugendlichem Alter als verfrüht.

Kaum hatte Federer IMG ab- und das Inhouse-Management eingesetzt, begann für ihn die Zeit seiner großen Erfolge – worin er einen Zufall und keinen kausalen Zusammenhang sieht. Innerhalb von sieben Monaten gewann er Wimbledon, das Masters und die Australian Open und wurde die Nummer 1, womit die Strukturen seines Managements einer harten Bewährungsprobe unterzogen wurden. »Wimbledon hat uns alle ein wenig überrumpelt, keine Frage«, bekannte er im September 2003, wobei er zugab, dass er über alle Aktivitäten informiert sein wolle und sich als Chef des Unternehmens verstehe.

Am 1. Juni 2004 stieß mit Thomas Werder ein neuer »Leiter Kommunikation« ins Team, als Verantwortlicher für Markenführung, Öffentlichkeits- und Medienarbeit sowie Fankommunikation. Diese Zusammenarbeit wurde aber schon knapp ein Jahr später beendet. Dafür wurde im Frühling 2005 die deutsche Unternehmensberatung Hering Schuppener mit Hauptsitz in Düsseldorf als Partner für die internationale Öffentlichkeitsarbeit vorgestellt. Sie trat aber vorerst kaum in Erscheinung.

Neue Werbeverträge wurden mit Ausnahme des Uhrenvertrags mit Maurice Lacroix vorerst nicht bekannt. Im Februar 2004, als sein Sohn die Nummer 1 wurde, sagte Robert Federer, sie seien zwar mit verschiedenen Firmen in Verhandlung, doch der Raum für weitere Partner sei »nicht unendlich«. »Wir lassen uns Zeit, wollen nichts erzwingen. Roger kann nicht zwanzig Verträge haben, denn jeder Vertrag bedeutet auch einen zusätzlichen Zeitaufwand.«

Dass Roger Federers Bestreben, seine kommerziellen Möglichkeiten besser wahrzunehmen, vorerst nicht zu weiteren Werbeverträgen führte, hing gemäß Marketingexperten nicht nur mit dieser Zurückhaltung zusammen, sondern auch mit der fehlenden Anbindung an ein weltweites Netzwerk. Dazu kam, dass Federer als Werbeträger für viele Weltkonzerne nicht die erste Wahl ist, was vor allem an seiner Nationalität, seinem Image und – so komisch es klingen mag – an seiner sportlichen Überlegenheit liegt.

Als Schweizer verfügt Federer über einen begrenzten Heimmarkt, und wie alle Nichtamerikaner hat er es vor allem in den

USA schwer, an die Honigtöpfe der Werbeindustrie zu gelangen. Dieses Unterfangen gilt ohne die Hilfe einer professionellen Agentur, die den amerikanischen Markt kennt und die nötigen Beziehungen hat, als praktisch unmöglich. Federers Ruf als fairer, verlässlicher und exzellenter Sportler dürfte zudem für viele Firmen zu wenig ausgefallen sein. Federer zerschlägt keine Rackets und legt sich nicht mit Linienrichtern an wie einst John McEnroe oder Ilie Nastase, greift sich nicht zwischen die Beine wie Jimmy Connors, der Straßenkämpfer, gilt nicht als Mythos wie Björn Borg, der an eine schwedische Gottheit erinnerte, hechtet nicht über den Platz, bis die Knie bluten, wie Boris Becker, und er umgibt sich nicht mit bekannten Filmschönheiten wie viele seiner Kollegen, darunter einst auch John McEnroe (Tatum O'Neal) und Andre Agassi (Brooke Shields).

Dass einer Cabriolets mag, Safaris, Kartenspielen mit Freunden, gute Musik, gutes Essen, Sonne, Sand und Meer, ist doch eher normal und wenig aufsehenerregend.

Und schließlich fehlte es Federer, zumindest in seinen ersten beiden Jahren als Weltranglistenerster, noch an etwas: an einem einigermaßen ebenbürtigen Rivalen. Tennis lebt als klassischer Zweikampf von prägenden Rivalitäten, von denkwürdigen Duellen. Björn Borg hatte Jimmy Connors und John McEnroe, McEnroe danach Ivan Lendl, Lendl Boris Becker, Becker Stefan Edberg, Andre Agassi hatte Pete Sampras, Martina Navratilova Chris Evert, Steffi Graf Monica Seles usw. Roger Federer hatte in den Jahren 2004 und 2005 niemanden, der ihm das Wasser reichen konnte. Er verlor in dieser Zeit lediglich zehnmal – gegen neun verschiedene Spieler, von denen sieben nicht zu den Top Ten gehörten. Eine echte Rivalität zeichnete sich also nicht ab.

In einer Liste der bestbezahlten Sportler der Welt für das Jahr 2004, die das amerikanische Wirtschaftsmagazin »Forbes« im Juli 2005 publizierte, erschien der Name Federer nicht unter den Top 50, wofür ein Einkommen von 15 Millionen Dollar notwendig war. Die Amerikaner schätzten seinen Jahresverdienst (aus Preisgeld, Startgarantien, Werbe- und Ausrüsterverträgen) aber immerhin auf 14 Millionen Dollar und fanden nur zwei Tennisspieler, die in der gleichen Periode mehr verdient haben sollen: Der seit fast zwanzig Jahren etablierte Amerikaner Andre Agassi, der mit 28,2 Millionen Dollar den siebten Gesamtrang belegte, sowie Maria Scharapowa. Das Einkommen der gut aussehenden russischen Wimbledonsiegerin 2004 wurde aufgrund verschiedener Werbeverträge auf 18,3 Millionen Dollar geschätzt. Dominiert wurde diese Forbes-Liste von Basketball- und Baseball-Spielern, wobei die Spitzenpositionen von Golfstar Tiger Woods (80,3 Millionen) und dem Formel-1-Weltmeister Michael Schumacher (80,0) gehalten wurde. Diese Zahlen mögen Spielereien sein und werden von den Athleten nicht groß kommentiert. Dennoch zeigen sie in etwa die Dimensionen, in denen sich verschiedene Sportler bewegen. Im Falle Federers dürften die Schätzungen nicht allzu weit von der Realität entfernt sein, wobei seine Einkünfte eine klar steigende Tendenz aufweisen.

Angesichts des unbestrittenen Nachholbedarfs im kommerziellen Bereich konnte es wenig überraschen, dass Roger Federers Management im September 2005 wieder durch eine professionelle Weltagentur erweitert wurde. Eher überraschend war, dass er aus den verschiedenen Angeboten (Octagon, SFX usw.) erneut jenes von IMG wählte, nachdem er sich gut zwei Jahre zuvor von der gleichen Agentur getrennt hatte. Allerdings wurde der weltgrößte Sportvermarkter nur als Ergänzung des Inhouse-Managements angekündigt, mit dem Ziel, »sich verstärkt auf seine weltweiten wirtschaftlichen Möglichkeiten zu konzentrieren«. Die Situation sei für ihn damit optimal, ließ Federer dazu verlauten: »Ich arbeite mit meinem bisherigen Team weiter, nutze die Vorteile dieser schlanken Struktur und verfüge gleichzeitig über ein weltweites Netzwerk.«

Der dreifache Wimbledonsieger hat nun mit dem Amerikaner Tony Godsick von IMG einen Manager der alten Schule zur Seite. Der hochkarätige Tennisinsider und Manager von Lindsay Davenport ist seit dem Jahr 2000 mit Mary Joe Fernandez verheiratet, einer ehemaligen Spitzenspielerin, die in ihrer Karriere drei Erfolge errang, von denen auch Federer bisher nur träumen konnte: 1992 und 96 gewann sie Olympiagold im Doppel, 1992 war sie mit einer Bronzemedaille auch im Einzel erfolgreich.

IMG war nach dem Tod von Firmengründer Mark McCormack (Anfang 2003) in der Zwischenzeit verkauft worden. Der in Cleveland, Ohio, beheimatete Konzern reduzierte die Zahl der 2700 Angestellten um mehrere Hundert, verkaufte Land und Geschäftsteile – angeblich, um eine schlechte finanzielle Lage zu verbessern. Auch im Profitennis wurden Anteile zum Verkauf angeboten oder abgestoßen, wie Turniere in Scottsdale, Los Angeles oder Indian Wells. Neuer IMG-Besitzer wurde Ted Forstmann, ein Investor, der Firmen nach Belieben kauft und verkauft und sich auch persönlich bemühte, mit Roger Federer ins Geschäft zu kommen. Der 65-jährige Amerikaner soll für IMG geschätzte 750 Millionen Dollar bezahlt haben. In der Branche spekulierten Insider sogleich, dass Federer mithelfen sollte, den Marktwert des Konzerns zu steigern und er an einem allfälligen Gewinn beteiligt würde, sollte IMG einst weiterverkauft oder an der Börse notiert werden. Diese Spekulationen blieben von offizieller Seite unkommentiert.

Im Januar 2006 wurde Federer während der Australian Open gefragt, ob seine Zusammenarbeit mit IMG für ihn vieles verändert habe und er nun aktiver sei neben den Courts. Seine Antwort machte klar, dass er sich gegenüber den Amerikanern in einer neuen, viel stärkeren Position als früher befindet: »Ich möchte nicht viel mehr zu tun haben, denn ich bin schon ziemlich ausgebucht. Ich habe es IMG auch klar gesagt: Dies ist nicht der Grund, weshalb ich zurückkomme. Es ist das Gegenteil: Ihr müsst mehr machen.«

Indessen tut sich Einiges hinter den Kulissen: Anfang 2006 ging Federer einen lebenslangen Vertrag mit Wilson ein, obwohl auch aus Japan und Österreich attraktive Offerten vorlagen. Die »Neue Zürcher Zeitung« berichtete während der Australian Open von einem »aggressiven Gezerre um die Vermarktung des Weltstars«. Der Vertrag mit Nike werde neu verhandelt, dazu beabsichtige Rolex, Maurice Lacroix aus dem Vertrag auszukaufen. Dass die Leute von IMG an neuen Vertragsabschlüssen interessiert sind, liegt auf der Hand, wollen sie doch auch in den Genuss von Kommissionen kommen.

Was das Geld betrifft, wurde die von Roger Federer als Teenager geäußerte Vermutung, er werde sich nie etwas Größeres leisten, im Übrigen ziemlich bald von der Realität eingeholt. Als erstes größeres Spielzeug leistete er sich ein Maserati Cabriolet. Diese Anschaffung sollte sich allerdings bald als überflüssig erweisen, angesichts der Autos, die einige seiner Turniersiege als Supplements mit sich brachten.

Der Begehrte:
Aus dem Medienalltag

Es war der 3. Juli 2004, der Vorabend des Wimbledonfinals. Unsere Berichte für die »SonntagsZeitung« waren inzwischen in Zürich, und mein Kollege Simon und ich waren daran, die Sachen im Pressezentrum des All England Club zusammenzuräumen, als mein Handy klingelte. Auf der Anzeige leuchtete der Name »Vavrinec« auf. Am anderen Ende der Leitung war aber nicht Mirka, sondern Roger Federer. Ich war etwas überrascht, denn es war eher unüblich, dass er persönlich anrief, und schon gar nicht kurz vor einem derart wichtigen Spiel. Wir hatten für den nächsten Tag ein großes Interview mit seiner Freundin produziert und es ihr vor einigen Stunden per E-Mail zum Gegenlesen geschickt. Dass nun er sich meldete, schien nichts Gutes zu bedeuten.

Es war bekannt, dass Federer die ihm nahestehenden Personen nur ungern im Zentrum des Medieninteressens sieht, dass er das Gefühl zu haben scheint, sie davor schützen zu müssen. Im Interview, das unter ziemlich schwierigen Umständen und nach mehreren missglückten Versuchen zustande gekommen war, sprach Mirka offen über ihren Alltag und ihre Beziehung zu ihm, über Kinder und Heirat. Mir kam der Gedanke, dass Roger nun die Notbremse ziehen und die Publikation stoppen wollte – wofür es aber zu spät war. Jedenfalls musste es sich um etwas Wichtiges handeln, wenn er selber zum Telefon griff, am Abend vor seinem wichtigsten Endspiel des Jahres.

Er schien meine Gedanken zu erraten. Doch er wirkte amüsiert und zerstreute meine Bedenken schnell. Ihm lag nur daran, im Interview die Antwort auf die Frage nach der Rolle von Reto Staubli zu präzisieren. Staubli, ein früherer Tennisprofi aus der Schweiz, begleitete ihn seit der Trennung von Peter Lundgren inzwischen oft zu Turnieren, trainierte teilweise mit ihm und schien die Rolle eines Coaches übernommen zu haben. Gegen diese Sichtweise wehrte sich Federer aber vehement. Er rief an diesem Abend nur deshalb an, um diesen Abschnitt konkreter zu formulieren und damit seinem Freund etwaigen Ärger zu ersparen. Via Telefon diktierte er mir die Antwort auf die Frage, ob Reto Staubli wirklich nur ein Freund und nicht doch eher ein Coach sei, folgendermaßen: »Reto will seinen Job bei der Bank nicht riskieren, und er hat bis anhin alle seine Ferien für uns eingesetzt. Jetzt hat er dank großzügigem Entgegenkommen seines Arbeitgebers unbezahlten Urlaub erhalten …«

Die kleine Episode zeigt drei Eigenschaften Federers: Seine Hilfsbereitschaft gegenüber Freunden, sein Streben nach Kontrolle über alle Begleiterscheinungen seiner Karriere sowie seine Natürlichkeit. Er besaß schon immer ein unverkrampftes Verhältnis zu den Medien, Berührungsängste sind ihm fremd. Bereits als Junior scheute er sich nicht, Journalisten darauf anzusprechen, wenn er mit einem Artikel nicht einverstanden war. Inzwischen dürfte es allerdings auch ihm schwerfallen, den Überblick zu behalten: Das amerikanische Wirschaftsmagazin Forbes zählte innerhalb von zwölf Monaten 24 396 Zeitungsartikel über Federer.

Für erfolgreiche Tennisspieler gibt es kein Entrinnen vor den Medien. Sie wachsen mit ihnen auf und bilden eine unfreiwillige

Zweckgemeinschaft. Nach jedem Spiel müssen sie sich für Interviews zur Verfügung stellen, so dass Pressekonferenzen für Spitzenspieler zum Prozedere nach dem Spiel gehören wie Dusche und Massage. Doch nicht allen behagen diese Fragestunden gleichermaßen. Denn dabei werden nicht nur Freundlichkeiten ausgetauscht. Da werden manchmal auch alte Sachen ausgegraben, provokative Fragen gestellt und Vorurteile gestützt. Viele Spieler betrachten diese Pressekonferenzen deshalb als lästige Pflicht und die Arbeit mit den Medien als Zeitverschwendung, die höchstens Ärger bringt. Sie wägen jede Frage mit Argwohn ab, reagieren verschlossen oder abweisend und versuchen, Distanz zwischen sich und die Medien zu bringen. Wer nichts sagt, kann auch nichts Falsches sagen – und zudem den exponierten Platz schneller verlassen, wo Kameras und Mikrofone jede Regung und jedes Wort gnadenlos auffangen und in die Welt tragen.

Diese Pflichtinterviews nach den Partien werden normalerweise zuerst in Englisch und danach, falls nötig, in der Muttersprache des Spielers geführt. Sie dauern, etwa nach Grand-Slam-Endspielen, oft länger als die Einsätze auf dem Court. Die Entwicklung der Medienwelt hat dazu geführt, dass immer mehr Fernseh- und Radiostationen Originalzitate wollen, auch wenn es dabei oft nur darum geht, den eigenen Reporter am Sender als Fragesteller präsentieren zu können.

Für Federer ist es zwar ein Segen, dass er neben Schweizerdeutsch, Hochdeutsch und Englisch auch Französisch praktisch perfekt beherrscht, in diesen Interviewsessionen wird seine Vielsprachigkeit aber oft zum Nachteil. Seine Pressekonferenzen ziehen sich regelmäßig am längsten hin, weil er neben Englisch und Deutsch meist auch noch auf Französisch Auskunft geben muss, welches inzwischen als seine zweite Muttersprache gilt. Federer wird bei wichtigen Turnieren oft auch von einem französischsprachigen Grüpplein Schweizer Journalisten begleitet.

Da geht es bei anderen Spielern, etwa den Argentiniern, geradezu beschaulich zu. Guillermo Coria beispielsweise erscheint auch nach fünf Jahren auf der Profitour nur in Begleitung eines Dolmetschers zu Pressekonferenzen und gibt nur auf Spanisch Auskunft. Und David Nalbandian ist ein derartiger Meister der Abwehr und Verknappung, dass seine Interview-Transkripte nur im Ausnahmefall mehr als ein Blatt Papier beanspruchen.

Einige Spieler benutzen diese Pressekonferenz wiederum als Schauplatz für persönliche Abrechnungen, um sich für unwillkommene Artikel zu revanchieren. Immer wieder gibt es Fälle, wo bestimmte Fragesteller boykottiert oder aus dem Saal gewiesen werden, wovor sich beispielsweise auch John McEnroe nicht scheute. Etwas weniger schroff pflegte Boris Becker Journalisten bloßzustellen: Er beantwortete gelegentlich Fragen von Leuten, die er seit Jahren kannte und die ihn gedutzt hatten, maliziös in der Sie-Form.

Derart perfide Spielchen sind für Federer undenkbar. Er ist einer, der die Journalisten grüßt, wenn er kommt, und sich verabschiedet, wenn er geht, selbst nach Niederlagen. Als Newcomer verblüffte er Reporter immer wieder, indem er sich nach Interviews dafür bedankte, dass sie gekommen waren. Er bemerkt, wenn sich im Pressesaal ein ihm bekanntes Gesicht befindet, das er schon lange nicht mehr gesehen hat, geht auf die Medien zu und will wissen, welcher Journalist welches Turnier abdeckt, und manchmal stellt er während Pressekonferenzen sogar Gegenfragen.

Federer ist keiner, der durch ein loses Mundwerk auffällt, aus dessen Aussagen sich Schlagzeilen und Skandalgeschichten formulieren ließen. Er scheint das Motto von Benjamin Franklin verinnerlicht zu haben: »Narren haben ihr Herz im Mund, weise Männer ihren Mund aber im Herzen.« Die freundliche und aufgeschlossene Art, mit der er (auch) den Medienleuten begegnet, trägt zu seiner Popularität und seiner guten Presse zweifellos bei. Er nimmt seine Interviewpartner ernst – und wird deshalb von ihnen auch ernst genommen. Federer hat eine Art entwickelt, die Medien in seine Karriere miteinzubeziehen, wie sie bei Spitzenspielern die Ausnahme ist. Nach großen Turnieren, wie dem

Masters in Houston, offeriert er den Schweizer Medienleuten manchmal Champagner, spielt mit ihnen Tischtennis oder präsentiert ihnen die Players Lounge oder seine Garderobe. Im Frühling 2004 besuchte er vor den French Open die Redaktionsräume der Zeitung »L'Equipe« in Paris. Die Medienleute waren verblüfft – und hoben in ihren Spalten zu einem Lobgesang an.

Kein Zweifel: Federer beherrscht das Spiel mit Mikrofon und Notizblock so gut wie jenes mit Racket und Filzball, wobei ihm die gleichen Qualitäten zugute kommen: Übersicht, Geduld, Respekt für das Gegenüber und der Wille, stets das Beste zu geben.

Seine Art, mit den Medien zusammenzuarbeiten, erleichtert es ihm auch, Grenzen zu setzen. Wenn er zu einem Thema keine Stellung nehmen will, wird das von den meisten sofort respektiert. Fragen nach seiner Militärdienstpflicht (Federer wurde als untauglich erklärt und dem Zivilschutz zugeteilt) sind beispielsweise ebenso tabu wie allzu persönliche Fragen, und wo er in den Ferien war, erfährt die Öffentlichkeit meistens erst im Nachhinein.

Aber auch Federer hatte schon seine Schwierigkeiten mit den Medien, vor allem in den Zeiten, als der große Erfolg sich nicht einstellen wollte. »Manchmal hatte ich nach Pressekonferenzen das Gefühl, ich sei an den Beinen aufgehängt und ausgeschüttet worden«, gab er nach seinem dritten Wimbledonsieg zu. »Ich kam raus und dachte: Okay, jetzt muss ich mein ganzes Tennis überdenken. Heute fühle ich mich wohler. Ich weiß, was ich kann und was nicht, was ich sage und was nicht, um mich nicht negativ zu beeinflussen.«

Ihn zu provozieren, ist fast unmöglich. Am ehesten schaffen dies Fragen, bei denen er den Respekt gegenüber seiner Person und seinen Leistungen vermisst. Wenn etwa ein Reporter zweimal nachfragt, ob er tatsächlich daran glaube, Andre Agassi schlagen zu können, nachdem er den Amerikaner in den vorangegangenen Duellen regelmäßig bezwungen hat, fällt die Antwort nicht sehr ausführlich aus. Nicht begeistert war Federer im Jahr 2004 auch über eine Story im Vorfeld der Olympischen

Spiele, in der ihm eine Astrologin schlechte Sterne für Athen voraussagte. »Da müsste man doch etwas Besseres finden«, sagte er, betonte aber, dass er sich durch solche Nebenschauplätze nicht mehr ablenken lasse. »Es ist doch egal, was diese Experten sagen, darum kann ich mich nicht kümmern. Was geschrieben wird, kann ich nicht kontrollieren und will es auch gar nicht. Ich muss niemandem mehr etwas beweisen, nur mir allein.«

Insgesamt betrachtet Federer die Medien aber als Weggefährten, wobei die stillen Tage, als man von ihm sofort ein Interview bekam, längst vorbei sind. »Früher konnte ich spontan für ein Interview zusagen, jetzt muss man sich dafür Monate vorher anmelden«, sagte er nach seinem ersten Wimbledonsieg. »Aber ich habe gemerkt, dass mir das Planen zusagt. So kann ich mich frühzeitig auf Termine mit der Presse oder den Sponsoren einstellen und genieße das sogar.« Auch wenn es um exklusive Interviews geht, lautet sein Motto: Qualität vor Quantität.

Gemäß Nicola Arzani, dem europäischen Kommunikationsdirektor der ATP-Tour, wächst die Nachfrage nach Federer mit jedem weiteren großen Erfolg noch. »Je mehr er gewinnt und sein Image als ernsthafter Botschafter bewahrt, desto mehr Türen öffnen sich für ihn«, sagte Arzani Anfang 2006. »Mit ihm kann man zu allen Medien der Welt gehen und etwas arrangieren. Er ist ein globaler Star geworden und hat auch den amerikanischen Medienmarkt erobert, was nicht einfach ist. Die Berichterstattung über ihn war etwas vom Besten, was ich im Sport bisher gesehen habe.« Für Arzani ist klar: »Früher war Roger mehr ein Schweizer Held, jetzt ist er ein Weltstar. Dadurch hat er viel mehr Anfragen und Verpflichtungen im Ausland, aber er ist trotzdem für die Schweizer Medien immer zugänglich geblieben.«

Manchmal bringt Federer sogar den ganzen Terminplan durcheinander, weil er es nicht lassen kann, Kontakte mit den Medien zu pflegen. Wen wundert es da noch, dass er der Seriensieger ist, wenn die Journalisten während der French Open den »Prix Orange« an den Spieler vergeben, der den besten Umgang mit den Medien pflegt?

Der Umjubelte: Im Spiegel der Medien

Wo er auch auftritt, brandet Roger Federer inzwischen der Applaus der Massen entgegen. Zudem ergießen sich aus den Medien die Lobeshymnen über ihn, egal, in welcher Ecke der Erde er gerade spielt. Er scheint die Journalisten weltweit zu besonders farbigen Bildern und außergewöhnlichen Vergleichen zu inspirieren, was mit der Art zu tun haben dürfte, wie er Tennis spielt. »Federer legte einen Auftritt hin wie niemand mehr mit Schweizer Pass, seitdem Ursi Andress im weißen Bikini der Lagune von Doktor No entstieg«, formulierte die »Süddeutsche Zeitung« nach seinem ersten Wimbledonsieg, in Erinnerung an eine Szene aus einem James-Bond-Film. »Ihn spielen zu sehen ist wie Michelangelo zuzuschauen, wie er die Sixtinische Kapelle malt«, schrieb das deutsche Wochenmagazin »Stern«. Und weiter: »Wenn sich das zuletzt an Helden arme Herrentennis einen Retter hätte wünschen dürfen – er sähe aus wie Roger Federer.«

Vor allem in England und während der All England Championships in Wimbledon findet sich Federer regelmäßig im Mittelpunkt von außergewöhnlichen Lobgesängen wieder, in denen die Journalisten sich gegenseitig zu übertreffen versuchen – die Folge der hohen Zeitungsdichte, des kultivierten Schreibstils vieler Journalisten und der großen Bedeutung des Wimbledon-Turniers. Selbst John Parsons, der 2004 verstorbene, sonst eher nüchterne Korrespondent des »Daily Telegraph«, eine Art Vaterfigur der Szene, geriet durch Federer ins Schwärmen. »Nimm das eiskalte Wimbledon-Temperament von Björn Borg, addiere das elegante Flugballspiel von Stefan Edberg, mische es mit der Autorität des Aufschlags von Pete Sampras und den Returnqualitäten von Andre Agassi, und du hast eine Ahnung vom neuen Wimbledon-Champion«, schrieb er. »Er könnte ein Gigant unter Champions werden.«

Zu den glühendsten Verehrern des Schweizers gehört die Londoner »Times«, in der ihn der außergewöhnliche Kolumnist Simon Barnes schon frühzeitig in den Adelsstand erhob und als »Harry Potter des Tennis« apostrophierte. »Da gibt es doch tatsächlich Menschen, die denken, es gebe keine Kunst mehr im Tennis. Das war moderne Kunst«, schrieb er bereits nach dem Halbfinalspiel gegen Andy Roddick 2003. Als Federer dann der große Coup geglückt war, schienen die Redakteure der »Times« außer sich vor Freude: »Blast die Alphörner und lasst alle Kuckucksuhren singen«, hieß es da, »jodelt die gute Nachricht von Gipfel zu Gipfel, brechet die Toblerone. Roger Federers Wimbledonsieg hat bewiesen, dass die Schweiz ein Land von sportlichen Helden ist, ein Land, wo Giganten von den Bergwiesen ausziehen, um die Meere segeln, den Globus im Ballon umrunden und sich gebückt zu gräsernem Tennisruhm siegen.«

Simon Barnes zog einen eher ungewöhnlichen Vergleich zu den besten Fußballern der Welt: »Brasilien! Es war, wie wenn man Brasilien zuschaut! Aber Brasilien wollte die Weltmeisterschaft nicht mehr künstlerisch gewinnen, im Gegensatz zu Federer. Schönheit war die Kunst, mit der er seinen Gegner zerstörte.« John Roberts, der witzige Korrespondent des »Independent«, fand seinen Vergleich in der Autobranche: »Er zeigte dem Publikum am Centre Court und Millionen Zuschauern, dass es sich lohnte, auf einen Virtuosen wie ihn so lange zu warten. Er ist der Rolls-Royce der Courts.« Im Dezember 2003 ließ Neil Harman, der Tennisspezialist der »Times«, den Wimbledonsieger noch einmal hochleben: »Federer verzauberte die Championships in einem Stil, der die goldene Ära wieder aufleben ließ, in der Sport noch ein fröhliches Zusammenspiel von Spieler, Racket und Ball war.«

Selbst als Federer 2005 Wimbledon zum dritten Mal gewann, blieb die Faszination der »Times« ungebrochen. »Sie dachten, das sei langweilig gewesen? Huh! Vielleicht sollten Sie es mit etwas versuchen, das intellektuell nicht so anspruchsvoll ist. Shakespeare zum Beispiel«, schrieb Barnes. »Bei Hamlet weiß man auch schon beim ersten Akt, dass es schlecht für ihn enden wird. Trotzdem leidet das Vergnügen nicht darunter, im Gegenteil. Wer Exzellenz langweilig findet, soll seine Aufmerksamkeit weg vom Sport lenken, wo Exzellenz das Ziel ist, aber selten erreicht wird.«

Der »Daily Telegraph« stellte eine Artverwandschaft zwischen Federer und den Briten fest. Er schrieb im Jahr 2005: »Die Fans bewundern nicht nur sein Talent, sie schätzen auch seine Persönlichkeit. Er ist kein Showman, in der Art von Becker, Connors oder Agassi. Sein bescheidenes, scheues Auftreten passt irgendwie zum Charakter der Briten.«

In den USA dauerte es etwas länger, bis der »Mozart des Tennis« (Martina Navratilova) als Ausnahmekönner akzeptiert wurde, was aufgrund seiner eher schwachen Resultate dort zu Beginn seiner Karriere nicht verwundern konnte. Als seine Siegesserie auch die größten amerikanischen Turniere erfasste, fielen die Reaktionen dafür umso extremer aus. »In diesem Zeitalter des nuklearen Materials und der übergroßen Spieler agiert Federer mit der Geschicklichkeit eines Mannes von bescheidener Statur in langen weißen Hosen, mit hochgerollten Ärmeln und mit einem hölzernen Racket«, drückte der bekannte Sportautor George Vecsey seine Bewunderung aus.

Bei den US Open 2005 wurde er auch von der »New York Times« zum Maß aller Dinge erklärt. »Wer ist die Nummer 1? Es ist Federer, auf und neben dem Platz« titelte das traditionsreiche Weltblatt, das beim amerikanischen Turnier die Meinungsführung innehat. Dabei wurde Federer Lleyton Hewitt gegenübergestellt, der in seiner Zeit als Nummer 1 durch egozentrische, unausgewogene und teilweise beleidigende Äußerungen aufgefallen sei, mit der ATP-Tour im Rechtsstreit lag und seiner Sportart wenig diente. »Federer nahm die Nummer 1 als Verantwortung wahr, nicht als Berechtigung, Ansprüche zu stellen, und wuchs zu einem Spieler von Intelligenz, Aktion und sozialem Bewusstsein heran«, schrieb die »New York Times«.

Bud Collins, der wohl bekannteste amerikanische Tennisreporter, präsentierte Federer den Lesern als »the Lone Roger«, den einsamen Cowboy, dessen Kuh auf einer Bergweide grast, während er die Welt erobert. »Kein Agent, kein Propagandist, kein Diener, Butler, Lakai, Chauffeur, Adabei. Kurz gesagt: keine Bande«, übertrieb Collins. Federers Unabhängigkeit und sein ausgedehnter Sololauf ohne Coach und große Agentur verblüfften die Beobachter nirgendwo mehr als in den USA, wo jeder Sportstar, der etwas auf sich hält, einen vielköpfigen Begleittross im Schlepptau zu führen pflegt. Collins ließ kein Klischee aus, tat dies aber auf originelle Art: »Federer ist ein wahrhaftes Schweizer Sackmesser in Turnschuhen, das verschiedene Klingen aufblitzen lässt, um die Gegner zu zerschneiden, und er tut das mit Schwüngen so süß wie Schweizer Schokolade, so unangreifbar wie Schweizer Banken, so präzis wie Schweizer Uhren.«

Ein Kolumnist der »New York Post« wehrte sich derweil vorbeugend gegen etwaige Kritiken, Federers Dominanz könnte das Tennis in Langeweile versetzen. Er könne »acht der nächsten zehn Grand Slams gewinnen und an den anderen zwei die Halbfinals erreichen, aber es wird nicht langweilig. Wir werden zuschauen, mit bezaubertem Fatalismus«. »Newsday«, die dritte große New Yorker Zeitung, forderte mehr Respekt für den »Virtuoso«, nachdem dieser seine Startpartie bei den US Open schon um 11 Uhr morgens hatte absolvieren müssen. Immerhin sei er »das Gegenstück des Tennis zu Wayne Gretzky«, zog eine Kolumnistin einen Vergleich zum größten Eishockey-Spieler der Geschichte. Als »Sports Illustrated« Federer zum Sportler des Jahres 2004 erkor, schrieb das renommierte amerikanische Magazin: »Wenn Federer aus Milwaukee oder Scranton und nicht aus Basel kommen würde, wäre ihm eine Penthouse-Suite im Pantheon des amerikanischen Sports sicher.«

Obwohl sich die French Open zu Federers schwierigstem Grand-Slam-Turnier entwickelten und er in Paris lange Mühe bekundete, sein Potenzial auszuspielen, wurde er in Frankreich schon früh als Phänomen erkannt und gefeiert. Dabei wiesen die Journalisten immer wieder auf seine menschlichen Qualitäten hin, allen voran in der Sportzeitung »L'Equipe« und im ihr angeschlossenen Magazin. Dort war Anfang 2005 zu lesen: »Mit ihm gibt es keine Dramatisierung, keine Komödie, keine übertriebenen Gesten oder Gefühle, keine Verkrampfung des Gesichts, wenn er spielt. Um Erfolg zu haben, scheint er keine Wut oder Aggression zu brauchen, wie so viele andere Champions. Das Bild, das er gerne von sich zeichnet, ist das einen einfachen Mannes.«

»L'Equipe« bezeichnete Federer aufgrund seiner Freundlichkeit und Zugänglichkeit als »eine Nummer 1, wie es noch keine andere gab. Ivan Lendl war arrogant und überheblich, Andre Agassi ein fast unnahbarer Star, Pete Sampras kühl wie eine Gurke und John McEnroe einfach McEnroe. Federer aber ist ein einzigartiger, bescheidener Champion, von einer außergewöhnlichen Frische und Aufrichtigkeit.« Er mute fast irreal an in einer Epoche, in der sich so viele seiner weniger talentierten Kollegen bei der kleinsten Gelegenheit aufplusterten. »Mit einem Champion dieses Kalibers und einem Wesen mit diesen menschlichen Qualitäten kann man in größter Freiheit über Gott und die Welt reden, über Alles oder Nichts.«

Selbst die aggressivsten Boulevardzeitungen der Welt waren bisher in der Regel nicht darauf aus, Federer ins Zentrum von Skandalgeschichten zu stellen, wie es etwa John McEnroe oder Boris Becker oft widerfuhr. Für ihn ist die Rolle des Genies reserviert, des Saubermannes, des Magiers, des »lautlosen Killers mit dem eiskalten Gesicht der Zukunft« (»Sydney Morning Herald«). »Er könnte die Bälle nicht genauer platzieren, wenn er auf die andere Seite des Netzes schreiten und die gewünschte Stelle markieren würde«, übertrieb der britische »Daily Express« einmal. Der »Daily Mirror« sprach von der »Tyrannei der Schönheit« und schrieb: »In der Federer-Ära schlägt die Eleganz die Kraft, Technik zählt mehr als Härte, die Variation schlägt die Monotonie.«

In Deutschland bezeichnete die »Bild«-Zeitung Federer während der German Open 2004 als »netteste Nummer 1 aller Zeiten« und stöhnte: »Hätten nur wir einen wie ihn! Er flucht nicht, macht keine fiesen Tricks, ist immer höflich und zuvorkommend. Schummeleien sind ihm zuwider.« Immer wieder beklagen deutsche Zeitungen den Umstand, dass er nicht ein paar Kilometer weiter nördlich zur Welt gekommen ist, auf deutschem Boden.

Allein die Aussagen aller Fachleute, Kolumnisten, Trainer und Coaches über Federer würden ein nettes Buch ergeben. Wohl kaum einer von ihnen war so euphorisch wie der Amerikaner Nick Bollettieri in der britischen Zeitung »The Independent« vom 4. Juli 2005. »Es ist schlicht unmöglich zu erklären, wie er macht, was er macht«, schrieb der Trainerhaudegen nach Federers drittem Wimbledonsieg. »Er ist ein Athlet mit einer so kompletten körperlichen und mentalen Kraft und Ruhe, dass er in der Tennisgeschichte einzigartig ist. Der Beste, der je dieses Spiel gespielt hat. Sampras war ein wundervoller Champion, keine Frage. Aber er hatte Schwächen, zum Beispiel beim Rückhand-Return. Borg war ein anderer großer Spieler. Aber er war eine Maschine und überzeugte nicht wie Federer. Sein Talent ist nicht von diesem Planeten. Nur wenige Sportler haben eine solche Dominanz und solche Aura; vielleicht Muhammad Ali, Michael Jordan und Wayne Gretzky. Federer gehört auf diese Stufe. Was immer die Zukunft bringt, wir sollten einfach glücklich sein, ihn spielen gesehen zu haben. Er ist ein Zauberer, ein Genie.«

EPILOG

Meine Idee, ein Buch über Roger Federer zu schreiben, war zur festen Absicht gereift, als er im Juli 2003 in Wimbledon der erste männliche Grand-Slam-Sieger der Schweiz geworden war. Federer selbst und seine Eltern waren jedoch der Ansicht, dass seine Geschichte ja eben erst begonnen habe und es zu früh sei für eine Biografie über den damals 22-Jährigen. Sie hatten recht: Knapp drei Jahre später ist viel klarer geworden, wo Federers Platz in der Tennisgeschichte einst sein wird: im Kreis der Größten aller Zeiten, neben Spielern wie Björn Borg, Pete Sampras, Rod Laver oder Fred Perry.

Dieses Buch versucht aufzuzeigen, wie lange und beschwerlich Federers Weg an die Spitze war, was ihn daran hinderte, sein Talent schneller ganz zu entfalten, welche Personen ihm zur Seite standen und wie außergewöhnlich seine Siegesserien in dieser umkämpften Weltsportart sind. Es möchte veranschaulichen, wie hoch die Ziele sind, die sich ihm im Laufe seiner weiteren Karriere noch stellen – wie der Grand Slam oder die Bestmarke von 14 Grand-Slam-Titeln. Dass dabei viele ausländische Medien, Spieler und Experten zu Worte kommen, ist kein Zufall: Im Ausland gilt der Prophet bekanntlich mehr als im eigenen Land, und diesem Eindruck kann in Bezug auf Federer leider nicht widersprochen werden. Wenn sich einige beim Lesen dieses Buches bewusst geworden sind, welcher Glücksfall er für das Tennis und den Sport im Allgemeinen ist, als Athlet wie auch als Mensch, dann hat es schon sehr viel erreicht.

Beim Sichten des Materials, das sich in den vergangenen zehn Jahren in Klarsichtmäppchen, elektronischen Archiven und meiner persönlichen Erinnerung über ihn angesammelt hat, kam mir immer wieder der Gedanke, dass er einer der Sportler sein muss, die am meisten Interviews geben auf dieser Erde. Es dürfte wohl auch kaum noch Fragen geben, die ihm nicht bereits gestellt worden sind. Federer beantwortet alle immer wieder mit einer bewundernswerten Geduld, er geht mit uns Medienvertretern partnerschaftlich und offen um. Immer wieder nimmt er sich extra Zeit für seine Landsleute, auch wenn er es nicht müsste, auch wenn schon fast alles gesagt ist. Dafür möchte ich ihm an dieser Stelle danken.

Mir wurde ebenfalls bewusst, wie vieles in so kurzer Zeit mit ihm und um ihn herum passiert ist; Dinge, die sich lohnen, noch einmal erzählt oder festgehalten zu werden – umso mehr, als mit etwas Distanz plötzlich Zusammenhänge ersichtlich werden, die in der Hektik des Augenblicks vielleicht übersehen worden sind. Und immer wieder stellte sich bei mir auch das Gefühl ein, wie erstaunlich die Entwicklung dieses ehrgeizigen, impulsiven Junioren zu einer der größten Figuren des Weltsports eigentlich ist – zumal er sich in seinem Wesen kaum verändert hat. Roger Federer ist, abgesehen von seinem sportlichen Ehrgeiz, ein bescheidener Mann geblieben, der nicht für sich in Anspruch nimmt, etwas Besonderes zu sein. Und wenn er unpopuläre Entscheide fällt, dann meist aus der Erkenntnis heraus, dass sie nötig sind, um seine hohen Karriereziele zu erreichen.

Während Federer seine Geschichte in atemberaubendem Tempo weiterschreibt und sie hoffentlich noch viele weitere Klarsichtmäppchen und Archivordner füllen wird, möchte ich einigen weiteren Leuten danken. Allen voran den Verantwortlichen vom Pendo Verlag, die die Initiative hatten und mir als Quereinsteiger die Chance boten, dieses Buch zu schreiben; den vielen Interviewpartnern und Informanten, die bereit waren, ihre Erinnerungen an oder ihr Wissen über Roger Federer zu teilen sowie den vielen internationalen und, vor allem, nationalen Kollegen auf der Tennistour, die seit Jahren mithelfen, seinen Weg zu begleiten und zu beschreiben und darauf hinzuweisen, dass das, was er erreicht hat, alles andere als normal ist, besonders für ein kleines Land wie die Schweiz. Ich bin stolz darauf, dass die Vertreter der Schweizer Tennismedien auf der Profitour nicht nur um ihre Sportlerinnen und Sportler, sondern immer wieder auch um den guten Zusammenhalt untereinander beneidet werden.

Der Dank geht zudem an die Tamedia AG, meinen Chef, Fredy Wettstein, und die Kollegen von der Sportredaktion des Tages-Anzeigers und der SonntagsZeitung, die es ermöglichen und dabei mithelfen, (auch) Federers Entwicklung auf journalistisch vielfältige Art zu begleiten und seine Leistungen auf hoffentlich angebrachte Weise zu würdigen. Danken möchte ich schließlich meinem guten Freund Jürgen Kalwa in New York, der mir mit wichtigen Tipps zur Seite stand, sowie meiner Schwester Jeannine, die das Manuskript als Erste kritisch las und mir wertvolle Rückmeldungen gab. Und zuletzt, aber vor allen anderen, danke ich meiner Frau Eni und unserer Jessica. Für beide war es nicht einfach, mich einen Winter lang zwar zu Hause zu wissen – aber meistens hinter einer geschlossenen Tür und in einer anderen Welt.

Müllheim, im März 2006 René Stauffer

ROGER FEDERERS RESULTATE

Legende

Nur ATP-Tour, Grand-Slam-Turniere und Davis-Cup (nur Einzel)
Zahlen in Klammern = Weltranglistenpositionen vor Turnier
R1, R2, R3 = 1. Runde, 2. Runde, 3. Runde
Af, Vf, Hf, F = Achtelfinal, Viertelfinal, Halbfinal, Final
R2* = 2. Runde nach Freilos in 1. Runde
GS = Gruppenspiel
s. = schlägt
v. = verliert
MS = Masters Serie

1998

1) Gstaad, Int. Serie, Sand (702)
R1 v. Arnold (Arg/88) 4:6, 4:6
2) Toulouse, Int. Serie, Halle (878)
R1 s. Raoux (Fr/45) 6:2, 6:2
Af s. Fromberg (Au/43) 6:1, 7:6 (5)
Vf v. Siemerink (Ho/20) 6:7(5) 2:6
3) Basel, Int. Serie, Halle (396)
R1 v. Agassi (USA/8) 3:6 2:6

1999

4) Marseille, Int. Serie, Halle (243)
R1 s. Moya (Sp/5) 7:6 (1), 3:6, 6:3
Af s. Golmard (Fr/63) 6:7, 7:6, 7:6
Vf v. Clément (Fr/103) 3:6, 3:6
5) Rotterdam, Int. Serie, Halle (178)
R1 s. Raoux (Fr/71) 6:7 (4), 7:5, 7:6 (3)
Af s. Ulihrach (Tsch/30) 6:4, 7:5
Vf v. Kafelnikow (Rus/2) 1:6, 7:5, 4:6
6) Miami, MS, Hart (125)
R1 v. Carlsen (Dä/106) 5:7, 6:7 (4)
Neuenburg, Davis-Cup, R1, Halle (123)
s. Sanguinetti (It/48) 6:4, 6:7 (3), 6:3, 6:4
v. Pozzi (It/69) 4:6, 6:7(4)
7) Monte Carlo, MS, Sand (128)
R1 v. Spadea (USA/33) 6:7 (3), 0:6
8) Paris, Grand Slam, Sand (111)
R1 v. Rafter (Au/3) 7:5, 3:6, 0:6, 2:6
9) Queens, Int. Serie, Rasen (104)
R1 v. B. Black (Zim/37) 3:6, 0:6
10) Wimbledon, Grand Slam, Rasen (103)
R1 v. Novak (59) 3:6, 6:3, 6:4, 3:6, 4:6
11) Gstaad, Int. Serie, Sand (107)
R1 v. El Aynaoui (Mar/33) 2:6, 3:6
Brüssel, Davis-Cup, Vf, Sand (109)
v. Van Garsse (164) 6:7, 6:3, 6:1, 5:7, 1:6
v. Malisse (Bel/111) 6:4, 3:6, 5:7, 6:7(5)
12) Washington, Int. Serie, Hart (104)
R1 v. Phau (De/407) 2:6, 3:6
13) Taschkent, Int. Serie, Halle (104)
R1 s. Pioline (Fr/16) 6:4, 6:3
Af v. Wessels (Ho/92) 6:4, 6:7 (1), 4:6

14) Toulouse, Int. Serie, Halle (96)
R1 s. Schüttler (De/46) 7:6 (4), 6:1
Af v. Santoro (Fr/39) 3:6, 6:7 (3)
15) Basel, Int. Serie, Halle (106)
R1 s. Damm (Tsch/105) 6:2, 3:6, 6:4
Af s. Popp (De/134) 6:2, 7:5
Vf v. Henman (Gb/6) 3:6, 5:7
16) Wien, Int. Serie, Halle (93)
R1 s. Spadea (USA/21) 6:4, 6:2
Af s. Novak (Tsch/34) 7:6 (10), 6:1
Vf s. Kucera (Slk/15) 2:6, 6:4, 6:1
Hf v. Rusedski (Gb/7) 3:6, 4:6
17) Lyon, Int. Serie, Halle (67)
R1 s. Vacek (Tsch/53) 6:3, 6:4
Af v. Hewitt (Au/27) 6:7 (4), 6:2, 4:6

2000

18) Adelaide, Int. Serie, Hart (64)
R1 s. Knippschild (De/89) 6:1, 6:4
Af v. Enqvist (Sd/4) 6:7 (5), 4:6
19) Auckland, Int. Serie, Hart (61)
R1 v. Ferrero (Sp/45) 4:6, 4:6
20) Melbourne, Grand Slam, Hart (62)
R1 s. Chang (USA/50) 6:4, 6:4, 7:6 (5)
R2 s. Kroslak (Slk/104) 7:6 (1), 6:2, 6:3
R3 v. Clément (Fr/54) 1:6, 4:6, 3:6
Zürich, Davis-Cup, R1, Halle (61)
s. Philippoussis (17) 6:4, 7:6 (3), 4:6, 6:4
v. Hewitt (Au/15) 2:6, 6:3, 6:7 (2), 1:6
21) Marseille, Int. Serie, Halle (67)
R1 s. Dupuis (Fr/93) 6:4, 6:4
Af s. Th. Johansson (Sd/41) 6:3, 6:2
Vf s. Ljubicic (Kro/69) 6:2, 3:6, 7:6 (5)
Hf s. Santoro (Fr/38) 7:6 (4), 7:5
F v. Rosset (Sz/77) 6:2, 3:6, 6:7 (5)
22) London, Int. Serie, Halle (66)
R1 s. Kiefer (De/4) 6:2, 6:3
Af s. Ivanisevic (Kro/61) 7:5, 6:3
Vf v. Rosset (Sz/72) 6:3, 4:6, 4:6
23) Kopenhagen, Int. Serie, Halle (58)
R1 s. Dewulf (Bel/234) 6:4, 4:6, 6:3
Af s. Jonsson (Sd/121) 6:4, 6:4
Vf s. Pozzi (It/83) 4:6, 6:1, 6:3
Hf v. Larsson (Sd/48) 3:6, 6:7 (6)
24) Miami, MS, Hart (53)
R1 s. Gimelstob (USA/99) 7:5, 6:3
R2 v. Zabaleta (Arg/25) 4:6, 6:7 (7)
25) Monte Carlo, MS, Sand (49)
R1 v. Novak (Tsch/37) 1:6, 6:2, 5:7
26) Barcelona, Int. Serie, Sand (51)
R1 v. Bruguera (Sp/249) 1:6, 1:6
27) Rom, MS, Sand (51)
R1 v. Medwedew (Ukr/25) 6:3, 3:6, 5:7
28) Hamburg, MS, Sand (50)
R1 v. Pavel (Rum/70) 4:6, 3:6
29) St. Pölten, Int. Serie, Sand (54)
R1 v. Hantschk (De/94) 2:6, 1:6
30) Paris, Grand Slam, Sand (54)
R1 s. Arthurs (Au/106) 7:6 (4), 6:3, 1:6, 6:3
R2 s. Gambill (USA/69) 7:6 (5), 6:3, 6:3
R3 s. Kratochvil (Sz/120) 7:6, 6:4, 2:6, 6:7, 8:6
Af v. Corretja (Sp/10) 5:7, 6:7 (7), 2:6
31) Halle, Int. Serie, Rasen (38)
R1 s. Clément (Fr/57) 6:4, 6:2
Af s. Larsson (Sd/49) 6:2, 6:3
Vf v. Chang (USA/28) 5:7 2:6
32) Nottingham, Int. Serie, Rasen (35)
R1 v. Fromberg (Au/71) 5:7, 1:6
33) Wimbledon, Grand Slam, Rasen (35)
R1 v. Kafelnikow (Rus/5) 5:7, 5:7, 6:7 (6)
34) Gstaad, Int. Serie, Sand (39)
R1 v. Corretja (Sp/10) 4:6, 6:4, 4:6
St. Gallen, Davis-Cup, Halle (39)
s. Woltschkow (69) 4:6, 7:5, 7:6, 5:7, 6:2
35) Toronto, MS, Hart (38)
R1 v. Hewitt (Au/10) 6:3, 3:6, 2:6
36) Cincinnati, MS, Hart (38)
R1 v. Clavet (Sp/45) 6:7 (3), 6:7 (4)
37) Indianapolis, Int. Serie, Hart (40)
R1 v. Sekulov (Au/191) 4:6, 5:7
38) New York, Grand Slam, Hart (40)
R1 s. Wessels (93) 4:6, 4:6, 6:3, 7:5, 3:4
R2 s. Nestor (Ka/160) 6:1, 7:6 (5), 6:1
R3 v. Ferrero (Sp/12) 5:7, 6:7, 6:1, 6:7
39) Sydney, Olympia, Hart (36)
R1 s. Prinosil (De/60) 6:2, 6:2
R2 s. Kucera (Slk/43) 6:4, 7:6 (5)
Af s. Tillstrom (Sd/61) 6:1, 6:2
Vf s. Alami (Mar/34) 7:6 (2), 6:1
Hf v. Haas (De/48) 3:6, 2:6
Bronzespiel:
v. Di Pasquale (Fr/61) 6:7 (5), 7:6 (7), 3:6
40) Wien, Int. Serie, Halle (31)
R1 s. Norman (Sd/4) 4:6, 7:6 (4), 6:4
Af s. Mirnyi (Wrus/42) 6:3, 6:3

Vf s. Krajicek (Ho/21) 6:4, 6:3
Hf. v. Henman (Gb/10) 6:2, 6:7 (4), 3:6
41) Basel, Int. Serie, Halle (34)
R1 s. Haas (De/20) 6:3, 6:3
Af s. Pavel (Rum/27) 7:6 (4), 6:4
Vf s. Thomann (Fr/185) 6:4, 6:4
Hf s. Hewitt (Au/9) 6:4, 5:7, 7:6 (6)
F v. Enqvist (6) 2:6, 6:4, 6:7 (4), 6:1, 1:6
42) Stuttgart, MS, Halle (25)
R1 s. Gambill (USA/27) 7:6 (3), 1:0 ret.
R2 v. Kafelnikow (Rus/5) 5:7, 3:6
43) Lyon, Int. Serie, Halle (24)
R1 s. Escudé (Fr/38) 6:3, 7:6 (3)
Af v. Kucera (Slk/74) 6:3, 2:6, 1:6
44) Paris, MS, Halle (24)
R1 v. Hrbaty (Slk/19) 6:4, 2:6, 2:6
45) Stockholm, Int. Serie, Halle (29)
R1 s. Juschni (Rus/110) 5:7, 6:4, 6:3
Af v. Vinciguerra (Sd/55) 5:7, 6:7 (3)

2001

46) Sydney, Int. Serie, Hart (30)
R1 s. Ferreira (ZA/13) 6:3, 6:4
Af s. Rosset (Sz/29) 6:1, 6:2
Vf v. Grosjean (Fr/19) 5:7, 4:6
47) Melbourne, Grand Slam, Hart (29)
R1 s. Di Pasquale (Fr/61) 6:4, 4:6, 6:1, 7:5
R2 s. Escudé (Fr/46) 6:1, 6:4, 6:4
R3 v. Clément (Fr/18) 6:7 (5), 4:6, 4:6
48) Mailand, Int. Serie, Halle (27)
R1 s. Schüttler (De/48) 6:3, 6:4
Af s. Saulnier (Fr/120) 2:6, 6:3, 6:4
Vf s. Ivanisevic (Kro/123) 6:4, 6:4
Hf s. Kafelnikow (Rus/7) 6:2, 6:7 (4), 6:3
F s. Boutter (Fr/67) 6:4, 6:7 (7), 6:4
Basel, Davis-Cup, R1, Halle (22)
s. Martin (USA/37) 6:4, 7:6 (3), 4:6, 6:1
s. Gambill (USA/28) 7:5, 6:2, 4:6, 6:2
49) Marseille, Int. Serie, Halle (23)
R1 s. Saulnier (Fr/114) 7:6 (7), 6:4
Af s. B. Bryan (USA/146) 7:6 (1), 6:3
Vf s. Kratochvil (Sz/78) 6:4, 7:6 (4)
Hf v. Kafelnikow (Rus/7) 7:6 (4), 4:6, 4:6
50) Rotterdam, Int. Serie, Halle (23)
R1 s.Ilie (Au/42) 7:6 (5), 6:1
Af s. Grosjean (Fr/13) 4:6, 6:3, 6:4
Vf s. Corretja (Sp/8) 6:4, 6:2
Hf. s. Pavel (Rum/24) 6:7 (4), 6:4, 6:0
F v. Escudé (Fr/60) 5:7, 6:3, 6:7 (5)
51) Indian Wells, MS, Hart (21)
R1 v. Kiefer (De/43) 6:3, 5:7, 1:6
52) Miami, MS, Hart (24)
R2 s. El Aynaoui (Mar/68) 6:2, 6:2
R3 s. Philippoussis (Au/16) 3:6, 7:6 (4), 6:2
Af s. Th. Johansson (25) 7:6, 5:7, 7:6
Vf v. Rafter (Au/8) 3:6, 1:6
Neuenburg, Davis-Cup, Vf, Halle (21)
v. Escudé (Fr/34) 4:6, 7:6 (1), 3:6, 4:6
s. Clément (Fr/10) 6:4, 3:6, 7:6 (5), 6:4
53) Monte Carlo, MS, Sand (22)
R1 s. Chang (USA/33) 6:4, 6:3
R2 s. Sanguinetti (It/55) 7:6 (5), 7:6 (5)
Af s. Di Pasquale (Fr/67) 6:1, 6:2
Vf v. Grosjean (Fr/15) 4:6, 3:6
54) Rom, MS, Sand (18)
R1 s. Th. Johansson (24) 7:6, 4:6, 7:6
R2 s. Safin (Rus/2) 4:6, 6:4, 7:6 (5)
Af v. Ferreira (ZA/19) 6:7 (4), 2:6
55) Hamburg, MS, Sand (18)
R1 v. Squillari (Arg/19) 3:6, 4:6
56) Paris, Grand Slam, Sand (18)
R1 s. Galvani (It/239) 6:3, 6:3, 6:3
R2 s. Sargsian (115) 4:6, 3:6, 6:2, 6:4, 9:7
R3 s. D. Sanchez (Sp/89) 6:4, 6:3, 1:6, 6:3
Af s. Arthurs (Au/59) 3:6, 6:3, 6:4, 6:2
Vf v. Corretja (Sp/13) 5:7, 4:6, 5:7
57) Halle, Int. Serie, Rasen (14)
R1 s. Portas (Sp/23) 6:7 (4), 6:4, 6:2
Af s. Prinosil (De/28) 7:6 (10), 7:5
Vf v. Rafter (Au/10) 6:4, 6:7 (6), 6:7 (4)
58) Rosmalen, Int. Serie, Rasen (15)
R1 s. Dupuis (Fr/68) 7:6 (3), 6:4
Af s. van Lottum (Ho/193) 6:0, 6:1
Vf s. Sluiter (Ho/107) 6:7 (4), 6:4, 6:4
Hf. v. Hewitt (Au/6) 4:6, 2:6
59) Wimbledon, Grand Slam, Rasen (15)
R1 s. Ch. Rochus (Bel/83) 6:2, 6:3, 6:2
R2 s. Malisse (Bel/53) 6:3, 7:5, 3:6, 4:6, 6:3
R3 s. Björkman (Sd/41) 7:6 (4), 6:3, 7:6 (2)
Af s. Sampras (6) 7:6, 5:7, 6:4, 6:7, 7:5
Vf v. Henman (11) 5:7, 6:7 (6), 6:2, 6:7 (6)
60) Gstaad, Int. Serie, Sand (14)
R1 v. Ljubicic (Kro/70) 2:6, 1:6
61) New York, Grand Slam, Hart (13)
R1 s. Burgsmüller (De/72) 6:4, 6:4, 6:4
R2 s. Ginepri (USA/327) 6:2, 7:5, 6:1

R3 s. Schalken (Ho/24) 6:4, 7:5, 7:6 (3)
Af v. Agassi (USA/2) 1:6, 2:6, 4:6

62) Moskau, Int. Serie, Halle (12)
R1 v. Kiefer (De/39) 3:6, 6:1, 6:7 (4)

63) Wien, Int. Serie, Halle (12)
R1 s. Massu (Chi/78) 4:6, 7:6 (10), 6:4
Af s. Costa (Sp/33) 7:6 (1), 6:2
Vf v. Koubek (Ö/90) 6:7 (3), 5:7

64) Stuttgart, MS, Halle (12)
R2* v. Ferreira (ZA/36) 6:7 (1), 6:3, 2:6

65) Basel, Int. Serie, Halle (13)
R1 s. Costa (Sp/34) 6:3, 6:3
Af s. Malisse (Bel/39) 6:3, 6:4
Vf s. Roddick (USA/16) 3:6, 6:3, 7:6 (5)
Hf s. Boutter (Fr/64) 7:6 (3), 6:4
F v. Henman (Gb/11) 3:6, 4:6, 2:6

66) Paris, MS, Halle (13)
R2* v. Novak (Tsch/40) 4:6, 7:6 (4), 6:7 (2)

2002

67) Sydney, Int. Serie, Hart (13)
R1 s. Robredo (Sp/34) 7:6 (5), 7:6 (5)
Af s. Malisse (Bel/ 31) 6:2, 6:4
Vf s. Rios (Chi/47) 6:7 (2), 7:6 (4), 6:3
Hf. s. Roddick (USA/15) 7:6 (3), 6:4
F s. Chela (Arg/67) 6:3, 6:3

68) Melbourne, Grand Slam, Hart (12)
R1 s. Chang (USA/94) 6:4, 6:4, 6:3
R2 s. Savolt (Un/93) 6:2, 7:5, 6:4
R3 s. Schüttler (De/41) 7:6 (6), 7:6 (5), 6:4
Af v. Haas (De/9) 6:7 (3), 6:4, 6:3, 4:6, 6:8

69) Mailand, Int. Serie, Halle (13)
R1 s. Koubek (Ö/50) 7:6 (2), 6:3
Af s. Dawidenko (Rus/84) 6:3, 6:7 (4), 7:5
Vf s. Sargsian (Arm/74) 4:6, 6:3, 6:2
Hf s. Rusedski (Gb/30) 7:6 (7), 7:6 (4)
F v. Sanguinetti (It/87) 6:7 (2), 6:4, 1:6

Moskau, Davis-Cup, R1, Halle/Sand (13)
s. Safin (Rus/7) 7:5, 6:1, 6:2
s. Kafelnikow (Rus/4) 7:6 (6), 6:1, 6:1

70) Rotterdam, Int. Serie, Halle (13)
R1 s. van Lottum (Ho/124) 6:3, 6:4
Af s. Enqvist (Sd/20) w.o.
Vf v. Escudé (Fr/22) 6:3, 6:7 (10), 5:7

71) Dubai, Int. Serie, Hart (15)
R1 s. Voinea (Rum/78) 6:3, 6:4
Af v. Schüttler (De/40) 3:6, 1:6

72) Indian Wells, MS, Hart (14)
R1 s. Malisse (Bel/33) 6:7 (5), 7:6 (3), 6:3
R2 s. Koubek (Ö/51) 6:4, 6:4
Af v. Enqvist (Sd/22) 4:6, 3:6

73) Miami, MS, Hart (14)
R2* s. Morrison (USA/139) 6:1, 7:6 (6)
R3 s. Portas (Sp/25) 6:4, 6:1
Af s. Henman (Gb/5) 6:2, ret.
Vf s. Pavel (Rum/28) 6:1, 6:1
Hf. s. Hewitt (Au/1) 6:3, 6:4
F v. Agassi (USA/10) 3:6, 3:6, 6:3, 4:6

74) Monte Carlo, MS, Sand (11)
R1 s. Zabaleta (Arg/69) 7:6 (2), 6:4
R2 v. Nalbandian (Arg/38) 2:6, 1:6

75) Rom, MS, Sand (11)
R1 v. Gaudenzi (It/58) 4:6, 4:6

76) Hamburg, MS, Sand (14)
R1 s. N. Lapentti (Ecu/29) 6:1, 6:4
R2 s. Ulihrach (Tsch/42) 6:3, 6:0
Af s. Voinea (Rum/67) 7:5, 6:4
Vf s. Kuerten (Br/7) 6:0, 1:6, 6:2
Hf. s. Mirnyi (WRus/39) 6:4, 6:4
F s. Safin (Rus/5) 6:1, 6:3, 6:4

77) Paris, Grand Slam, Sand (8)
R1 v. Arazi (Mar/45) 3:6, 2:6, 4:6

78) Halle, Int. Serie, Rasen (10)
R1 s. Dreekmann (De/-) 6:7 (5), 6:3, 6:4
Af s. Prinosil (De/206) 6:2, 6:4
Vf s. Juschni (Rus/67) 6:3, 6:4
Hf v. Kiefer (De/66) 6:4, 4:6, 4:6

79) Rosmalen, Int. Serie, Rasen (9)
R1 s. Krajicek (Ho/-) 6:2, 7:5
Af s. Heuberger (Sz/127) 6:4, ret.
Vf v. Schalken (Ho/31) 6:3, 5:7, 3:6

80) Wimbledon, Grand Slam, Rasen (9)
R1 v. Ancic (Kro/154) 3:6, 6:7 (2), 3:6

81) Gstaad, Int. Serie, Sand (11)
R1 s. Arazi (Mar/46) 6:4, 6:3
Af v. Stepanek (Tsch/110) 6:3, 3:6, 2:6

82) Toronto, MS, Hart (10)
R1 v. Canas (Arg/19) 6:7 (10), 5:7

83) Cincinnati, MS, Hart (14)
R1 v. Ljubicic (Kro/34) 6:2, 4:6, 3:6

84) Long Island, Int. Serie, Hart (13)
R2* v. Massu (Chi/65) 7:6 (5), 1:6, 3:6

85) New York, Grand Slam, Hart (13)
R1 s. Vanek (Tsch/157) 6:1, 6:3, 4:6, 7:5
R2 s. Chang (USA/132) 6:3, 6:1, 6:3
R3 s. Malisse (Bel/19) 4:6, 6:3, 6:4, 6:4

Af v. Mirnyi (WRus/34) 3:6, 6:7 (5), 4:6
Casablanca, Davis-Cup, Sand (13)
s. Arazi (Mar/70) 6:3, 6:2, 6:1
s. El Aynaoui (Mar/19) 6:3 6:2 6:1
86) Moskau, Int. Serie, Halle (13)
R1 s. Golowanow (Rus/167) 6:0, 6:1
Af s. Nieminen (Fin/35) 6:1, 6:4
Vf v. Safin (Rus/4) 5:7, 4:6
87) Wien, Int. Serie, Halle (13)
R1 s. Krajan (Kro/115) 7:5, 6:1
Af s. Robredo (Sp/36) 6:2, 6:7 (5), 6:4
Vf s. Ulihrach (Tsch/73) 6:3, 6:3
Hf s. Moya (Sp/9) 6:2, 6:3
F s. Novak (Tsch/12) 6:4, 6:1, 3:6, 6:4
88) Madrid, MS, Halle (7)
R2* s. Rios (Chi/25) 6:4, 6:2
Af s. N. Lapentti (Ecu/30) 6:3, 6:4
Vf v. Santoro (Fr/50) 5:7, 3:6
89) Basel, Int. Serie, Halle (8)
R1 s. Verkerk (Ho/92) 6:3, 6:3
Af s. Waske (De/143) 6:3, 7:6 (1)
Vf s. Roddick (USA/12) 7:6 (5), 6:1
Hf v. Nalbandian (Arg/18) 7:6 (2), 5:7, 3:6
90) Paris, MS, Halle (8)
R2* s. Malisse (Bel/26) 6:2, 6:4
Af s. Haas (De/7) 6:2, 7:6 (2)
Vf v. Hewitt (Au/1) 4:6, 4:6
91) Shanghai, Masters Cup, Halle (6)
GS s. Ferrero (Sp/4) 6:3 6:4
GS s. Novak (Tsch/7) 6:0, 4:6, 6:2
GS s. Th. Johansson (Sd/13) 6:3, 7:5
Hf v. Hewitt (Au/1) 5:7, 7:5, 5:7

2003

92) Doha, Int. Serie, Hart (6)
R1 s. Stoliarow (Rus/135) 6:2, 6:7 (4), 6:4
Af s. Kratochvil (Sz/69) 6:4, 6:4
Vf v. Gambill (USA/42) 4:6, 5:7
93) Sydney, Int. Serie, Hart (6)
R1 v. Squillari (Arg/81) 2:6, 3:6
94) Melbourne, Grand Slam, Hart (6)
R1 s. Saretta (Br/83) 7:6 (4), 7:5, 6:3
R2 s. Burgsmüller (De/76) 6:3, 6:0, 6:3
R3 s. Vinciguerra (Sd/145) 6:3, 6:4, 6:2
Af v. Nalbandian (12) 4:6, 6:3, 1:6, 6:1, 3:6
Arnhem, Davis-Cup, R1, Halle (6)
s. Sluiter (Ho/77) 6:2, 6:1, 6:3
s. Schalken (Ho/19) 7:6 (2), 6:4, 7:5
95) Marseille, Int. Serie, Halle (6)
R1 s. Ljubicic (Kro/52) 7:6 (3), ret.
Af s. Nieminen (Fin/35) 6:3, 6:3
Vf s. Sluiter (Ho/78) 6:4, 4:6, 6:4
Hf s. Kucera (Slk/62) 7:6 (5), 6:3
F s. Björkman (Sd/86) 6:2, 7:6 (6)
96) Rotterdam, Int. Serie, Halle (5)
R1 s. Enqvist (Sd/71) 3:6, 6:3, 6:4
Af s. Santoro (Fr/32) 6:0, 6:4
Vf s. Schalken (Ho/19) 6:2, 6:4
Hf. v. Mirnyi (WRus/46) 7:5, 3:6, 4:6
97) Dubai, Int. Serie, Hart (5)
R1 s. Labadze (Geo/103) 6:3, 6:3
Af s. Abel (De/217) 6:4, 7:5
Vf s. Arazi (Mar/113) 7:5, 6:3
Hf s. Ljubicic (Kro/60) 6:3, 6:2
F s. Novak (Tsch/10) 6:1, 7:6 (2)
98) Indian Wells, MS, Hart (4)
R1 s. Mantilla (Sp/46) 6:7 (4), 6:4, 4:1
R2 v. Kuerten (Br/24) 5:7, 6:7 (3)
99) Miami, MS, Hart (4)
R2* s. Horna (Per/86) 6:2, 7:5
R3 s. Chela (Arg/33) 6:1, 3:6, 6:1
Af s. Schalken (Ho/14) 6:3, 6:2
Vf v. Costa (Sp/9) 6:7 (4), 6:4, 6:7 (7)
Toulouse, Davis-Cup, Vf, Halle (5)
s. Escudé (Fr/62) 6:4, 7:5, 6:2
s. Santoro (Fr/51) 6:1, 6:0, 6:2
100) München, Int. Serie, Sand (5)
R1 s. Krajan (Kro/103) 6:4, 6:3
Af s. Sluiter (Ho/66) 6:4, 6:3
Vf s. Juschni (Rus/30) 6:2, 6:3
Hf s. Koubek (Ö/63) 6:2, 6:1
F s. Nieminen (Fin/35) 6:1, 6:4
101) Rom, MS, Sand (5)
R1 s. Mathieu (Fr/43) 6:3, 7:5
R2 s. Zabaleta (Arg/39) 7:6 (4), 6:2
Af s. Robredo (Sp/19) 6:1, 6:1
Vf s. Volandri (It/100) 6:3, 5:7, 6:2
Hf s. Ferrero (Sp/3) 6:4, 4:2 ret.
F v. Mantilla (Sp/47) 5:7, 2:6, 6:7 (10)
102) Hamburg, MS, Sand (5)
R1 s. Mirnyi (WRus/28) 6:3, 6:3
R2 s. Sargsian (Arm/72) 6:1, 6:1
Af v. Philippoussis (Au/67) 3:6, 6:2, 3:6
103) Paris, Grand Slam, Sand (5)
R1 v. Horna (Per/88) 6:7 (6), 2:6, 6:7 (3)

104) Halle, Int. Serie, Rasen (5)
R1 s. Sargsian (Arm/61) 7:5, 6:1
Af s. Vicente (Sp/62) 4:6, 6:2, 6:1
Vf s. El Aynaoui (Mar/24) 7:5, 7:6 (3)
Hf s. Juschni (Rus/29) 4:6, 7:6 (4), 6:2
F s. Kiefer (De/73) 6:1, 6:3
105) Wimbledon, Grand Slam, Rasen (5)
R1 s. Lee (Skor/55) 6:3, 6:3, 7:6 (2)
R2 s. Koubek (Ö/70) 7:5, 6:1, 6:1
R3 s. Fish (USA/45) 6:3, 6:1, 4:6, 6:1
Af s. F. Lopez (Sp/52) 7:6 (5), 6:4, 6:4
Vf s. Schalken (Ho/12) 6:3, 6:4, 6:4
Hf s. Roddick (USA/6) 7:6 (6), 6:3, 6:3
F s. Philippoussis (48) 7:6 (5), 6:2, 7:6 (3)
106) Gstaad, Int. Serie, Sand (3)
R1 s. M. Lopez (Sp/190) 6:3, 6:7 (4), 6:3
Af s. Lisnard (Fr/99) 6:1, 6:2
Vf s. Sanchez (Sp/56) w. o.
Hf s. Gaudio (Arg/27) 6:1, 7:6 (6)
F v. Novak (10) 7:5, 3:6, 3:6, 6:1, 3:6
107) Montreal, MS, Hart (3)
R1 s. Gaudio (Arg/28) 6:4, 3:6, 7:5
R2 s. Rusedski (Gb/60) 6:4, 6:3
Af s. Robredo (Sp/15) 6:4, 6:3
Vf s. Mirnyi (WRus/32) 6:2, 7:6 (3)
Hf v. Roddick (USA/7) 4:6, 6:3, 6:7 (3)
108) Cincinnati, MS, Hart (2)
R1 s. Draper (Au/114) 4:6, 6:3, 7:6 (10)
R2 v. Nalbandian (Arg/14) 6:7 (4), 6:7 (5)
109) New York, Grand Slam, Hart (2)
R1 s. Acasuso (75) 5:7, 6:3, 6:3, 2:0 ret.
R2 s. Lisnard (Fr/94) 6:1, 6:2, 6:0
R3 s. Blake (USA/35) 6:3, 7:6 (4), 6:3
Af v. Nalbandian (13) 6:3, 6:7, 4:6, 3:6
Melbourne, Davis-Cup, Hf, Hart (3)
s. Philippoussis (Au/15) 6:3, 6:4, 7:6 (3)
v. Hewitt (Au/7) 7:5, 6:2, 6:7 (4), 5:7, 1:6
110) Wien, Int. Serie, Halle (3)
R1 s. Ferrer (Sp/75) 6:2, 6:2
Af s. Beck (Slk/70) 6:3, 4:6, 6:4
Vf s. Nieminen (Fin/30) 6:3, 6:3
Hf s. Mirnyi (WRus/28) 6:2, 7:6 (2)
F s. Moya (Sp/7) 6:3, 6:3, 6:3
111) Madrid, MS, Halle (3)
R2* s. Corretja (Sp/127) 6:4, 6:3
Af s. Fish (USA/25) 6:3, 7:6 (4)
Vf s. F. Lopez (Sp/35) 4:6, 7:6 (3), 6:4
Hf v. Ferrero (Sp/1) 4:6, 6:4, 4:6
112) Basel, Int. Serie, Halle (3)
R1 s. Rosset (Sz/117) 6:1, 6:3
Af v. Ljubicic (Kro/47) 6:7 (5), 7:6 (5), 4:6
113) Paris, MS, Halle (3)
R2* s. Ascione (Fr/106) 7:6 (5), 6:1
Af s. Verkerk (16) 6:7 (3), 7:6 (12), 7:6 (6)
Vf v. Henman (Gb/31) 6:7 (5), 1:6
114) Houston, Masters Cup, Hart (3)
GS s. Agassi (USA/5) 6:7 (3), 6:3, 7:6 (7)
GS s. Nalbandian (Arg/8) 6:3, 6:0
GS s. Ferrero (Sp/2) 6:3, 6:1
Hf s. Roddick (USA/1) 7:6 (2), 6:2
F s. Agassi (USA/5) 6:3, 6:0, 6:4

2004

115) Melbourne, Grand Slam, Hart (2)
R1 s. Bogomolov (USA/117) 6:3, 6:4, 6:0
R2 s. Morrison (USA/156) 6:2, 6:3, 6:4
R3 s. Reid (Au/148) 6:3, 6:0, 6:1
Af s. Hewitt (Au/11) 4:6, 6:3, 6:0, 6:4
Vf s. Nalbandian (Arg/8) 7:5, 6:4, 5:7, 6:3
Hf s. Ferrero (Sp/3) 6:4, 6:1, 6:4
F s. Safin (Rus/86) 7:6 (3), 6:4, 6:2
Bukarest, Davis-Cup, R1, Halle (1)
s. Hanescu (Rum/72) 7:6 (4), 6:3, 6:1
s. Pavel (Rum/53) 6:3, 6:2, 7:5
116) Rotterdam, Int. Serie, Halle (1)
R1 s. Clément (Fr/29) 6:4, 6:3
Af s. Pavel (Rum/52) 7:6 (2), 7:5
Vf v. Henman (Gb/11) 3:6, 6:7 (11)
117) Dubai, Int. Serie, Hart (1)
R1 s. Safin (Rus/30) 7:6 (2), 7:6 (4)
Af s. Robredo (Sp/20) 6:3, 6:4
Vf s. Pavel (Rum/53) 6:3, 6:3
Hf s. Nieminen (Fin/34) 7:6 (7), 6:2
F s. F. Lopez (Sp/32) 4:6, 6:1, 6:2
118) Indian Wells, MS, Hart (1)
R2* s. Pavel (Rum/49) 6:1, 6:1
R3 s. Gonzalez (Chi/27) 6:3, 6:2
Af s. Fish (USA/19) 6:4, 6:1
Vf s. Chela (Arg/34) 6:2, 6:1
Hf s. Agassi (USA/5) 4:6, 6:3, 6:4
F s. Henman (Gb/10) 6:3, 6:3
119) Miami, MS, Hart (1)
R2* s. Dawidenko (Rus/54) 6:2, 3:6, 7:5
R3 v. Nadal (Sp/34) 3:6, 3:6

Lausanne, Davis-Cup, R1, Halle (1)
s. Escudé (Fr/81) 6:2, 6:4, 6:4
s. Clément (Fr/ 25) 6:2, 7:5, 6:4
120) Rom, MS, Sand (1)
R1 s. Björkman (Sd/26) 7:6 (4), 6:3
R2 v. Costa (Sp/39) 6:3, 3:6, 2:6
121) Hamburg, MS, Sand (1)
R1 s. Gaudio (Arg/34) 6:1, 5:7, 6:4
R2 s. N. Lapentti (Ecu/67) 6:3, 6:3
Af s. Gonzalez (Chi/14) 7:5, 6:1
Vf s. Moya (Sp/8) 6:4, 6:3
Hf s. Hewitt (Au/17) 6:0, 6:4
F s. Coria (Arg/3) 4:6, 6:4, 6:2, 6:3
122) Paris, Grand Slam, Sand (1)
R1 s. Vliegen (Bel/110) 6:1, 6:2, 6:1
R2 s. Kiefer (De/34) 6:3, 6:4, 7:6 (6)
R3 v. Kuerten (Br/30) 4:6, 4:6, 4:6
123) Halle, Int. Serie, Rasen (1)
R1 s. Th. Johansson (Sd/191) 6:3, 6:2
Af s. Juschni (Rus/34) 6:2, 6:1
Vf s. Clément (Fr/37) 6:3, 7:5
Hf s. Novak (Tsch/19) 6:3, 6:4
F s. Fish (USA/23) 6:0, 6:3
124) Wimbledon, Grand Slam, Rasen (1)
R1 s. Bogdanovic (Gb/295) 6:3, 6:3, 6:0
R2 s. Falla (Kol/138) 6:1, 6:2, 6:0
R3 s. Th. Johansson (Sd/123) 6:3, 6:4, 6:3
Af s. Karlovic (Kro/62) 6:3, 7:6 (3), 7:6 (5)
Vf s. Hewitt (Au/10) 6:1, 6:7 (1), 6:0, 6:4
Hf s. Grosjean (Fr/13) 6:2, 6:3, 7:6 (6)
F s. Roddick (USA/2) 4:6, 7:5, 7:6 (3), 6:4
125) Gstaad, Int. Serie, Sand (1)
R1 s. Behrend (De/130) 6:1, 6:1
Af s. Karlovic (Kro/59) 6:7 (5), 6:3, 7:6 (4)
Vf s. Stepanek (Tsch/72) 6:1, 5:7, 6:4
Hf s. Starace (It/145) 6:3, 3:6, 6:3
F s. Andrejew (Rus/62) 6:2, 6:3, 5:7, 6:3
126) Toronto, MS, Hart (1)
R1 s. Arazi (Mar/36) 6:3, 7:5
R2 s. Söderling (Sd/50) 7:5, 6:1
Af s. Mirnyi (WRus/34) 7:6 (3), 7:6 (4)
Vf s. Santoro (Fr/58) 7:5, 6:4
Hf s. Th. Johansson (Sd/99) 4:6, 6:3, 6:2
F s. Roddick (USA/2) 7:5, 6:3
127) Cincinnati, MS, Hart (1)
R1 v. Hrbaty (Slk/21) 6:1, 6:7 (7), 4:6
128) Athen, Olympia, Hart (1)
R1 s. Dawidenko (Rus/53) 6:3, 5:7, 6:1
R2 v. Berdych (Tsch/79) 6:4, 5:7, 5:7
129) New York, Grand Slam, Hart (1)
R1 s. Costa (Sp/44) 7:5, 6:2, 6:4
R2 s. Baghdatis (240) 6:2, 6:7 (4), 6:3, 6:1
R3 s. Santoro (Fr/34) 6:0, 6:4, 7:6 (7)
Af s. Pavel (Rum/18) w.o.
Vf s. Agassi (USA/7) 6:3, 2:6, 7:5, 3:6, 6:3
Hf s. Henman (Gb/6) 6:3, 6:4, 6:4
F s. Hewitt (Au/5) 6:0, 7:6 (3), 6:0
130) Bangkok, Int. Serie, Halle (1)
R1 s. Thomann (Fr/507) 6:4, 7:6 (4)
Af s. Heuberger (Sz/129) 6:1, 6:3
Vf s. Söderling (Sd/50) 7:6 (3), 6:4
Hf s. Srichaphan (Thai/20) 7:5, 2:6, 6:3
F s. Roddick (USA/2) 6:4, 6:0
131) Houston, Masters Cup, Hart (1)
GS s. Gaudio (Arg/10) 6:1, 7:6 (4)
GS s. Hewitt (Au/3) 6:3, 6:4
GS s. Moya (Sp/5) 6:3, 3:6, 6:3
Hf s. Safin (Rus/4) 6:3, 7:6 (18)
F s. Hewitt (Au/3) 6:3, 6:2

2005

132) Doha, Int. Serie, Hart (1)
R1 s. Ferrer (Sp/49) 6:1, 6:1
Af s. Rusedski (Gb/46) 6:3, 6:4
Vf s. F. Lopez (Sp/25) 6:1, 6:2
Hf s. Dawidenko (Rus/28) 6:3, 6:4
F s. Ljubicic (Kro/22) 6:3, 6:1
133) Melbourne, Grand Slam, Hart (1)
R1 s. Santoro (Fr/49) 6:1, 6:1, 6:2
R2 s. Suzuki (Jap/203) 6:3, 6:4, 6:4
R3 s. Nieminen (Fin/87) 6:3, 5:2, ret.
Af s. Baghdatis (Zyp/155) 6:2, 6:2, 7:6 (4)
Vf s. Agassi (USA/8) 6:3, 6:4, 6:4
Hf v. Safin (Rus/4) 7:5, 4:6, 7:5, 6:7 (6), 7:9
134) Rotterdam, Int. Serie, Halle (1)
R1 s. Ulihrach (Tsch/112) 6:3, 6:4
Af s. Wawrinka (Sz/128) 6:1, 6:4
Vf s. Dawidenko (Rus/15) 7:5, 7:5
Hf s. Ancic (Kro/31) 7:5, 6:3
F s. Ljubicic (Kro/19) 5:7, 7:5, 7:6 (5)
135) Dubai, Int. Serie, Hart (1)
R1 s. Minar (Tsch/119) 6:7 (5), 6:3, 7:6 (5)
Af s. Ferrero (Sp/98) 4:6, 6:3, 7:6 (6)
Vf s. Juschni (Rus/17) 6:3, 7:5
Hf s. Agassi (USA/10) 6:3, 6:1
F s. Ljubicic (Kro/14) 6:1, 6:7 (6), 6:3

136) Indian Wells, MS, Hart (1)
R2* s. Fish (USA/49) 6:3, 6:3
R3 s. Muller (Lux/67) 6:3, 6:2
Af s. Ljubicic (Kro/13) 7:6 (3), 7:6 (4)
Vf s. Kiefer (De/31) 6:4, 6:1
Hf s. Canas (Arg/14) 6:3, 6:1
F s. Hewitt (Au/2) 6:2, 6:4, 6:4
137) Miami, MS, Hart (1)
R2* s. O. Rochus (Bel/40) 6:3, 6:1
R3 s. Zabaleta (Arg/51) 6:2, 5:7, 6:3
Af s. Ancic (Kro/20) 6:3, 4:6, 6:4
Vf s. Henman (Gb/7) 6:4, 6:2
Hf s. Agassi (USA/10) 6:4, 6:3
F s. Nadal (31) 2:6, 6:7 (4), 7:6 (5), 6:3, 6:1
138) Monte Carlo, MS, Sand (1)
R1 s. Rusedski (Gb/44) 6:3, 6:1
R2 s. Montanes (Sp/62) 6:3, 6:4
Af s. Gonzalez (Chi/26) 6:2, 6:7 (3), 6:4
Vf v. Gasquet (Fr/101) 7:6 (1), 2:6, 6:7 (10)
139) Hamburg, MS, Sand (1)
R1 s. Verdasco (Sp/48) 6:4, 6:3
R2 s. Berdych (Tsch/46) 6:2, 6:1
Af s. Robredo (Sp/16) 6:2, 6:3
Vf s. Coria (Arg/8) 6:4, 7:6 (3)
Hf s. Dawidenko (Rus/20) 6:3, 6:4
F s. Gasquet (Fr/56) 6:3, 7:5, 7:6 (4)
140) Paris, Grand Slam, Sand (1)
R1 s. Sela (Isr/246) 6:1, 6:4, 6:0
R2 s. Almagro (Sp/76) 6:3, 7:6, 6:2
R3 s. Gonzalez (Chi/26) 7:6 (11), 7:5, 6:2
Af s. Moya (Sp/15) 6:1, 6:4, 6:3
Vf s. Hanescu (Rum/90) 6:2, 7:6 (3), 6:3
Hf v. Nadal (Sp/5) 3:6, 6:4, 4:6, 3:6
141) Halle, Int. Serie, Rasen (1)
R1 s. Söderling (Sd/35) 6:7 (5), 7:6 (6), 6:4
Af s. Mayer (De/60) 6:2, 6:4
Vf s. Kohlschreiber (De/71) 6:3, 6:4
Hf s. Haas (De/23) 6:4, 7:6 (11)
F s. Safin (Rus/5) 6:4, 6:7 (6), 6:4
142) Wimbledon, Grand Slam, Rasen (1)
R1 s. Mathieu (Fr/58) 6:4, 6:2, 6:4
R2 s. Minar (Tsch/99) 6:4, 6:4, 6:1
R3 s. Kiefer (De/26) 6:2, 6:7 (5), 6:1, 7:5
Af s. Ferrero (Sp/31) 6:3, 6:4, 7:6 (6)
Vf s. Gonzalez (Chi/24) 7:5, 6:2, 7:6 (2)
Hf s. Hewitt (Au/2) 6:3, 6:4, 7:6 (4)
F s. Roddick (USA/4) 6:2, 7:6 (2), 6:4
143) Cincinnati, MS, Hart (1)
R1 s. Blake (USA/70) 7:6 (3), 7:5
R2 s. Kiefer (De/38) 4:6, 6:4, 6:4
Af s. O. Rochus (Bel/34) 6:3, 6:4
Vf s. Acasuso (Arg/52) 6:4, 6:3
Hf s. Ginepri (USA/58) 4:6, 7:5, 6:4
F s. Roddick (USA/5) 6:3, 7:5
144) New York, Grand Slam, Hart (1)
R1 s. Minar (Tsch/77) 6:1, 6:1, 6:1
R2 s. Santoro (Fr/76) 7:5, 7:5, 7:6 (2)
R3 s. O. Rochus (Bel/29) 6:3, 7:6 (6), 6:2
Af s. Kiefer (De/38) 6:4, 6:7 (3), 6:3, 6:4
Vf s. Nalbandian (Arg/11) 6:2, 6:4, 6:1
Hf s. Hewitt (Au/4) 6:3, 7:6 (0), 4:6, 6:3
F s. Agassi (USA/7) 6:3, 2:6, 7:6 (1), 6:1
Genf, Davis-Cup, Sand (1)
s. Mackin (Gb/262) 6:0, 6:0, 6:2
145) Bangkok, Int. Serie, Halle (1)
R1 s. Daniel (Br/133) 7:6 (4), 6:4
Af s. Gremelmayr (De/239) 6:3, 6:2
Vf s. Muller (Lux/66) 6:4, 6:3
Hf s. Nieminen (Fin/42) 6:3, 6:4
F s. Murray (Gb/109) 6:3, 7:5
146) Shanghai, Masters Cup, Halle (1)
GS s. Nalbandian (Arg/12) 6:3, 2:6, 6:4
GS s. Ljubicic (Kro/8) 6:3, 2:6, 7:6 (4)
GS s. Coria (Arg/6) 6:0, 1:6, 6:2
Hf s. Gaudio (Arg/9) 6:0, 6:0
F v. Nalbandian (Arg/12) 7:6 (4), 7:6 (11), 2:6, 1:6, 6:7 (3)

2006

147) Doha, Int. Serie, Hart (1)
R1 s. Minar (Tsch/73) 6:1, 6:3
Af s. Santoro (Fr/58) 7:6 (2), 7:6 (5)
Vf s. Baghdatis (Zyp/55) 6:4, 6:3
Hf s. Haas (De/45) 6:3, 6:3
F s. Monfils (Fr/30) 6:3, 7:6 (5)
148) Melbourne, Grand Slam, Hart (1)
R1 s. Istomin (Usb/195) 6:2, 6:3, 6:2
R2 s. Mayer (D/69) 6:1, 6:4, 6:0
R3 s. Mirnyi (WRus/34) 6:3, 6:4, 6:3
Af s. Haas (D/41) 6:4, 6:0, 3:6, 4:6, 6:2
Vf s. Dawidenko (5) 6:4, 3:6, 7:6, 7:6
Hf s. Kiefer (D/25) 6:3, 5:7, 6:0, 6:2
F s. Baghdatis (Zyp/54) 5:7, 7:5, 6:0, 6:2
149) Dubai, Int. Serie, Hart (1)
R1 s. Wawrinka (Sz/57) 7:6 (3), 6:3
Af s. Al Ghareeb (Kw/488) 7:6 (5), 6:4

Vf s. Vik (Tsch/75) 6:3, 6:2
Hf s. Juschni (Rus/52) 6:2, 6:3
F v. Nadal (Sp/2) 6:2, 4:6, 4:6

150) Indian Wells, MS, Hart (1)

R2* s. Massu (Chile/47) 6:3, 7:6 (4)
R3 s. O. Rochus (Be/32) 3:6, 6:3, 7:5
Af s. Gasquet (Fr/18) 6:3, 6:4
Vf s. Ljubicic (Kro/6) 6:2, 6:3
Hf s. Srichaphan (Thai/61) 6:2, 6:3
F s. Blake (USA/14) 7:5, 6:3, 6:0

151) Miami, MS, Hart (1)

R2* s. Clément (Fr/53) 6:2, 6:7 (4), 6:0
R3 s. Haas (De/28) 6:1, 6:3
Af s. Tursunow (Rus/36) 6:3, 6:3
Vf s. Blake (USA/9) 7:6 (2), 6:4
Hf s. Ferrer (Sp/11) 6:1, 6:4
F s. Ljubicic (6) 7:6 (5), 7:6 (4), 7:6 (6)

ÜBERSICHT KARRIERE

Jahr	Tur.	S	N	DC	Total		Preisgeld	Rang
				S–N	S	N		
1997							650	700
1998	3	2	3		2	3	27305	302
1999	14	12	14	1–3	13	17	225139	64
2000	28	33	29	2–1	36	30	623782	29
2001	21	46	20	3–1	49	21	865425	13
2002	25	54	22	4–0	58	22	1995027	6
2003	23	73	16	5–1	78	17	4000680	2
2004	17	70	6	4–0	74	6	6357547	1
2005	15	80	4	1–0	81	4	6137018	1
Total	**146**	**370**	**114**	**20–6**	**391**	**120**	**20232573**	

Legende:
Tur. = Turniere (ATP-Tour, Grand-Slams, Olympia)
S = Siege
N = Niederlagen
DC = Davis-Cup
Preisgeld = Offizielles Preisgeld in Dollar
Rang = ATP-Position Ende des Jahres

SEINE ENDSPIELE

ATP-Tour und Grand-Slam-Turniere

2000 (0 Titel)

Marseille	Halle	v. Rosset 6:2, 3:6, 6:7
Basel	Halle	v. Enqvist 2:6, 6:4, 6:7, 6:1, 1:6

2001 (1 Titel)

Mailand	Halle	s. Boutter 6:4, 6:7, 6:4
Rotterdam	Halle	v. Escudé 5:7, 6:3, 6:7
Basel	Halle	v. Henman 3:6, 4:6, 2:6

2002 (3 Titel)

Sydney	Hart	s. Chela 6:3, 6:3
Mailand	Halle	v. Sanguinetti 6:7, 6:4, 1:6
Key Biscayne (MS)	Hart	v. Agassi 3:6, 3:6, 6:3,
4:6		
Hamburg (MS)	Sand	s. Safin 6:1, 6:3, 6:4
Wien	Halle	s. Novak 6:4, 6:1, 3:6,
6:4		

2003 (7 Titel)

Marseille	Halle	s. Björkman 6:2, 7:6
Dubai	Hart	s. Novak 6:1, 7:6
München	Sand	s. Nieminen 6:1, 6:4
Rom (MS)	Sand	v. Mantilla 5:7, 2:6, 6:7
Halle	Gras	s. Kiefer 6:1, 6:3
Wimbledon (GS)	Gras	s. Philippoussis 7:6, 6:2, 7:6
Gstaad	Sand	v. Novak 7:5, 3:6, 3:6, 6:1, 3:6
Wien	Halle	s. Moya 6:3, 6:3, 6:3
Masters Houston	Hart	s. Agassi 6:3, 6:0, 6:4

2004 (11 Titel)

Melbourne (GS)	Hart	s. Safin 7:6, 6:4, 6:2
Dubai	Hart	s. Lopez 4:6, 6:1, 6:2
Indian Wells (MS)	Hart	s. Henman 6:3, 6:3
Hamburg (MS)	Sand	s. Coria 4:6, 6:4, 6:2, 6:3
Halle	Gras	s. Fish 6:0, 6:3
Wimbledon (GS)	Gras	s. Roddick 4:6, 7:5, 7:6, 6:4
Gstaad	Sand	s. Andrejew 6:2, 6:3, 5:7, 6:3
Toronto (MS)	Hart	s. Roddick 7:5, 6:3
US Open (GS)	Hart	s. Hewitt 6:0, 7:6, 6:0
Bangkok	Hart	s. Roddick 6:4, 6:0
Masters Houston	Hart	s. Hewitt 6:3, 6:2

2005 (11 Titel)

Doha	Hart	s. Ljubicic 6:3, 6:1
Rotterdam	Halle	s. Ljubicic 5:7, 7:5, 7:6
Dubai	Hart	s. Ljubicic 6:1, 6:7, 6:3
Indian Wells (MS)	Hart	s. Hewitt 6:2, 6:4, 6:4
Key Biscayne (MS)	Hart	s. Nadal 2:6, 6:7, 7:6, 6:3, 6:1
Hamburg (MS)	Sand	s. Gasquet 6:3, 7:5, 7:6
Halle	Gras	s. Safin 6:4, 6:7, 6:4
Wimbledon (GS)	Gras	s. Roddick 6:2, 7:6, 6:4
Cincinnati (MS)	Hart	s. Roddick 6:3, 7:5
US Open (GS)	Hart	s. Agassi 6:3, 2:6, 7:6, 6:1
Bangkok	Halle	s. Murray 6:3, 7:5*
Masters Shanghai	Halle	v. Nalbandian 7:6, 7:6, 2:6, 1:6, 6:7

2006

Doha	Hart	s. Monfils 6:3, 7:6
Melbourne (GS)	Hart	s. Baghdatis 5:7, 7:5, 6:0, 6:2
Dubai	Hart	v. Nadal 6:2, 4:6, 4:6
Indian Wells (MS)	Hart	s. Blake 7:5, 6:3, 6:0
Miami (MS)	Hart	s. Ljubicic 7:6, 7:6, 7:6

MS = Masters-Serie-Turnier
GS = Grand-Slam-Turnier

* Roger Federer gewann in den Jahren 2003/04/05 insgesamt 24 Endspiele in Serie, ein Rekord (vorher Björn Borg und John McEnroe mit je 12).

SEINE TOP-TEN-SIEGESSERIE

Zwischen November 2003 und Januar 2005 gewann Federer 24 Partien in Folge gegen Spieler, die zum Zeitpunkt der Begegnung in den Top Ten der ATP-Weltrangliste standen. Er bezwang dabei zehn verschiedene Gegner, kam zu fünf Siegen gegen Agassi, je vier gegen Roddick und Hewitt, je zwei gegen Ferrero, Nalbandian, Moya und Henman und je einem gegen Gaudio, Coria und Safin. Dabei resultierten 58:9 Sätze.

Houston 2003 (Masters)
Gs Agassi (ATP 5) 6:7, 6:3, 7:6
Gs Nalbandian (8) 6:3, 6:0
Gs Ferrero (2) 6:3, 6:1
Hf Roddick (1) 7:6, 6:2
F Agassi (5) 6:3, 6:0, 6:4

Australian Open 2004
Vf Nalbandian (8) 7:5, 6:4, 5:7, 6:3
Hf Ferrero (2) 6:4, 6:1, 6:4

Indian Wells
Hf Agassi (5) 4:6, 6:3, 6:4
F Henman (10) 6:3, 6:3

Hamburg
Vf Moya (8) 6:4, 6:3
F Coria (3) 4:6, 6:4, 6:2, 6:3

Wimbledon
Vf Hewitt (10) 6:1, 6:7, 6:0, 6:4
F Roddick (2) 4:6, 7:5, 7:6, 6:4

Toronto
F Roddick (2) 7:6, 6:3

US Open
Vf Agassi (7) 6:3, 2:6, 7:5, 3:6, 6:3
Hf Henman (6) 6:3, 6:4, 6:4
F Hewitt (5) 6:0, 7:6, 6:0

Bangkok
F Roddick (2) 6:4, 6:0

Houston (Masters)
Gs Gaudio (10) 6:1, 7:6
Gs Hewitt (3) 6:3, 6:4
Gs Moya (5) 6:3, 3:6, 6:3
Hf Safin (4) 6:3, 7:6
F Hewitt (3) 6:2, 6:2

Australian Open 2005
Vf Agassi (8) 6:3, 6:4, 6:4
Hf Safin (8) 7:5, 4:6, 7:6, 6:7, 7:9

Gs = Gruppenspiel
Vf = Viertelfinal
Hf = Halbfinal
F = Final

WEITERE FAKTEN UND SERIEN

Roger Federers längste Siegesserien

Siege	Start	Ende
35	Halle 05	Shanghai 05
26	US Open 04	Melbourne 05
25	Rotterdam 05	Monte Carlo 05
23	Halle 04	Toronto 04

Verschiedene Fakten

Anfang April 2006 war Roger Federer …
… in den USA seit 48 Spielen und 8 Turnieren ungeschlagen;
… in der Masters-Serie der ATP-Tour seit 24 Partien ungeschlagen und hatte 8 der letzten 10 dieser Turniere gewonnen, an denen er teilnahm;
… an Grand-Slam-Turnieren seit 21 Spielen ungeschlagen und hatte 7 der letzten 11 dieser Turniere gewonnen;
… in Deutschland seit 27 Spielen und 5 Turnieren ungeschlagen;
… in Deutschland nach insgesamt 7 Endspielen noch ungeschlagen;
… in der International Serie der ATP-Tour in 54 seiner letzten 55 Partien und 10 seiner letzten 11 Turniere siegreich geblieben;
… seit 114 Wochen ununterbrochen und mit großem Vorsprung die Nummer 1 der Weltrangliste.

WOCHEN ALS NUMMER 1

(Stand 09. April 2006)

Pete Sampras (USA)	286
Ivan Lendl (Tsch)	270
Jimmy Connors (USA)	268
John McEnroe (USA)	170
Roger Federer (Sz)	**114**
Björn Borg (Sd)	109
Andre Agassi (USA)	101
Lleyton Hewitt (Au)	80
Stefan Edberg (Sd)	72
Jim Courier (USA)	58
Gustavo Kuerten (Br)	43
Ilie Nastase (Rum)	40
Mats Wilander (Sd)	20
Andy Roddick (USA)	13
Boris Becker (D)	12
Marat Safin (Rus)	9
Juan Carlos Ferrero (Sp)	8
John Newcombe (Au)	8
Jewgeni Kafelnikow (Rus)	6
Thomas Muster (Ö)	6
Marcelo Rios (Chile)	6
Carlos Moya (Sp)	2
Patrick Rafter (Au)	1

Die ATP-Weltrangliste wurde am 23. August 1973 erstmals veröffentlicht

GLOSSAR

Aufschlag Erster Schlag eines Ballwechsels. Nach jedem → Spiel (Game) wird gewechselt. Der Aufschläger ist in der Regel im Vorteil.

Ass Ein → Aufschlag (Service), den der Rückschläger nicht berührt und der somit den direkten Punktgewinn bedeutet. Berührt der Gegner den Aufschlag, kann ihn aber nicht zurückspielen, spricht man von einem »Servicewinner«.

ATP-Tour Die *Association of Tennis Professionals* (ATP) wurde 1972 als Spielergewerkschaft gegründet. 1990 löste die ATP-Tour den Grand-Prix-Circuit als weltweite Profi-Turnierserie ab. Oberste Instanz ist der Direktorenausschuss *(Board of Directors)*, zu dem je drei Vertreter der Spieler und der Turniere sowie der Vorsitzende (seit Ende 2005 Etienne de Villiers) gehören. 2006 umfasst die ATP-Tour 64 Turniere mit 60 Millionen Dollar Preisgeld in 31 Ländern (ohne Grand-Slam-Turniere).

Best of 3 Eine Partie, die zu Ende ist, wenn ein Spieler zwei → Sätze gewonnen hat.

Best of 5 Eine Partie, die zu Ende ist, wenn ein Spieler drei → Sätze gewonnen hat. Dieser Modus wird in der Regel im → Davis-Cup, an den → Grand-Slam-Turnieren sowie in einigen anderen bedeutenden Endspielen angewendet.

Break Wenn ein Spieler ein Aufschlagspiel des Gegners gewinnen kann, was oft vorentscheidend ist für den Gewinn eines → Satzes.

Breakball Möglichkeit, durch den Punktgewinn ein → Break zu erzielen.

Challenger Turniere Von der ATP organisierte, kleinere Weltranglistenturniere mit 25 000 bis 150 000 Dollar oder Euro Preisgeld. Unterbau der → ATP-Tour für weniger gut klassierte Spieler.

Champions Race Im Jahr 2000 eingeführte Jahreswertung, in der alle Spieler Anfang Jahr bei null Punkten beginnen. Reflektiert den Saisonverlauf und ist Ende Jahr an der Spitze identisch mit der → Weltrangliste. Entscheidet, welche Spieler das → Masters bestreiten dürfen.

Davis-Cup Seit 1900 durchgeführte Mannschafts-Weltmeisterschaft des internationalen Tennisverbandes (ITF). 2006 beteiligten sich 133 Nationen daran, die 16 besten von ihnen gehören zur Weltgruppe. An vier Terminen im Jahr werden Achtel-, Viertel-, Halbfinals und Finals sowie Auf-/Abstiegsrunden gespielt. Ein Länderspiel umfasst vier Einzel und ein Doppel.

Doppelfehler Zwei fehlerhafte Aufschläge in Folge, was zum Punktgewinn für den Rückschläger führt.

Future Turniere Weltranglistenturniere mit normalerweise 10 000 oder 15 000 Dollar oder Euro Preisgeld, die meistens von Landesverbänden organisiert werden.

Grand-Slam-Turniere Die vier bedeutendsten, größten und traditionsreichsten Meisterschaften des Jahres. Sie dauern zwei Wochen und haben je 128 Männer und Frauen am Start. Ausgetragen werden sie in Melbourne (Australian Open), Paris (French Open), London (Wimbledon) und New York (US Open).

Grand Slam Der Gewinn aller vier → Grand-Slam-Turniere im gleichen Kalenderjahr.

Lob Hoch und weit über den Gegner gespielter Ball.

Love Bedeutet »Null« in der englischen → Zählweise. Kommt möglicherweise von »to do something for love«, etwas umsonst tun. Andere Quellen vermuten die Herkunft im französischen Wort »l'œuf«, Ei, welches die Form einer Null besitzt.

Matchball Ein Punkt, der das Ende der Partie bedeuten könnte.

Masters Saisonfinale des Tennisjahres, das seit 2000 offiziell Masters Cup heißt und in den 90er Jahren als ATP-Weltmeisterschaft in Frankfurt und Hannover stattfand. Startberechtigt sind die acht besten Spieler der Saison. Findet bis 2008 in Shanghai statt. Das Turnier wird von der ATP-Tour, den vier Grand-Slam-Turnieren und dem internationalen Tennisverband gemeinsam ausgerichtet.

Masters-Serie Die neun wichtigsten Turniere der → ATP-Tour. Ausgetragen werden sie in Indian Wells, Miami (Key Biscayne), Monte Carlo, Rom, Hamburg, Cincinnati, Toronto/Montreal (abwechselnd), Madrid und Paris-Bercy. Die anderen Turniere der → ATP-Tour gehören zur Internationalen Serie.

Nationale Spielstärken Das ausgeklügelte Klassierungssystem von Swiss Tennis stuft die lizenzierten Spieler aufgrund ihrer Turnierresultate in 13 Stärkeklassen ein, neun regionale (R9 bis R1) und vier nationale (N4 bis N1). Gut 5000 Männer sind R5 oder besser klassiert, die vier nationalen Klassen umfassen lediglich 150 Männer und sind durchnummeriert.

Orange Bowl Inoffizielle Junioren-Weltmeisterschaft, die im Dezember in Miami (Key Biscayne) stattfindet.

Profitour Oberbegriff für alle Turniere für Berufsspieler, an denen Weltranglistenpunkte gewonnen werden können.

Satellite Circuit Turnierserie der untersten Stufe, an der Weltranglistenpunkte gewonnen werden können. Umfasst meistens drei aufeinander folgende Turniere und ein abschließendes Finalturnier (Masters).

Satz Ein Satz besteht aus mindestens sechs → Spielen (Games), wobei ein Spieler für den Satzgewinn mindestens zwei Spiele Vorsprung haben muss (z. B. 6:4, 7:5). Bei 6:6 entscheidet normalerweise ein → Tiebreak.

Slice Rückwärtsdrall. Der Ball wird durch das Herunterziehen des Schlägers in eine Rückwärtsdrehung versetzt, wodurch sich Flugbahn und Absprungverhalten verändern.

Spiel Hat im Tennis zwei Bedeutungen: Entweder ist die ganze Partie (Begegnung, Match) gemeint, oder auch nur ein Abschnitt (Englisch: game) eines → Satzes (→ Zählweise).

Tiebreak 1970 eingeführte Abkürzung, um beim Stand von 6:6 die Entscheidung über den Gewinn eines → Satzes herbeizuführen. Jeder Fehler bringt dem Gegner einen Punkt. Wer zuerst sieben Punkte mit mindestens zwei Punkten Vorsprung erreicht, gewinnt das Tiebreak und damit den Satz. Der Satz wird mit 7:6 gewertet, wobei in Klammern das Ergebnis des Tiebreaks aufgeführt wird (etwa 7:5 oder 5, 7:4 oder 4, 9:7 oder 7, 12:10 oder 10 etc). Im Tiebreak schlägt zuerst der Spieler einmal auf, der an der Reihe ist. Dann wechselt das Aufschlagrecht stets nach zwei Punkten.

Topspin Vorwärtsdrall. Der Ball wird dabei durch das Hochreißen des Schlägers in eine Vorwärtsdrehung versetzt, wodurch sich Flugbahn und Absprungverhalten verändern.

Unerzwungener Fehler Fehlerhafte Aktion, die ohne erheblichen Einfluss des Gegners zum Punktverlust führt (englisch »unforced error«).

Weltrangliste Die Weltrangliste der Männer (auch Entrylist) wird von der → ATP seit 1973 geführt. Sie reflektiert stets die Resultate der zurückliegenden 52 Wochen. In die Wertung kommen bei den Spitzenspielern die Resultate der 4 Grand-Slam- und 9 Masters-Serie-Turniere plus die 5 besten Ergebnisse ihrer weiteren Turniere (aber nicht die Resultate im → Davis-Cup). Allfällige Erfolge beim → Masters zählen als Bonuspunkte.

Wildcard Einladung für einen Spieler zur Teilnahme an einem Turnier, an dem er andernfalls nicht startberechtigt wäre.

Winner Schlag, der zum Punktgewinn führt, ohne dass der Gegner den Ball berührt.

WTA Vereinigung der Profi-Spielerinnen. Sie spielen auf der WTA-Tour und werden in der WTA-Weltrangliste klassiert.

Zählweise Die seltsame Zählweise (15 – 30 – 40) geht wahrscheinlich auf Geldeinsätze und Spielwetten im 14. Jahrhundert in Frankreich zurück. So setzte man zum Beispiel ein »gros denier«, der einen Wert von 15 »denier« hatte. Es wurden 4 mal 15 »deniers« gesetzt: 15 – 30 – 45 – 60. Im 16. Jahrhundert wurde wahrscheinlich aus lauter Bequemlichkeit »45« durch »40« ersetzt. Wenn beide Spieler nach mindestens sechs Ballwechseln die gleiche Punktzahl haben, nennt man das Einstand (englisch »deuce«, französisch »égalité«). Ein → Spiel (game) ist erst entschieden, wenn ein Spieler zwei Punkte Vorsprung hat. Wer zuerst sechs Spiele erreicht, gewinnt den Satz, sofern er zwei Spiele Vorsprung hat (etwa 6:0, 6:4, 7:5). Steht es 6:6, entscheidet das → Tiebreak. Gespielt wird über → Best of 3 oder → Best of 5. Daraus ergibt sich die bekannte Siegesformel: game, set and match (Spiel, Satz und Sieg).

QUELLENVERZEICHNIS DER PRESSEZITATE

S. 25: »Ich betrachtete mich nicht als kompetent genug ...«, Lynette Federer, »Basler Zeitung«.

S. 25: »Wenn ich mit meinen Freunden zusammen war, kam er immer ...«, Diana Federer, Dokumentation »Replay«.

S. 32: »Als ich ihn erstmals sah, reichte Roger kaum übers Netz ...«, Peter Carter, »Basler Zeitung« 1999.

S. 40: »Es hatte einen neuen Vorhang im Tenniszentrum ...«, Roger Federer, Dokumentation »Replay«.

S. 65: »Erst am letzten Tag der Olympischen Spiele hat er mich geküsst.« Mirka Vavrinec, »Schweizer Illustrierte«.

S. 66: »Ich finde nicht, dass das an die Öffentlichkeit muss ...«, Roger Federer, »Facts« 2001.

S. 68: »In der Athletik hatte er einen großen Rückstand ...«, Pierre Paganini, Tages-Anzeiger MAGAZIN.

S. 69: »Er will viel arbeiten, aber braucht viele Variationen ...«, Pierre Paganini, Aargauer Zeitung.

S. 70: »Ich fühle mich mental sehr gut ...«, Roger Federer, Basler Zeitung.

S. 87: »Südafrika ist für ihn ein Refugium ...«, Lynette Federer, Neue Welt.

S. 90: »Es war der erste Todesfall ...«, Lynette Federer, Dokumentation »Replay«.

S. 96: »Er hat ein unglaubliches Repertoire ...«, Peter Lundgren, Schweizer »Sportinformation«.

S. 98: »Die ganze Welt hört nicht auf, mich daran zu erinnern ...«, Roger Federer, »Journal du Dimanche«.

S. 100: »Ich war mental einfach nicht bereit ...«, Roger Federer, »Tennis Magazine«.

S. 113: »Ich war damals auf dem Platz in einem Rausch ...«, Roger Federer, »Sport Magazin«.

S. 132: »Es ist ein langer Weg bis zur Nummer 1 ...«, Roger Federer, »Tennis Magazine« 2004.

S. 190: »Früher wollte ich allen zeigen ...«, Roger Federer, »Le Figaro«.

S. 192: »Auf dem Platz war mir fast langweilig …«, Roger Federer, »Aargauer Zeitung« 2003.

S. 195: »Es ist schwer zu erklären …«, Pierre Paganini, »L'Equipe Magazine«.

S. 198: »Er ist vom Spieler mit Weltklasseformat in die Liga der Grand-Slam-Champions aufgestiegen …«, Boris Becker, »Tennis Magazin, Hamburg«.

S. 199: »Er überragt alle anderen um Kopf und Schultern …«, Pete Sampras, »L'Equipe«.

S. 210: »Mirka kocht gerne, und ich esse sehr gerne …«, Federer, »Schweizer Familie«.

S. 211: »Das ist sehr privat, darüber rede ich nicht gern…«, Roger Federer, SonntagsBlick.

S. 218: »Roger ist zum Perfektionisten geworden …«, Lynette Federer, »Basler Zeitung« 2004.

S. 225: »Das eine oder andere kam bei IMG zusammen …«, Roger Federer, »Aargauer Zeitung« 2003.

S. 226: »Wir sind mit hineingewachsen in dieses Geschäft …«, Lynette Federer, »Basler Zeitung« 2003.

S. 226: »Aber auch wenn wir ein tolles Verhältnis haben …«, Robert Federer, »Facts«.

S. 228: »Wimbledon hat uns alle ein wenig überrumpelt …«, Roger Federer, »Sport Magazin« 2003.

Umschlaggestaltung: HildenDesign, München
Gesetzt aus der Kuenstler 480
Satz: Fotosatz Reinhard Amann, Aichstetten
Druck und Bindung: Druckerei Pustet, Regensburg
Printed in Germany
ISBN-10: 3-86612-088-5
ISBN-13: 978-3-86612-088-4